总第84辑

中国审判指导丛书

执行工作指导

最高人民法院执行局 编

人民法院出版社

图书在版编目（C I P）数据

执行工作指导. 总第84辑 / 最高人民法院执行局编
. -- 北京 : 人民法院出版社, 2024.7
（中国审判指导丛书）
ISBN 978-7-5109-4110-8

Ⅰ. ①执… Ⅱ. ①最… Ⅲ. ①法院－执行(法律)－中国 Ⅳ. ①D926.2

中国国家版本馆CIP数据核字(2024)第058468号

执行工作指导　总第 84 辑
最高人民法院执行局　编

策划编辑　兰丽专
责任编辑　丁塞峨
出版发行　人民法院出版社
地　　址　北京市东城区东交民巷 27 号（100745）
电　　话　（010）67550656（责任编辑）　67550558（发行部查询）
　　　　　65223677（读者服务部）
网　　址　http://www.courtbook.com.cn
E - mail　courtpress@sohu.com
印　　刷　三河市国英印务有限公司
经　　销　新华书店

开　　本　787 毫米×1092 毫米　1/16
字　　数　275 千字
印　　张　17.5
版　　次　2024 年 7 月第 1 版　2024 年 7 月第 1 次印刷
书　　号　ISBN 978-7-5109-4110-8
定　　价　68.00 元

《执行工作指导》

编辑委员会

《执行工作指导》
特约编辑

《执行工作指导》
特约通讯员

目 录

【执行局长论坛】

交叉执行机制若干问题研究

黄文俊*

2023 年 9 月 27 日，最高人民法院院长张军同志在全国法院党风廉政建设会议上，对交叉执行工作作出重要部署，指出“可以采取交叉、循环执行的方式，把在这个法院执行不能的案件交由另一法院最有能力的执行人员，看看能否执行得了”。交叉执行工作开始在部分地方法院试点。2024 年 1 月 15 日，张军院长在全国高级法院院长会议第二次全体会议上，对执行工作进行专题部署时再次强调，要通过指定、提级执行，将难以执行的案件交由其他法院执行，发挥“鲶鱼效应”作用，促进执行监督制度落到实处。自此，交叉执行工作在全国法院全面推行。实践证明，交叉执行是现阶段推动人民法院执行工作高质量发展的重要制度性革命，对于破解执行实践难题、解决人民群众急难愁盼、推进执行体制机制改革具有极其重要的价值和意义。

一、深刻认识交叉执行机制具有的崭新内涵

交叉执行是执行领域深入贯彻习近平法治思想的生动实践。全面推进交叉执行工作，必须坚持和依靠党的领导，坚持以人民为中心的发展思想。交叉执行，是把握新时代执行工作脉搏、反映新时代实践诉求的

---

* 最高人民法院执行局局长。

崭新机制，是“公正与效率”工作主题的必然要求，是执行系统能动履职的重要体现，是深入贯彻习近平新时代中国特色社会主义思想和习近平法治思想的生动实践。中共中央政治局委员、中央政法委书记陈文清同志2024年2月25日至27日在黑龙江哈尔滨、佳木斯调研时，对人民法院的交叉执行工作给予肯定，认为“聚焦解决执行难问题，对于重点案件开展交叉执行试点，攻克了一批执行领域疑难复杂案件”。

交叉执行是最高人民法院新一届党组关于人民法院执行工作的原创性贡献。交叉执行并非无源之水、无本之木，而是具有法律依据和实践基础的制度创新和实践再发展。但是，由于作为交叉执行法律依据的《中华人民共和国民事诉讼法》（以下简称《民事诉讼法》）第237条①规定的前提是“超过六个月未执行”，过去的实践中一般将其作为解决消极执行的一种机制，这一理解较为狭窄，并且因缺乏具有操作性的规范和配套措施，使《民事诉讼法》第237条长期处于沉睡状态。

自2023年9月27日以来，张军院长关于交叉执行的重要部署，为交叉执行赋予了崭新的意义，内涵、功能、本质、范围、机制、效果六个方面均发生了历史性变化，在实践中产生了良好的效果，焕发了强大的生命力，具有实质的原创性。

从内涵上看，从过去单纯的交叉执行拓展为以交叉执行为牵引，涵盖指定执行、提级执行、督促执行、集中执行、协同执行等方面的内容，成为综合性、复合性的执行机制。

从功能上看，从过去旨在解决消极执行问题（单一目的）转变为有效防止权力、关系、人情干扰，以及遏制滥用执行权，防止执行腐败滋生（多元目的）。

从本质上看，从过去的一种办案方式转变为一种监管手段。过去的交叉执行，本质上是上级法院办理提级执行、指定执行案件，现在已经

① 《民事诉讼法》第237条规定：“人民法院自收到申请执行书之日起超过六个月未执行的，申请执行人可以向上一级人民法院申请执行。上一级人民法院经审查，可以责令原人民法院在一定期限内执行，也可以决定由本院执行或者指令其他人民法院执行。”

成为上级法院管理下级法院、监督执行工作效果的一种有效手段。

从范围上看，从过去针对“超过六个月未执行”案件拓展为执行积案、执行难案以及存在地方保护、部门保护可能的执行案件。

从机制上看，从过去的“甩包袱”转变为现在的“硬约束”。过去的交叉执行之所以受到诟病并且不能形成“气候”，很大程度上是因为实践中其被异化成执行法院把疑难、复杂案件推出去的途径，并且存在较大的寻租空间。现在部署的交叉执行，把“规范性”摆在首位，把解决群众急难愁盼作为根本目标，由上级法院“循环式”“交叉式”指定辖区其他法院执行，加强对原办案法院的溯源追责，具有硬性约束，已经成为上级法院监管的重要抓手。

从效果上看，从过去的“星星之火”变成现在的“蔚然成风”。此前开展的交叉执行是地方法院的探索性实践，规模小，组织性弱，效果不明显。自 2023 年 10 月最高人民法院部署开展交叉执行工作试点以来，交叉执行工作在全国法院范围全面铺开，形成强大声势，发挥巨大作用，取得显著成效，可以说已成燎原之势。

交叉执行是中国执行模式的重要组成部分。生效法律文书的执行，是整个司法程序中的关键一环，事关人民群众合法权益的及时实现，事关经济社会发展的诚信基础，事关司法权威和司法公信力的有效提升，事关全面依法治国基本方略的贯彻落实。党的十八大以来，以习近平同志为核心的党中央将解决执行难作为全面依法治国的重要内容，党的十八届四中全会明确提出“切实解决执行难”“依法保障胜诉当事人及时实现权益”的目标。最高人民法院坚决贯彻落实党中央决策部署，坚持以人民为中心，坚持“一性两化”基本工作思路，依托信息化手段，实现了执行理念、执行模式、执行管理机制的历史性变革。解决执行难过程中，逐步形成具有中国特色的执行体制、机制、模式。交叉执行体现了我国集中式执行模式，突破了行政区划限制，在效率上具有极大优势。自 2023 年 10 月至 2024 年一季度，全国法院共交叉执行案件 2.16 万件，取得实质进展或化解 6937 件，执行到位 225.87 亿元。2024 年第一季度与2023年第四季度相比，交叉执行案件数量增长54.49%，取得实质进展或者化解的案件数增长92.7%。

交叉执行是坚持问题导向、破解执行实践难题、解决人民群众急难愁盼的重要举措。交叉执行对于解决人民群众反映强烈的消极执行、地方保护、执行效率不高、力量不足、监督不到位等长期制约执行工作发展的突出问题具有积极作用。一方面，地方、部门保护主义一定程度仍然存在。有的地方倾斜关照本地利益，有的法官顾及亲朋好友，还有的人为达到某种目的，将诸如部门保护、关系保护等形形色色的“保护伞”推向“市场”。人民法院夹在当事人和“保护伞”之间，地位尴尬，难以作为。而将案件交叉执行后，接受执行的人民法院没有压力，没有包袱，完全可以自主地适用法律来执行案件。另一方面，部分地区执行监督制度不健全，导致久拖不执、随意中止、终结执行、强制执行和解等问题，而在案件交叉执行之后，由于交叉执行大多由上级法院指定，执行人员滥用执行权的现象势必得到遏制。同时，由于执行法官工作、生活不在当地，人际关系更为简单，可最大限度避免关系案、人情案、金钱案的发生。而且，交叉执行对其他执行案件的被执行人来说，也可以起到震慑作用，从而带动其他案件的执行。

二、准确把握交叉执行机制具有的鲜明特征

实践证明，新时代交叉执行工作已经不是解决一时一地问题的权宜之计，而是推进审执分离改革和执行体制改革的重要手段，是解决人民群众急难愁盼和做深、做实“公正与效率”工作主题的重要抓手，更是推动执行工作高质量发展和执行工作现代化的制度性革命，其通过物理性量变实现了执行工作化学性质变。总结下来，交叉执行具有“七大品格”。

一是坚定的政治性。把交叉执行作为坚持和依靠党的领导的重要举措。强调通过党委领导、府院联动推动交叉执行工作取得扎实成效。由原执行法院主动向党委政府汇报，从落实全面依法治国部署、优化当地法治环境等方面，汇报上级法院具体安排的考虑、交叉执行的制度依据、

作用意义，以“双赢多赢共赢”思维，争取地方党委政府理解支持，形成协同联动的攻坚合力。

二是鲜明的人民性。要求通过交叉执行用心用情解决人民群众急难愁盼问题。执行工作说到底是服务人民群众的事业。执行管辖作为法院内部的工作分工，从尊重人民群众意愿的角度，当事人提出更换管辖申请时，通过交叉执行机制可以积极回应人民群众关切。在信访案件中，较大比例案件为反映消极执行，且信访人一般均要求上级法院提级执行或者指定执行进行监督。对人民群众反映的问题，在办理过程中，通过交叉执行，能够倒逼执行法院依法规范执行，克服消极执行问题，保障人民群众胜诉权利，提升人民群众的执行获得感。

三是深刻的规律性。通过“大兵团作战”发挥“鲶鱼效应”作用化解难案。执行案件量大事难，一些地方法院执行工作难免会有疲于应付、质效不高的情况。交叉执行引入非本院的更强执行力量，以不同的思路、方式，打破原案未能执行的局面，从而调动法院执行工作整体攻坚克难的积极性、主动性。

四是务实的能动性。将交叉执行定位为执行领域做实“公正与效率”的基本抓手。过去的交叉执行含义较为狭窄，一般仅指根据上级法院决定，执行案件在同级法院间交叉执行的情况，严重制约了交叉执行制度作用的发挥。新时代交叉执行在扬弃既往实践的基础上，丰富和发展了交叉执行的内涵和实践要求，具有前所未有的广度和深度，体现了新时代人民法院坚持能动执行、做实“公正与效率”、为大局服务、为人民司法的工作理念和要求。

五是突出的专业性。通过交叉执行优化执行专业资源配置。船舶、飞行器、股权、证券、网络资产、知识产权法院等财产处置的专业性强，通过交叉执行交由海事、金融、互联网、知识产权等法院执行，能够更好发挥相关法院的专业优势。

六是显著的创新性。把交叉执行作为推进审执分离改革的重要举措。推广异地交叉执行机制，由上级法院“循环式”“交叉式”指定辖区其他法院执行，促进审判权与执行权在不同法院之间的分离，成为审执分离改革的重要内容。

七是鲜活的实践性。激活了《民事诉讼法》“沉睡条款”，让文本法变成司法领域的鲜活实践。以往交叉执行制度总体上停留在文本层面，长期处于沉睡状态。新时代交叉执行机制，通过制定具有可操作性的具体规范和配套措施，让“沉睡条款”真正成为一项管用好用的制度落地落实。

三、实践中领会交叉执行机制涉及的关键要点

张军院长强调，要在全国范围内有序推进交叉执行工作。刘贵祥专委在2024年全国法院第一季度执行工作调度会上再次对交叉执行等工作作出工作部署。最高人民法院于2024年3月19日印发《关于全面推进交叉执行工作的通知》，交叉执行工作的基本规范、任务目标已经明确。下一步就是如何落实和完善，重点是要处理好八个方面的关系。

一是依职权执行与尊重当事人意愿的关系。要坚持依法原则，人民法院开展交叉执行应当严格依法进行，不得违反《民事诉讼法》及有关司法解释关于执行管辖的一般规定，不得随意变更案件执行法院。同时，交叉执行要充分考虑当事人的意愿，对于法院依职权决定交叉执行的案件，要做好当事人的沟通释明工作，结合案件和当地实际，尽可能在不显著增加当事人诉讼负担的情况下交叉执行。

二是交叉案件数据真实性与考核科学性的关系。上级法院应当建立交叉执行案件台账，进行动态管理和监督指导，并定期组织案件质量评查。案件执结后，接受交叉执行法院应当及时向作出交叉执行决定的上级法院书面报告案件执行情况。要注重考核的导向性。各地高院要探索建立交叉执行工作的专项考核机制，既要避免避重就轻，将难案“甩包袱”，也要发挥正向激励作用，提升下级法院运用交叉执行机制的积极性。特别要注意，不能为了“凑数据”将一些不应交叉执行的案件纳入交叉执行范围，更不能为了数据好看而造假，对这样的行为，发现之后

要严格追责。

三是交叉执行成本与收益的关系。要坚持“两便”原则，人民法院开展交叉执行应当统筹考虑案件数量、执行力量、执行成本等因素，从便于当事人申请执行、便于人民法院依法及时有效开展执行工作角度，合理确定交叉执行案件和交叉执行法院，兼顾各方当事人和利害关系人的合法权益。要统筹考虑交叉执行后的执行成本与取得的收益的关系，以及按照通知要求进行两轮交叉执行后终本出清对当事人带来的影响，要看人民群众的满意度是否得到有效提升。

四是地方首创与规划统一的关系。从数据来看，目前各地法院交叉执行工作开展情况是不平衡的，四川、江苏、浙江、贵州、广东五省交叉执行案件占全国案件的39.34%，而有些地方法院交叉执行案件数只有十几件；交叉执行案件执行标的额偏大，平均每件申请执行标的额达367万元，对小标的额案件、涉民生案件还存在重视不足的问题；交叉执行方式中，指定执行案件20935件，占比53.08%，仍然是交叉执行最主要的方式。一方面，要加快出台交叉执行的规范性文件，对一些共性问题予以明确、规范；另一方面，也要积极推介先进法院的经验做法，尊重基层首创经验，因地制宜、因地施策，更好推动交叉执行工作的全面铺开、落地见效。

五是追责与激励的关系。应当明确，上级法院要建立交叉执行工作考核奖惩机制：经交叉执行案件取得重大进展的，对接受交叉执行法院和相关执行干警按照有关规定给予表彰和奖励，并在考评、绩效考核等方面适当加分；发现存在消极执行、不规范执行等情形的，对相关法院和执行干警视情节轻重，进行约谈、通报、责令限期整改，并在考评、绩效考核等方面适当扣分，确有必要的，启动“一案双查”程序；发现执行干警违法违纪线索的，移送纪检监察部门审查处理。

六是原执行法院与交叉执行法院的衔接关系。要统筹做好交叉执行案件交接。上级法院经审查认为符合提级、指令执行等交叉执行条件的，应当作出裁定。原执行法院要及时将案卷材料及案件执行情况说明并移送接受交叉执行法院，原执行法院的执行案件依法结案。原执行法院移送案件前存在未处置款物的，应当将未处置款物及有关情况说明一并移交接受交叉执行法院。执行案件被指令执行或提级执行后，原执行法院已采取的查封、扣押、冻结等执行措施自动转为现执行法院执行措施，期限连续计算。相关期限届满前，现执行法院应当根据案件情况续行办理相关手续。原执行法院不得打听、干预案件执行，需要原执行法院协助配合的，原执行法院应当协助配合。

七是加大舆论宣传力度与舆情风险防控的关系。要综合运用传统媒体和新媒体，加大舆论宣传力度，形成交叉执行宣传矩阵，营造强大宣传阵势；要组织发布交叉执行典型案例，发挥典型案例“办理典型一案，促进解决一片”的作用，彰显法治权威，体现司法公信；要积极宣传人民法院在推动交叉执行工作中形成的先进经验、先进事迹、先进人物，做好舆论引导、法律政策宣传、正面典型培养树立工作。要注意舆情风险防控，通过公开促公正，原则上，高、中级法院要定期发布交叉执行典型案例，每年召开一次交叉执行新闻发布会。

八是交叉执行案件数量与执行力量配备的关系。目前，部分地方法院执行队伍素质不高，力量相对薄弱，能动履职能力不足，导致交叉执行工作进展不畅。例如，个别基层法院执行局仅有一两个员额法官，但案件量很大，无法通过变更承办人、合议庭等方式进行“内部交叉”。这方面，可以参照江苏高院的经验落实审判、执行人员轮岗交流制度，探索民商事法官到执行局交流锻炼机制，以解决人力不足的问题。各地法院可以先行先试，主动推进，探索经验。

四、下一阶段做好交叉执行工作的具体举措

一是更新理念，切实加强交叉执行工作的统筹指导。深刻认识交叉执行工作的重要意义。交叉执行优化了执行管辖的确定性规则，在有效排除地方权力、关系、人情干扰的同时，又有上级法院的挂牌督办相结合，其执行力度会明显加大，执行效果也会明显提升，对当事人利益影

响重大。法院之间交叉执行，是更大力度的“审执分离”，是推进执行体制机制改革的“重要武器”，是现阶段推动执行工作高质量发展的重要制度性革命。要明确交叉执行工作任务。张军院长作了明确部署，冲锋号已经吹响，全国法院要上下齐心，全力投入交叉执行攻坚战，通过开展交叉执行，彻底解决阻碍执行工作高质量发展的顽瘴痼疾，解决体制机制运行中的一些制度性制约，有效防止权力、关系、人情干扰，遏制滥用执行权乃至执行腐败问题。

二是精挑细选，最大限度激发交叉执行效能。细化完善交叉执行启动规则，既确保“好钢用在刀刃上”，也要严防在案件甄别、审查甚至执行等环节可能滋生的廉政风险。交叉执行当前的重点应当是有财产但因存在地方保护、关系人情干扰、信访维稳压力等原因迟迟未能有效执结的“骨头案”。2024年交叉执行工作重点首先是要建立健全交叉执行工作制度机制。最高人民法院执行局已经下发了通知，下一步要出台规范性文件。各地高院也要因地制宜，结合本地实际，总结经验做法，优化工作机制。

三是分类施策，精准适用指定、提级、督促执行等方式。交叉执行主要通过指定执行、提级执行的方式实现，对于案件难度不大，仅是承办法官拖延执行，没有交叉执行必要的，原则上应以下发督办令的方式敦促指导下级法院限期执行；下级法院认为有必要的，可以通过更换承办法官的方式进行“内部交叉执行”。在交叉执行过程中，上级法院不能一“指”了之，放任不管，要加大对指定执行案件的督办力度，一案一号、案结号销，严防反复指定、程序空转，把案件办成了“夹生饭”；也不能只“指”不“提”，将矛盾下压，对于疑难复杂、下级法院协调难度大的案件，该提级执行的要及时提级执行。高、中级法院要考核本辖区交叉执行案件办理情况，责任到人，上下联动，开展辖区内专项督导，进行案件质量评查。此外，高、中级法院执行局局长、副局长要亲自办理交叉执行案件，特别是疑难复杂案件，并形成常态化机制。

四是奖惩分明，健全交叉执行监督考核机制。建立健全激励机制和责任追究机制，对于经交叉执行顺利执结的，应当对执行法院通报表扬、给予激励，典型案例要及时纳入案例库；对于原执行法院或原承办法官存在消极执行、拖延执行乃至执行腐败等问题的，及时启动“一案双查”，发现违法违纪问题线索的，务必严肃查处、追究问责；对于发现存在地方保护、联动机制不畅等问题的，及时向有关部门或其上级部门通报或发出司法建议。

办理终结本次执行程序案件实务研究

周文君*

内容摘要：通过对2020—2022年三个年度全国和我省终本案件的数据分析，反映出终结本次执行（以下简称终本）案件当前的质效存在终本率较高而终本到位率较低等问题，未能有效实现解决执行难问题的制度设计初衷。这些问题存在的原因包括社会外部原因以及法院内部原因，其中市场风险和诚信机制不够完善等原因不属于司法实务所能解决的方面，因此，问题的原因归纳以内部原因为主，涉及制度认知层面、规范科学制定以及制度实施三个方面。基于此，笔者提出本文关于完善终本制度的对策思考——"一个认识"和"四个完善"，即充分认识终本制度的独立价值意义、完善终本制度的法律规范、完善终本制度的配套措施、完善终本程序法定要件的严格适用以及完善终本案件的管理。

关键词：终结本次执行　法院　终本制度　终本案件

2015年，我国通过《最高人民法院关于适用〈中华人民共和国民事诉讼法〉的解释》正式设立了终本制度，通过对执行难和执行不能的有效区分，在制度层面为大量无财产可供执行案件预留出口，对集中有限司法资源、实现执行程序良性运转具有重要意义，是经过较长实践探索

---

* 吉林省高级人民法院党组成员、副院长。

对困扰世界各国和地区执行难问题所给出的中国答案。但在过去数年间，终本程序的司法实践出现了诸如违规终本、随意终本等问题，既不利于终本制度目的的实现，又在一定程度上影响了人民法院执行工作的公信力。在《中华人民共和国民事强制执行法（草案）》（以下简称民事执行法（草案））提交审议的当下，面对上述实践问题本文将以吉林省和全国终本案件数据为切入点，以吉林省终本案件数据为研究对象，总结现有司法实践中的具体问题，在分析成因的基础上，结合切实解决执行难的既有实践和理论构想，提出对终本程序的完善路径。

一、终本案件现状归纳与问题总结

通过对 2020—2022 三个年度全国及我省的首执案件数、恢复案件数、终本率、终本到位率等数据的收集，并将上述数据制作为数个图表，进而总结归纳当前终本案件现状（见图 1、图 2）。

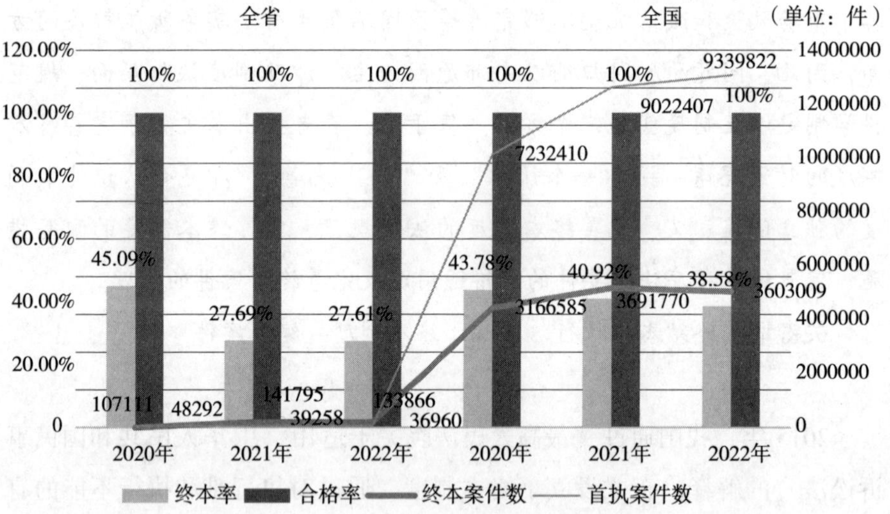

图 1　2020—2022 年度全省及全国终本数据

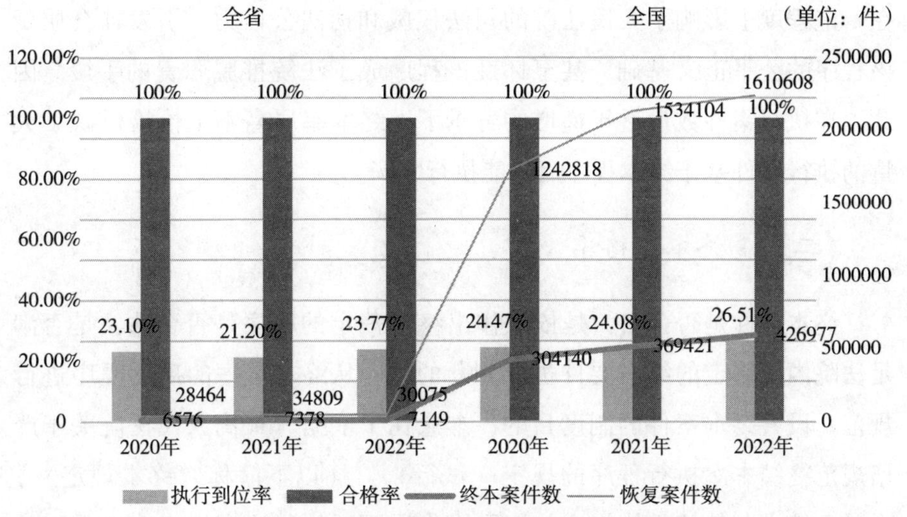

图 2　2020—2022 年度全省及全国恢复案件数据

通过图 1 所呈现的数据内容和数据变化趋势，可以将当前终本案件情况归纳为以下三个特点。

（一）高终本率

终本率是终本案件在所对应执行案件中占据的比例，是对司法实践中被执行人无财产可供执行的数据体现。首先，从整体上看，无论是首次执行案件数还是恢复执行案件数，全国及我省 2020—2022 年整体呈现上升趋势，但相对应地，首次执行案件的终本率则呈现稳中减缓、逐年下降的过程；恢复执行案件的终本率则基本持平，上下浮动不大。仅从该角度上看，终本率的平缓下降，一方面表明人民法院在解决执行难，兑现胜诉权益上下了大功夫，另一方面不可否认终本率的下降受近期执行工作考核深入推进的影响，从而对数据的变化产生一定作用。其次，从数值上看，尽管终本率有所下降，但截至 2022 年全国终本率为 38.58%，我省法院终本率为 27.61%，可以看出执行案件终本结案率仍处于高位运行状态，而这也是导致当事人对终本结案不满的原因所在，并在一定程度上影响了人民法院的司法权威和司法公信力，引发社会质疑该程序的公平正义基础，甚至怀疑该程序成了法院推脱职责的手段。因此，在执行案件数量逐年递增的背景下，终本率居高不下恰恰反映了大量的执行案件基于终本程序而未能执行完毕。

（二）高终本合格率

终本案件是否合格，是依照作出终本裁定的程序是否合法，是否满足法院内部制定的终本要件进行判断的，即从终本程序的启动程序进行规范。设置终本案件的制度目的，本意在于依据《最高人民法院关于严格规范终结本次执行程序的规定（试行）》（以下简称《终本规定》）中关于终本条件的具体规定从实际操作层面对执行法官作出终本裁定的行为进行程序性规范，根本目的依旧是实现终本制度分难案、节资源的实践功能。具体而言，执行法官依照相关法律规定作出终本裁定，必须在法院内部系统上填报相关要件说明。从终本案件合格率上看，2020—2022 年间每年终本合格率均为 100%。但是，显然仅仅从操作系统上对执行法官作出终本裁定进行规范并无法真正摆脱违规终本、虚假终本的现实困境。尽管经过全国法院共同努力使终本案件合格率得以上升，但 100%的终本合格率，既无法真实反映终本案件的高质量，又无法对司法实践中时有发生的违规终本、虚假终本问题发挥拘束作用。

（三）低执行到位率

执行到位率作为执行工作的“黄金指标”，代表着申请执行人经法院裁判后所享有的合法权益得到法律的保护，是终本案件实质意义上的程序结点，也就是终本程序乃至整个执行程序的最终目标。因此，执行到位率的高低直接决定着当事人权益是否能得到充分保障。通过图 1、图 2 可知，当前我省乃至全国的执行到位率明显偏低（且低于终本率），而较低的执行到位率又映射出终本制度的实践阻碍。具体而言，终本程序的适用意味着被执行人已无财产可供执行或者发现的财产无法处置，以及确有其他事由[①]无法执行，而在前述终本率呈现平缓下降的当前，执行到位率仍处于较低的区间，终本后执行程序的启动成了“羊肠小道”，却难以径行。如此看来，终本后的恢复执行程序同样属于终本制度中的重要部分，是终本程序走向执行终结的桥梁。因此，分析低执行到位率的成因，着眼于与终本程序相关的恢复执行程序启动难的问题，同样是研究解决终本案件实务问题的关键所在。

“执行难”与“执行不能”的问题在当前仍旧十分突出。无论是司法实务界抑或理论研究领域都对执行到位率偏低的问题进行了研究总结，归纳起来的原因有很多，比如从被执行人的角度看，被执行人自身财产状况较差，确实无财产可供执行，或是被执行人通过隐匿财产的方式恶意规避执行；从申请执行人的角度看，则可能由于申请执行人提供的被执行人信息、财产线索等不准确，给执行法院在无形中增添了执行成本和执行障碍[②]；从人民法院的角度看，部分执行法院为了追求高结案率指标而违规终本结案。但这些原因并非全部由于终本程序的制度设计、实践操作等方面导致的，盲目将所有问题的成因归于制度和法院显然不妥，故笔者将在下文中对导致上述问题的原因进行综合分析，以法院为主体，择取关联因素从而提出解决终本案件实务问题的法律路径。[③]

二、终结本次执行案件问题的成因分析

终本制度的设立，目的在于通过在程序上区分“执行难”和“执行

---

① 此处其他事由具体是指《终本规定》第1条第5项所规定的“被执行人下落不明的，已依法予以查找；被执行人或者其他人妨害执行的，已依法采取罚款、拘留等强制措施，构成犯罪的，已依法启动刑事责任追究程序”情形。

② 参见李可：《终结本次执行程序研究》，南京师范大学2019年硕士学位论文。

③ 需要说明的是，执行案件因执行对象、内容的不同可以将其分为金钱债权的执行和非金钱债权的执行，后者在执行过程中涉及可供执行财产问题较少，与终本制度关联性较弱，因此本文主要讨论的对象为法院关于金钱债权的执行。

不能”，以提高司法资源的利用效率，最终实现申请执行人尚未实现的权利，[①] 促进社会公平正义。对于导致“执行不能”这一结果的终本案件问题的成因，可以有区别地划分为外部成因和内部成因。外部成因是指法院和制度运行之外的社会环境对法院执行工作的影响，一般从基础性的经济方面和直接性的社会方面着手分析；[②] 内部成因是指法院作为执行案件主体的自身原因以及终本制度作为终本程序运行、终本案件产生的制度性依据的内在原因。

（一）外部成因

1. 市场经济运行下具有当然风险

法院强制执行是一种事后的法律救济措施，案件能否执行到位，一方面取决于法院的执行力度和执行措施，另一方面取决于被执行人的履行能力和经济状况。在客观条件下，法院穷尽财产调查措施，被执行人确无财产可供执行，被执行人没有条件或者没有能力去履行，就会被列入“执行不能”的范畴。此类案件并非是法院执行不力造成的，而是被执行人丧失清偿能力所致。换言之，此类案件无法执行是市场经济活动中必然和客观存在的商业风险、交易风险和法律风险导致的，不属于“执行难”，而应当属于“执行不能”。

2. 社会诚实信用体系尚不完备

当前的社会诚信体系尚不完备。从终本程序的适用来看，根据《终本规定》第1条第1款第2项的规定，终本裁定的作出以向被执行人作出信用惩戒为要件，但是信用惩戒的措施局限于传统上的限制消费令以及失信被执行人名单，在被执行人有意规避执行的情况下，执行到位工

---

① 百晓锋：《程序变革视角下的终结本次执行程序制度——以〈民诉法解释〉第519条为中心》，载《华东政法大学学报》2015年第6期。

② 根据“经济基础决定上层建筑”的社会理论，经济方面的作用对于某一法律问题的成因是基础性的，参见中共中央马克思恩格斯列宁斯大林著作编译局编：《马克思恩格斯选集》，人民出版社2012年版，第1~5页。相较而言，作为社会现象中的其中一部分，社会现状对法律问题的影响则是直接的。

作效果相对有限。另外，社会诚信体系的不完备对终本制度目的有效实现也造成了较大的阻碍。

3. 终本制度社会认同度低

尽管终本制度自正式设立至今已经运行了将近十年，但是，作为直接关系申请执行人利益实现的制度，其却始终未能在社会范围内形成较高认同。首先，从申请执行人利益取得的角度来看，申请执行人对债权尚未实现法院便终本结案不认同。其次，社会一般的评价主体简单地从诸如前述案件数据中便会得到较多的终本案件没有实际执行的结论。法院作为执行职责的承担者，承受着社会整体对法院不作为的这一评价结果。最后，理论研究上亦存在排除适用终本程序或废除终本制度的观点争辩，给实践带来一定困惑。

（二）内部成因

1. 法院对终本程序的运行不当

当前法院人案矛盾仍较为突出，特别是执行力量较为薄弱。在此前提下，一方面，部分法院存在滥用终本程序、怠于履行执行职责的违规操作，比如没有通过合议庭合议便作出终本裁定等；另一方面，法院的执行独立受到客观影响，终本后恢复执行程序存在阻力，存在被执行人转移、藏匿财产对抗法院执行的情况，一旦作出终本裁定，便难以再恢复执行。

2. 终本制度规范体系尚未健全

终本制度规范体系从整体上看尚未健全，既存在相关法律法规的位阶较低的问题，也存在与终本程序运行相关的配套制度不健全的问题。

3. 执行工作考核体系不科学

执行工作单独考核对提升执行质效起到了积极作用。但是，当前的执行工作考核体系在指标设置上的科学性有待研究，特别是终本率指标的考核，指标设置缺乏周延性，增加了终本虚增或程序空转空间，个别法院片面追求指标完成，执行立案、结案违规操作。执行工作单独考核的“指挥棒”作用大打折扣。

三、完善终本制度的对策思考

根据上述所归纳的终本制度问题和原因分析，笔者认为可以通过“一个认识”和“四个完善”进行完善。“一个认识”，是指从制度认识的角度充分认识终本制度的独立价值意义；“四个完善”，是指从制度规范层面，可在立法上完善终本制度的法律规范、在措施上完善终本制度的配套制度、在适用上完善终本程序要件的严格适用以及从制度实施层面完善终本案件的管理制度，具体阐述如下。

（一）充分认识终本制度的独立价值意义

正如前述，终本制度的设定一直在理论研究和司法实践中面临着否定的声音。在民事执行法（草案）提交审议的当下，仍有学者主张通过新修民事执行法废除终本程序，代以新的执行区分程序和个人破产程序，[①] 或是建立单独的无财产可供执行案件的管理制度。因此，对于终本制度的完善，无论从哪一个层面着手，首先都应当对终本制度的独立价值意义有充分的认识。

终本程序废除论的学者主要从终本程序在法理上的正当性不足、终本程序功能实现效果不佳以及终本程序的运行成本逐渐加重这三点论证终本程序废除的必要性。其中第二点和第三点事实上也正是本文所讨论的问题，即基于所谓终本程序改良论的立场对现有制度进行完善，因此，以下主要讨论的是终本程序在法理上的正当性问题，也就是终本制度的独立价值意义所在。

诉讼法同时具备执行实体法的工具价值以及通过规范程序运行以实现程序正义的独立价值，即使对两种价值各有偏向，亦不影响诉讼法规

① 参见谷佳杰：《终结本次执行程序废除论》，载《中国政法大学学报》2023年第2期。

范的法理正当性。[①] 笔者认为，终本程序设置的法理正当性便来自其既有的工具价值，其又有足以体现其独立价值的内涵。首先，终本程序的工具价值为诸多学者所认同，即通过为执行案件设置暂时性的退出窗口，减少法院系统内部执行积案的问题，同时又为申请执行人预留了再次申请启动的救济途径，实现被执行人已无财产可供执行和申请执行人债权尚未完全实现之间矛盾的有力缓和。学者认为，工具价值的不足之处即在于上述第二点、第三点的存在，但亦无法否认终本制度对执行案件所起到的统一管理的作用。[②] 其次，终本程序的独立价值在于以程序正义弥补实体上的正义缺失。当执行案件面临被执行人已无财产可供执行，申请执行人的债权无法通过法院实体判决获得客观实在的权益反馈时，实体正义难以实现。对此，通过设立终本程序，在严格规范程序适用条件的情况下，经过层层甄别后最终得出申请执行人权益暂时无法实现的现状判断，但又在程序上赋予了申请执行人再次实现其债权的机会，同时维护了法院的公信力[③]。此即为终本程序对整个诉讼规范的独立价值之体现。当前，理论研究上认为终本程序法理正当性的不足根源在于该程序在司法实践中出现了与制度设想之初衷相违背之现象，属于程序运行不当的问题。笔者认为，从终本制度的设立沿革可以发现，终本程序的设置和运行是经过司法实践检验的，对其所起到的缓和执行积案、提升司法资源利用效率的作用不应直接否定，即不应以终本程序一时之不当运行而直接将其废除，因噎废食并不可取。

总而言之，终本制度具有其独立价值与意义。第一，工具价值。可以通过制度设计目的以体现其作为一项法律制度所应体现的工具价值，即为“执行不能”案件提供了具备可恢复性的案件退出机制。第二，程

---

① 参见李卫国、吴国舫：《论诉讼法的工具价值与独立价值》，载《青海社会科学》2000年第1期。

② 参见韩煦：《我国终结本次执行程序的制度建构与具体实施》，载《法律适用》2022年第9期。

③ 参见刘静：《终结本次执行程序的反思》，载《首都师范大学学报（社会科学版）》2016年第6期。

序价值。以程序设计本身保障了申请执行人的合法权益、维护了法院执行工作的公信力，所表现出来的程序价值符合法律规定的诉讼程序所应具备的基本价值要求。第三，理念价值。通过预留的恢复执行窗口为申请执行人在程序上保留了权利实现的机会，即使付出一定的司法成本，但也恰恰体现了司法为民、执行为民的法院执行工作核心理念。第四，社会价值。法院既能够更好地集中精力打好“切实解决执行难”攻坚战，又能够在终本案件具备执行条件时及时恢复执行积累力量，推动执行工作实现高质量发展，展现法院执行工作公正高效新气象。

（二）完善民事强制执行法律规范

就本文所讨论的问题而言，完善民事强制执行法律规范，具体是指通过法律规定，对终本制度的启动、适用以及恢复执行等内容进行规范。在民事执行法（草案）提交审议的当下，过去关于终本程序的规定，仅有《最高人民法院关于适用〈中华人民共和国民事诉讼法〉的解释》第517 条以及《终本规定》从而致使终本制度的规范位阶较低问题得到了解决。但是，也相应地出现了新的问题。民事执行法（草案）第 83 条第1 款第 8 项规定“自终结本次执行程序之日起满五年且未发现被执行人可供执行的财产”，表达了对终本制度正式设立以来，终本案件恢复执行无期限限制的修改意愿，也引发了实务界和理论界的讨论。有学者对此持否定态度。①

事实上，对于“五年”这一期限的设置并非空穴来风。2016 年，《终本规定》第 9 条第 2 款中规定，执行法院在作出终本后五年内应定期查询被执行人财产状况，即在终本五年后免除了执行法院的财产调查义务。在以执行法官为财产调查义务的主要承担者的制度背景下，免除执行法院的财产调查义务，便几乎等同于终结了法院对该执行案件的司法

① 参见邱星美：《终结本次执行制度的创新与未来设计——兼评民事强制执行法草案第 83 条第 1 款第 8 项》，载《中国政法大学学报》2023 年第 2 期。

资源投入。在申请执行人无新的执行线索提交的情况下，该案将一直处于类执行终结的状态而存在于终本执行案件库中。另外，在2022年最高人民法院公布的《关于审理涉执行司法赔偿案件适用法律若干问题的解释》第5条第1款第3项①将已经立案执行五年并裁定终本、被执行人无财产可供执行的情况纳入可以申请错误执行赔偿的情形中。从该条关于申请执行赔偿应当在执行程序终结后提出的一般规定来看，也可以认为裁定终本五年后在效果上可类比于执行程序终结的效果。一方面，从立法体系上看，为终本案件设置五年期限并不具备司法实践上的障碍；另一方面，当前的司法实践业已为终本案件设置五年期限后申请执行人的权利救济提供了具有高度可行性的路径，即虽然法院因案件终结而终止财产核查，但只要申请执行人提供确凿的财产线索，法院便可以通过重新立案的方式，恢复对被执行人的执行，在实质上避免了执行程序空转现象的发生②。

因此，笔者认为，民事执行法（草案）关于终本案件期限为五年的修改内容并无不当，属于对既有司法经验的总结和继承，具有司法实践上的连贯性，同时也并不影响对申请执行人权利的保障，不具备修改的阻却事由。

（三）完善终本案件配套制度

正如前述原因总结，终本案件办理效果不佳尚需对终本制度的配套制度进行完善，健全以保障终本程序的有序运行为主轴，以建立、完善财产调查申请制度、申请恢复执行制度、失信被执行人名单制度以及法

---

① 《最高人民法院关于审理涉执行司法赔偿案件适用法律若干问题的解释》第5条第1款规定："公民、法人和其他组织申请错误执行赔偿，应当在执行程序终结后提出，终结前提出的不予受理。但有下列情形之一，且无法在相关诉讼或者执行程序中予以补救的除外……（三）自立案执行之日起超过五年，且已裁定终结本次执行程序，被执行人已无可供执行财产的……"

② 执行程序的空转往往以执行和解违约为发生起因，通过"提供确凿的财产线索"促进执行案件的实质进展，即申请执行人的权利实现得以更进一步，因而避免了执行程序的空转。参见陈宝军：《程序阻却还是纠纷解决——执行和解功能上的批判与反思》，载《南海法学》2020年第1期。

官案后释法明理制度为主要内容的终本制度。

1. 建立财产调查申请制度，明确申请执行人在终本案件中调查财产的义务

终本制度将终本程序启动的实质要件设定为法院“已穷尽财产调查措施”而未发现可供执行财产或“发现的财产不能处置”，恢复执行的启动要件设定为申请执行人“发现被执行人有可供执行财产”，将原本完全归属于法院的财产调查义务在一定程度上划分给了申请执行人。出于申请执行人对自己财产利益实现的追求，如此划分并无不当。相较于其他国家和地区将“执行不能”的风险直接交由债权人承担，[①] 我国民事执行所基于的职权主义做法对申请执行人而言更加有利。问题在于，由于个体在调查相关线索的能力上远远不如执行法院，因此可以通过建立财产调查申请制度，依照申请执行人所提交的执行依据和已经作出的终本裁定，在申请执行人权限内开放我国现有的执行信息系统，从而为申请执行人调查财产提供便利。

2. 完善失信被执行人名单制度，增加失信惩戒力度

正如前述，诚信体系的不完备尚无法为申请执行人提供其对法院终本程序后恢复执行的信心。只有进一步完善失信被执行人名单制度，增加失信成本，才能进一步降低申请执行人的不安感，使终本案件处于相对稳定和乐观期许的积极状态。

3. 健全法官案后释理机制、法治宣传机制

具体而言，首先，要严格落实约谈机制；其次，要扩大司法服务热线的宣传力度；最后，要充分利用互联网平台和执行法官接待日，增进当事人与执行法官的沟通，建立终本案件服务团队，为当事人和全社会提供全方位、多种类、高水平的执行信息公开服务。

---

① 参见韩煦：《我国终结本次执行程序的制度建构与具体实施》，载《法律适用》2022 年第 9 期。

（四）完善终本程序法定要件的规范适用

《终本规定》具体规定了适用终本程序的规范要件，但执行案件归根结底是以执行法官为主体的法院强制行为，除了终本制度的规范化以外，还要强调执行法官对终本程序规范要件的适用。过去的司法实践中，一方面，部分执行法官没有树立正确的执行理念①，认为执行案件就是办“体力活”，不需要考虑法律法规的具体规定，从而在适用终本程序上随意化、简单化；另一方面，部分执行法官为了追求较高的执行终结率或者降低执行未结率而草草作出终本裁定，没有对案件内容具体把握，产生了终本程序适用上的不规范问题。

首先，《终本规定》第 1 条共规定了五项内容，除了第三项属于实质要件外，其余四项都属于程序要件。对此，执行人员在具体办案过程中，不能随意擅自删减该规定所要求的工作内容，必须严格遵从，不能对网络查控过度依赖，杜绝仅以线上查询无果为由便草率认定无财产可供执行，做好线上、线下的财产调查，用足、用好强制执行措施。

其次，要严格把握“发现的财产不能处置”的硬性条件，不得以申请执行人未申请、财产设定抵押权等优先受偿权、财产价值与执行标的数额相差过大等原因不推进处置。不能简单以轮候查封为由认定财产不能处置，对于轮候查封但财产可能有剩余的，要积极与首封法院联系，确保剩余财产的顺利受偿，保障申请执行人的权益。

最后，为避免该程序被滥用，沦为部分法院追求结案指标的工具，还要对现行的考核指标进一步科学设置，加强对终本案件的事前、事中和事后的监督管理，通过科学、长期的考核机制规范执行法官对终本程序的适用。正如前述，长期以来，我国执行工作考核机制偏重效率考核，而对案件质量的考核重视不足。笔者认为，执行工作的考核体系同样应

① 参见邱水平：《论执法实践中坚持法律效果、社会效果与政治效果的统一》，载《法学杂志》2016 年第 10 期。

当着眼于“三个效果”的统一，从政治上看、从法律上办、从效果上评，实现终本案件合格规范、管理规范、恢复规范，让人民群众感受到公正执行就在身边。首先，从政治上看，应当在执行工作考核机制中深入贯彻落实习近平法治思想，以新理念、新思想作为考核机制的整改指导，优化考核机制的评价体系。其次，从法律上办，增加对终本案件质量的考核内容，落实责任清单，压实院长、执行局长的监管职责。须知终本案件个案有差异，要对终本案件进行简案和复杂案件的区分，并设定量化指数。最后，从效果上评，适当增加新的规范指标，将个案的真实性、特殊性通过数据进行呈现，通过精品个案推及类案方式，从根本上提升执行到位率，为执行案件管理增添活力，在恢复执行中给申请执行人带来实惠，增加人民群众在司法案件中的幸福感和获得感。

（五）完善终本案件管理制度

终本案件的管理制度，是终本制度完善的具体实施路径。通过对终本案件管理制度的完善，以信息化技术搭建统一案件管理平台，严格把控终本案件准入程序、终本案件库校准以及终本案件恢复执行机制，从而切实解决终本制度现存问题。

首先，建立终本案件库制度。严格终本案件管理，严把入口关，合格一件，收入一件，由审查人员专责审批。严把出口关，对于发现有财产的案件，要及时恢复执行，最大限度实现申请执行人的胜诉权益；对于无财产可供执行的案件，也要严格遵从规定，不得随意恢复执行，以避免造成执行程序空转、虚增执行案件数。

其次，建立终本案件专业团队。以专业化、集约化、团队化为基础，建立专业团队，办理终本案件，即经网络查控和线下查控无财产可供执行，申请执行人又不能提供财产线索的案件，由终本团队进行办理，最大限度实现严格把握终本程序和适用法律要件。对于终本恢复案件以及因案件终本后的相关接待事项也应该由终本案件团队负责。

再次，建立终本案件管理平台。以信息化为支撑搭建统一的案件管理平台，将终本案件库和终本后财产核查机制结合起来。探索对终本案件库进行项下分类管理，如设立A、B类案件。A类案件，在案件终本后五年内，由执行法院每半年负责进行一次集中财产查控，一旦发现有财产可供执行，立即恢复执行。B类案件，在案件终本后超过五年的，执行法院不再负责查控，而是对申请执行人开放其申请执行案件的被执行人财产查控，由申请执行人自己负责网络财产的查控，一旦发现有财产可供执行，可向法院申请恢复执行。进而实现终本案件库管理的精准、规范、精细、可控。

最后，建立终本案件评估制度。以终本率、终本合格率、执行到位率、终本案件恢复执行到位率等质效指标为依据，以地区为单位，以差异化为导向，探索推进终本案件评估制度，在每一年或每半年进行一次整体性评估，通过评估科学、及时确定终本案件的合理区间，指导终本工作（见图3）。

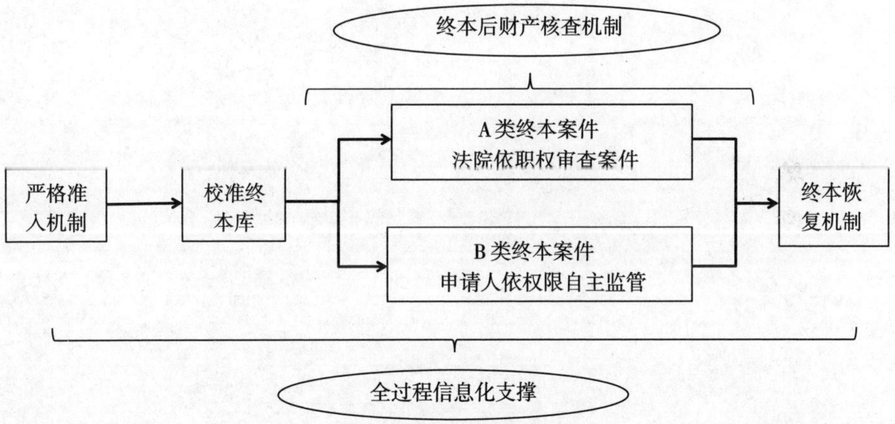

图3　终本案件管理流程

四、结语

尽管当前办理终本案件的效果未能完全实现减少执行积案、切实解决“执行难”的制度设计初衷，终本程序在运行过程中尚存在制度和理论的缺陷，但作为我国经过多年司法实践检验、综合考虑世界各国和地区经验而确立的旨在解决“执行难”问题的制度构思，已在既有之司法实践中显现出其所具有的独立价值。因此，不仅应当积极地在司法实践中总结制度运行的不足之处，更应当在新时代下，坚持以习近平法治思想为指导，集思广益，创新实践，提出对现有终本案件办理、终本程序运行以及终本制度建设过程中所存在问题的解决之策，提升执行能力现代化水平。

【最高人民法院执行局法官会议纪要】

关于冻结非上市公司的股权是否当然及于股息、分红等股权收益的问题

刘少阳[*] 叶 欣[**]

会议日期：2023 年 3 月 29 日

主 持 人：黄文俊

出席法官：黄金龙、王富博、毛立华、刘少阳、薛贵忠、向国慧、孙建国、仲伟珩、熊劲松、马 岚、徐 霖、林 莹、张丽洁、刘丽芳、李宗诚

【基本案情】

都某某与金市公司、依河公司（均为化名）买卖合同纠纷一案，河南省 L 市 J 区法院于 2019 年 1 月判决金市公司、依河公司向都某某偿还 1200.52 万元本金及利息等。J 区法院此前在案件办理中作出财产保全裁定，冻结依河公司持有 W 银行的 2000 万股权，相应协助执行（以下简称协执）通知书载明：（1）冻结依河公司在 W 银行 2000 万的股权，冻结期间未经该院准许不得买卖、变卖、转让，不得支付股息及红利；（2）冻结期限为三年。该案上述判决生效后，金市公司、依河公司未履行判决确定的义务，都某某申请法院强制执行。J 区法院立案执行后，于 2019 年 8 月向

* 最高人民法院执行局审判员、二级高级法官，第六巡回法庭分党组成员、副庭长。
** 最高人民法院执行局四级高级法官助理。

W 银行送达协执通知书、执行裁定，要求协助提取、扣划依河公司在 W 银行的到期股息、红利（分红款）共计 2400 万元。W 银行提出执行异议，要求撤销该协执通知书。J 区法院认为，股权的冻结效力及于股息、红利，涉案股权冻结系轮候冻结，扣划冻结股权对应的分红款突破轮候冻结股权的效力，应予纠正，于 2021 年 7 月裁定撤销该协执通知书。都某某不服，向 L 市中院申请复议，该院裁定驳回，都某某仍不服，向河南省高级人民法院（以下简称河南高院）申诉。

另，W 银行为股份有限公司（非上市公司），依河公司持有 W 银行股份 1.5 亿股。2015 年依河公司将持有的 4000 万股质押给某证券公司，将持有的 1.1 亿股质押给厦门某银行。J 区法院 2019 年 8 月第一次要求扣划前，已有 14 个法院、3 个公安部门先后要求 W 银行协助冻结依河公司持有股权、分红等股权收益，涉及金额数亿元。自 2016 年起，因依河公司涉案，W 银行停止向依河公司支付分红款，此部分分红款目前在 W 银行应分股息科目中挂账处理。未分配分红有：2016 年 1380 万元、2017 年 1437 万元、2018 年 1480.50 万元、2019 年 1513.50 万元、2020 年 892.50 万元，合计 6703.50 万元。《最高人民法院关于人民法院强制执行股权若干问题的规定》（以下简称《股权执行司法解释》）于 2022 年 1 月 1 日施行后，J 区法院将案件所涉依河公司持有 W 银行的股权冻结文书在国家企业信用信息公示系统进行登记公示，是首轮公示。在河南高院执行监督期间，J 区法院于 2022 年 1 月作出执行裁定，提取、扣划依河公司在 W 银行基于持有股权享有的股息、红利等收益 3350 万元。W 银行于 2022 年 2 月 14 日将该公司的股息、红利款 2400 万元汇至该院标的款账户，都某某于 2022 年 3 月 4 日领取上述款项。

执行中，河南高院就冻结非上市公司的股权是否当然及于股息、分红等股权收益等相关法律问题，请示最高人民法院。

【法律问题】

第一，冻结非上市公司的股权是否当然及于股息、分红等股权收益，还是应以法院的执行裁定、协执通知书等执行文书中载明的冻结范围为准？

第二，依据《股权执行司法解释》，在国家企业信用信息公示系统进行公示的股权冻结效力能否对该规定生效前已依法冻结的股权效力顺位和范围产生影响？

第三，《最高人民法院关于冻结、拍卖上市公司国有股和社会法人股若干问题的规定》（以下简称《冻结、拍卖上市公司国有股的规定》）能否参照适用于非上市公司股权的冻结？

【不同观点】

前述问题存在两种意见。第一种意见认为，股权的冻结当然及于股息、红利等股权收益；《冻结、拍卖上市公司国有股的规定》可以参照适用于非上市公司股权冻结；J区法院从银行扣划的2400万元分红款已经发放给申请执行人都某某，执行回转难度较大，维持现状较为妥当。第二种意见认为，股权的冻结是否及于股息、红利等股权收益，应以执行裁定、协执通知书等执行文书中载明内容为准；《冻结、拍卖上市公司国有股的规定》不能参照适用于非上市公司股权冻结；依据《股权执行司法解释》第6条规定的“股权冻结公示优先”原则，并不能改变此前其他案件对案涉股权冻结的效力和顺序。

【法官会议意见】

最高人民法院执行局法官会议一致意见认为，根据《最高人民法院关于人民法院执行工作若干问题的规定（试行）》（以下简称《执行工作规定》）第38条，对于股权的查封效力，当然及于股息、红利；协执通知书是否写明股息、红利等内容，并不影响股权的查封效力范围。

【意见阐释】

一、规则的变迁

案涉问题之所以发生，部分原因在于对相关规范的沿革及关系没有厘清，故对股息、红利的冻结规则做一梳理：

第一阶段：《执行工作规定》第 36 条明确可以对股息或红利等收益予以执行。进而，第 38 条对公司股权冻结措施效力作出规定。后者明确，针对有限责任公司股权，法院采取冻结措施并作相应通知后，冻结效力当然及于股息或红利。

执行股权或投资权益中的具体权能——利润收取权，执行中冻结和划拨其到期应得的利润。这在过去的有关批复中一直是肯定的，不成问题，只是实践中执行收益存在很大的困难。① 严格说来，被执行人在其他公司企业中应得的收益也是一种债权，应按照对到期债权的执行程序来执行。但考虑到投资收益权与一般债权有所不同，而且过去的规定中明确提出可以冻结和划拨被执行人的预期收益，因此该规定仍沿用过去的规定，基本类似于执行自然人收入的做法，没有设定第三人提出异议的程序。显然，《执行工作规定》承认相关收益本质上亦以债权形态存在或者作为获取途径，而与债权相区分的原因在于两点：其一，当时规定债权执行限于"到期"（第 45 条），其二，债权执行专设有第三人异议程序（绝对异议，直接产生不得执行效果）。以收益为上位概念，并与自然人收入并列，进一步参考《执行工作规定》第 35 条~第 37 条，相关规定的释义明确指出："冻结投资权益或股权的法律效果是，被冻结的投资权益或股权，被执行人不得自行转让，有关企业不得协助其办理转让手续。在程序上，除下发裁定书外，法院应当通知有关企业不得办理被冻结投资权益或股权的转移手续。因为股权中包括收益权，应通知有关企业不

① 参见黄金龙：《〈关于人民法院执行工作若干问题的规定（试行）〉实用解析》，中国法制出版社 2000 年版，第 156 页。

得向被执行人支付股息或红利。”①

承前分析，《执行工作规定》将相关收益与自然人收入并列，从而将股权收益执行与一般债权执行相区别；但这一区别仅在预期收益保全的适格性及第三人异议程序配置方面有讨论意义。本质上，《执行工作规定》并不否认股息、红利仍是依托债权结构完成收取。对于公司股权冻结效力是否当然及于股息、红利，当时并未厘清作为“收取结构”层面的债权与作为“发生原因”层面的股权之间的关联，没有赋予前者独立性，而将前者置于后者的效力范围之内。

第二阶段：针对上市公司国有股、法人股执行问题，《冻结、拍卖上市公司国有股的规定》第7条第2款首次引入“孳息”作为上位概念统摄股息、红利。

在此阶段，因《执行工作规定》第38条在先，《冻结、拍卖上市公司国有股的规定》第7条第2款“复刻承袭”了前者，并不意外。但另一方面，该规定引入“孳息”概念，“重构”了此前的规范基础。此前《执行工作规定》是从“收益”的上位概念出发，将相关收益与自然人收入并列，从而将股权收益执行与一般债权执行相区别。一直以来，在对法定孳息的理解上，实践中长期比照自然孳息处理；因此，自然孳息与原物分离之后，原物所有权人当然取得自然孳息所有权——这一惯性逻辑，致使作为法定孳息收取途径（前文称之“收取结构”）的债权意义被严重弱化。

第三阶段：《最高人民法院关于适用〈中华人民共和国公司法〉若干问题的规定（四）》（以下简称《公司法解释四》）发布，其第13条、第14条、第15条从实体法意义上明确区分了抽象与具体意义上的收益请求权。

考虑到抽象意义上收益请求权，诉讼行使甚至都是例外，“举重明轻”，抽象意义的股权收益难以构成适格的执行标的，故执行程序中讨论

① 黄金龙：《〈关于人民法院执行工作若干问题的规定（试行）〉实用解析》，中国法制出版社2000年版，第160页。

的收益请求权，便仅限于具体意义。对于具体意义上的收益请求权，《公司法解释四》理解与适用中明确，并非直接成员权组成部分，而是基于决议产生的，已自股权脱离而独立的，本质上属于股东对公司的债权。股息、红利分配前，仍属公司名下的待分配利润，并非当然为股东享有；股东所享有的，乃利润分配请求权，而利润分配请求权，又可分为具体与抽象两个层面：抽象层面，成员权衍生的抽象利润分配请求权，仅具有期待权属性；具体层面，基于决议产生的具体利润分配请求权，已自股权脱离而独立，本质上属于股东对公司的债权。

第四阶段：《股权执行司法解释》发布，该司法解释与《公司法解释四》的思路一致。

《股权执行司法解释》改变了《执行工作规定》第 38 条的模式，针对已自股权权能范畴脱离，并获独立地位的具体意义收益请求权；而考虑到“孳息”概念使用，对解决执行问题并无助益，《股权执行司法解释》也未再沿用《冻结、拍卖上市公司国有股的规定》的表述，而是继续使用《执行工作规定》中的“收益”概念。该司法解释在其释义一文①中明确指出，冻结股权效力不当然及于股息、红利。起草过程中，多数意见认为，股息、红利等收益属于股东对股权所在公司享有的债权，冻结股权并不当然及于收益。对收益的执行，应当按照债权执行的规则处理。因此该规定第 9 条明确，人民法院冻结被执行人基于股权享有的股息、红利等收益的，应当向股权所在公司送达冻结裁定；股息、红利等收益到期的，可以书面通知股权所在公司向申请执行人或者人民法院履行。虽然仍然沿用《执行工作规定》中“收益”一词，但在理解上已作调整，不再比照自然人收入处理，而是参照债权规则。②

第五阶段：关于冻结上市公司股票的问题。下一步应明确人民法院冻结证券的，冻结效力及于该证券股息、红利、利息等孳息。

---

① 参见何东宁等：《〈最高人民法院关于人民法院强制执行股权若干问题的规定〉的理解与适用》，载《中国应用法学》2022 年第 2 期。

② 参见何东宁等：《〈最高人民法院关于人民法院强制执行股权若干问题的规定〉的理解与适用》，载《中国应用法学》2022 年第 2 期。

即便已有《股权执行司法解释》，期货、证券的冻结效力范围应及于股权、红利等孳息。其理据不在“孳息”，而在于上市公司股权所特有的“证券化”属性。证券化之后，收益请求权作为独立债权虽已脱离股权权能范畴，但其存在、行使仍然受限于作为权利凭证的“证券”。这使虽在权利性质上与有限公司并无不同（同为债权），但因存续及行使方式存在差异（证券），因此应作区别处置。须注意的是，此处的证券，是公开发行的证券。非上市股份公司虽也发行股票，也具有证券化特征，但其流通性较上市公司有天壤之别。从流通性角度看，将虽有证券形式但流通性与有限公司无异的非上市股份有限公司纳入《股权执行司法解释》适用范畴调整，是有政策合理性的。此外，2005 年股权分置改革解决了长期困扰资本市场发展的问题，结束了上市公司两类股份、两种价格并存的历史。再加上国有企业混合所有制改革等多项政策的驱动，股权集中程度已经比过去下降许多，国有股、法人股的概念已经很少使用。《冻结、拍卖上市公司国有股的规定》在多次司法解释清理时均予以保留，《股权执行司法解释》释义文章亦专门指出，应有其相应考虑。

二、问题的分析

（一）冻结非上市公司的股权是否当然及于股息、分红等股权收益，还是应以法院的执行裁定、协执通知书等执行文书中载明的冻结范围为准

对此问题的把握，在不同阶段司法解释有着不同的规范模式，不宜一概而论。具体而言，以 2022 年 1 月 1 日《股权执行司法解释》的施行为分水岭。该规定施行前，根据《执行工作规定》第 36 条，股息、红利当然为股权冻结效力范围所及。整体上看，《执行工作规定》将相关收益与自然人收入并列，从而将股权收益执行与一般债权执行相区别。但这一区别的实益，仅在于解决预期收益保全的适格性及第三人异议程序配置。本质上，并不否认股息、红利仍是依托债权结构完成收取。但是，

对于股权冻结效力是否当然及于股息、红利，在此时尚未厘清——作为收取途径的债权与作为发生原因的股权之间的关联，未赋予前者以独立性，而将前者置于后者的效力范围之内。① 故对于该条规定的适用，实践中应注意两点：一是根据《执行工作规定》第 40 条，未作协执通知，冻结措施不发生对协执义务人的相对效力；二是既然股权冻结效力当然及于股息和红利，则协执通知既已记载股权冻结本身，是否有关于“不得向被执行人支付股息或红利”的记载，便不影响对股息和红利发生冻结效果。

《股权执行司法解释》施行后，根据该解释第 9 条，如未另作专门冻结措施，股权冻结效力本身不及于股息和红利。其理据在于：《公司法解释四》第 13 条及对应释义明确区分了抽象与具体意义上的收益请求权。考虑到，对抽象意义上收益请求权而言，诉讼行使甚至都是例外，不构成适格执行标的；执行程序中讨论的收益请求权，便仅限于具体意义。对具体意义上收益请求权，并非直接成员权组成部分，而是基于决议产生的，已自股权脱离而独立，本质上属于股东对公司的一般债权，从而与股权本身在逻辑上区隔。进而，冻结股权并不当然及于其收益。对于收益的执行，应当按照债权执行的规则处理。② 特别是，虽然在实体层面，《公司法解释四》于 2017 年便已明确具体收益请求权的定性，但鉴于程序层面上《执行工作规定》直至 2020 年修正，仍然坚持原有规范模式，在存量纠纷处理上应以《股权执行司法解释》发布为分水岭，采取“新老划断”原则。

---

① 黄金龙：《〈关于人民法院执行工作若干问题的规定（试行）〉实用解析》，中国法制出版社 2000 年版，第 156 页。

② 何东宁等：《〈最高人民法院关于人民法院强制执行股权若干问题的规定〉的理解与适用》，载《中国应用法学》2022 年第 2 期。

（二）依据《股权执行司法解释》，在国家企业信用信息公示系统进行公示的股权冻结效力能否对该规定生效前已依法冻结的股权效力顺位和范围产生影响

《股权执行司法解释》第6条确立了登记生效的一般规则。因此，对于《股权执行司法解释》施行之后采取的冻结措施而言，顺位问题处置口径因此划一。但疑难在于，对于《股权执行司法解释》施行之前的"存量"措施，更有甚者，横跨《股权执行司法解释》施行的措施而言，股权冻结以何为对抗要件，顺位判定应以何为准，便极具争议。《最高人民法院关于人民法院民事执行中查封、扣押、冻结财产的规定》第7条第2款确立有一般规定，即对于以登记作为权属变动对抗要件的财产类型，冻结未办理登记手续，不得对抗其他已办理登记手续的执行行为。但是该一般规定具体落实到公司股权，则须进一步区分是否为工商登记适格客体进行讨论。

如为工商登记的适格客体，则应以2014年最高人民法院与原国家工商总局联合发布的《关于加强信息合作规范执行与协助执行的通知》为依据。[①] 人民法院在冻结股权、其他投资权益时，除应向被执行人及其股权、其他投资权益所在市场主体送达冻结裁定等法律文书外，还应要求工商行政管理机关协助公示。在多家法院要求冻结同一股权、其他投资权益的情况下，工商行政管理机关应将所有冻结要求全部公示。而且，首先送达协助公示通知书的执行法院的冻结为生效冻结。据此，对于非上市股份有限公司股权的冻结而言，执行法院除应向股权所在市场主体送达冻结裁定及协执通知书外，还应向工商行政管理机关送达协助公示通知书等法律文书，要求工商行政管理机关协助公示，并以此项送达情况确定冻结是否生效及顺位。另须注意的是，此处的适格客体限于有限

① 《关于加强信息合作规范执行与协助执行的通知》第11条规定："人民法院冻结股权、其他投资权益时，应当向被执行人及其股权、其他投资权益所在市场主体送达冻结裁定，并要求工商行政管理机关协助公示。"

公司及股份有限公司的发起人股东所持股权。

如非适格客体，则须进一步讨论其登记操作的可行性，对于股份有限公司而言，情况较为特殊。公司法本身并未明确其登记要求。实际操作中，各地对股份有限公司股权托管的落实条件及要求亦不同，在此背景之下，很长一个历史阶段内，冻结措施的公示都存在操作困难，因此对存量业务处置，不宜要求过分严苛。换言之，以登记机关协助登记或公示作为人民法院对财产权的查封冻结生效要件的，应以存在该种财产权的登记义务机关为前提。

(三)《冻结、拍卖上市公司国有股的规定》能否参照适用于非上市公司股权的冻结

不宜参照。《股权执行司法解释》之前，根据《执行工作规定》，股权冻结效力当然及于股息、红利，自无参照该规定适用之必要；之后，又当然排除参照适用之可能。特别是对于后者，《股权执行司法解释》在其释义中进一步明确：《冻结、拍卖上市公司国有股的规定》仅适用于上市公司，此与实践中的基于“道理相通”而认为可作参照适用的观点大相径庭。

由此进一步引出问题：为何应将《冻结、拍卖上市公司国有股的规定》第 7 条第 2 款的适用限于“上市公司”，正当性更是前后有别：虽然该规定起草有着其特殊的政策历史背景，但从其释义意旨看，该款确立的“冻结效力及于股息、红利”与该等政策背景并无直接关系。[①] 当时处置受到两个因素的影响：第一，从起草背景看，《执行工作规定》已确定有限公司股权冻结的一般规范模式。但事实上，即便是对于有限公司股权，《执行工作规定》规范模式都有着鲜明的历史局限；以之作为上市公司股份处置的比照，自然也有值得商榷之处。特别是在《股权执行司法解释》已有新规定的情况下，参照《冻结、拍卖上市公司国有股的规定》

① 贾纬等：《〈关于冻结、拍卖上市公司国有股和社会法人股若干问题的规定〉的理解与适用》，载《人民司法》2001 年第 11 期。

的思路，难言合理妥当。第二，从规范文义看，该款首次引入“孳息”作为上位概念统摄股息、红利，该概念的引入影响了规范模式的处理。一直以来，系统、完备孳息制度的缺失，致使实践理解长期存在偏差；往往会自然而然地比照“自然孳息”理解：自然孳息与原物分离后，原物所有权人当然取得自然孳息所有权；法定孳息似乎亦应循此理。但事实上，与自然孳息权属自始确定不同，法定孳息须另依托债权结构才能收取；基于债权行使而受领给付之前，原物的权利人并不享有对法定孳息的权属。这一差异，也为后续相关司法解释所采纳，可作印证的如《最高人民法院关于人民法院民事执行中查封、扣押、冻结财产的规定》，其第20条仅明确天然孳息为查封、扣押效力所及。严格意义上讲，该条所涉限于动产、不动产查封、扣押，因此不能当然适用于股权冻结。不过考虑有体物亦有发生法定孳息的可能，其对法定孳息的处置思路对于股权亦有借鉴意义。

随着经济社会的不断发展，下一步在起草证券、期货执行司法解释时，建议明确证券冻结效力范围及于股息、红利等收益。而其理据不再基于上述《执行工作规定》确立的规范模式或者孳息的理解偏差，而是寻求从“证券化”属性中寻求更为一般的基础。上市公司股份具有鲜明证券化属性；证券化之后，收益请求权作为独立债权虽已脱离股权权能范畴，但其存在、行使仍然受限于作为权利凭证的“证券”。换言之，虽然在收益请求权实为与股权相独立的债权这一点上，上市公司与有限公司并无区别；但基于证券化属性，上市公司股份的收益请求权不能仍与股权本权相绑定而不可分离。在此基础上，上市公司股份保全也就无须对股权与收益请求权区分处置。根据公司法规定，非上市股份有限公司亦采用证券形式，但《股权执行司法解释》仍将其与有限公司股权并列，纳入调整范围。这是由于非上市股份有限公司股份因流动性欠缺而实质丧失证券化属性，归入《股权执行司法解释》调整，理据充分妥当。

三、裁判的思路

案件系争系列冻结措施均发生于《股权执行司法解释》之前，因此：

第一，其效力范围应以《执行工作规定》为判定依据。即针对非上市公司股权，冻结效力范围当然及于股息、红利。其效力发生以冻结股权协执通知发出为必要，但不以协执通知明确记载股息、红利为必要。鉴于《执行工作规定》已提供足够的规范意义的支撑，本案没有讨论《冻结、拍卖上市公司国有股的规定》可否参照适用的必要性。当然，即便抛开个案，意旨上也不应参照适用。因此，其他法院实施的冻结措施的效力应不受协执通知文本表述影响，当然及于股息、红利。第二，其效力顺位的判定依据以案涉公司股权可否进行工商登记，是否在当地有强制托管要求而有别。如可为工商登记，则应以前文述及的《关于加强信息合作规范执行与协助执行的通知》为依据。该规定明确要求执行法院向登记机关送达协执通知对冻结状态予以公示。鉴于系争冻结措施作出之时，《股权执行司法解释》尚未发布，其第 6 条规定的登记生效主义不宜"照搬"适用。因此，系争冻结措施生效不以登记公示为前提，但以登记为对抗之必要。鉴于 J 区法院在扣划前曾将股权冻结文书在国家企业信用信息系统进行登记公示（根据公示结果为首轮），应认定该院冻结措施对股息、红利效力顺位应优先于其他法院；如不可登记，原则上不宜以登记为据；但在当地有强制托管要求的，在托管主体可代作登记的情况下，可进一步结合个案事实予以综合判断，讨论是否仍以协执通知先后作为顺位判定依据。

（承办人：刘少阳；纪要整理人：叶欣）

【执行热点前沿】

民事强制执行法制定视域下执行外和解协议的定位与适用*

——以最高人民法院指导案例 119 号为切入

刘　颖** 　谢妮轩***

内容摘要：执行外和解协议是近年来实践中出现的新难题，最高人民法院指导案例 119 号就其界定、效力与救济问题仅作未尽解释，正在制定过程中的民事强制执行法亦未涉及执行外和解，需理论的深入探究。作为当事人在生效法律文书基础上达成的合意，执行外和解协议属于执行层面的和解协议，因未经法院确认而区别于执行和解协议。尽管执行外和解协议不具有执行力，但其能够经法院的裁定而间接产生阻却原生效法律文书的强制执行的效果。执行外和解协议在补足公权力审查要件后，即向执行和解协议转换；在法院裁定恢复执行原生效法律文书后，又回归为执行外和解协议，如此构成二者效力衔接的"双线模式"。民事强制执行法（草案）引入了债务人异议之诉制度，有助于弥补现行法下执行行为异议这一程序性救济的缺陷，完善对执行外和解协议等实体事项的执行救济体系。

---

* 本文系中央高校基本科研业务费资助项目"民事强制执行法的立法难点问题研究"（YWF-22-W-128）的阶段性成果。

** 北京航空航天大学法学院副教授、博士生导师。

*** 北京航空航天大学法学院博士研究生。

关键词：执行外和解协议　执行和解　民事强制执行法　债务人异议之诉

一、问题的提出

近年来，司法实践中出现了一个形成于审判和执行程序外、但又影响着当事人处分权与法院执行权的产物，即执行外和解协议。该类协议系由当事人私下就实体事项或执行程序事项达成的合意，一定程度上满足了当事人的意思自治，因而有助于权利的迅速实现和纠纷的彻底解决。一方面，我国现行的法律及司法解释中没有关于执行外和解（协议）的明文规定，而目前正在征求意见的民事强制执行法（草案）也仍未涉及执行外和解，仅就执行和解作了整合性规定；另一方面，司法实践中对该类协议的运用却又颇为广泛，争点逐渐突出。例如，在中国裁判文书网以“执行外和解”为全文关键词共检索到 491 篇文书，[①] 不同法院对执行外和解协议的认识与操作已显现出较大的分歧。其中，2019 年最高人民法院发布指导案例 119 号，[②] 首次将执行外和解协议这一概念显名化和显性化，同时也将一系列争议显像化。

在本案中，被执行人（一审被告、二审上诉人）湖北追某电气股份有限公司（以下简称追某电气公司）在二审期间与申请执行人（一审原告、二审被上诉人）安徽省滁州市建某工程有限公司（以下简称滁州建某公司）签订《和解协议书》，约定免除追某电气公司一审判决中判定的部分债务。于是，追某电气公司撤回上诉，并依照约定向滁州建某公司足额履行了剩余债务，即将《和解协议书》履行完毕。而后，滁州建某公司申请执行一审生效判决，青海省高级人民法院（以下简称青海高院）作出“执字号”执行裁定并对追某电气公司采取了执行措施。对此，追某电气公司以其完全履行了《和解协议书》约定的全部义务为由，提出

---

① 本段数量统计截至 2023 年 6 月 22 日。其中，最高人民法院的裁判共 7 篇，均在 2019 年至 2021 年间作出；高级人民法院的裁判共 28 篇，有 23 篇在 2019 年至 2021 年间作出。可见，近年来执行外和解协议的实践问题较为突出。

② 安徽省滁州市建筑安装工程有限公司与湖北追日电气股份有限公司执行复议案。

执行异议。为此，青海高院作出“执异字号”执行裁定，撤销该院先前作出的“执字号”执行裁定。滁州建某公司不服，遂向上级法院提出复议申请。其除了主张案涉《和解协议书》无效以及追某电气公司未按《和解协议书》履行义务外，提出更主要理由在于，案涉《和解协议书》不是在执行程序中达成的，即便其有效，也不具有阻却执行的效力，而应当由被执行人申请再审或另案起诉处理。对此，最高人民法院认为，案涉《和解协议书》有效，追某电气公司已将协议约定的义务履行完毕，并且“案涉《和解协议书》系当事人在执行程序开始前自行达成的和解协议，属于执行外和解。与执行和解协议相比，执行外和解协议不能自动对人民法院的强制执行产生影响，当事人仍然有权向人民法院申请强制执行。追某电气公司以当事人自行达成的《和解协议书》已履行完毕为由提出执行异议的，人民法院可以参照《最高人民法院关于执行和解若干问题的规定》第 19 条的规定对和解协议的效力及履行情况进行审查，进而确定是否终结执行”。于是，裁定驳回复议请求。

上述最高人民法院的裁判理由不仅提及了执行外和解协议的界定问题，而且指出了相关争议的裁判依据及裁判思路。这为我们从理论上厘清执行外和解协议的相关问题提供了绝佳的素材。有鉴于此，本文将以指导案例 119 号为切入点，结合最高人民法院在本案例中的说理，探析执行外和解协议的含义、效力及救济等问题点，以期为司法实践和理论研究提供参考。

二、定位：执行外和解协议的含义剖析

我国现行法律及司法解释中没有直接出现“执行外和解”一词，最高人民法院指导案例 119 号认定案涉《和解协议书》系执行外和解协议，也仅以描述的方式明确典型情形，而非直接界定。执行外和解协议，顾名思义，其含义包括两方面要素：一是和解协议，二是执行外。厘清和解协议的作用阶段或范围，是剖析执行外和解协议含义的前提；而明确执行外与执行内的界分，则是剖析执行外和解协议含义的核心。

（一）执行外和解协议的前提点：实体权利义务关系已由生效法律文书确定

1. 执行层面的和解协议与诉讼层面的和解协议的区分

广义上的民事诉讼旨在解决民事纠纷，即平等民事主体之间的实体权利义务关系争议。这一本质属性给予了和解协议承载当事人意思自治的程序法空间。根据权利的确定与实现的不同阶段，和解协议可以划分为两个层面，即诉讼与执行。诉讼层面的和解协议是当事人基于权利确定（纠纷解决）的需要，合意确认实体权利义务关系。① 执行层面的和解协议是当事人基于权利实现的需要，合意变更生效法律文书所确定的给付内容。

具体而言，二者的制度目的和制度价值均存差异。一方面，诉讼层面的和解协议是以实体权利义务关系存在争议为前提，目的在于纠纷的自主解决。换言之，其适用的场合应为法律文书生效前，以协议为消除争议的手段。但是，依据《最高人民法院关于执行和解若干问题的规定》（2020年修正，以下简称《执行和解规定》）第1条的规定，执行层面的和解协议以实体权利义务关系的确定为前提，目的在于促进该已确定的实体权利义务关系更有效率的实现。另一方面，诉讼层面的和解协议是多元化纠纷解决机制的重要组成部分，其价值还在于促进繁简分流和节约司法资源。与此相对，执行层面的和解协议已在民事审判程序之外，虽无助于审判阶段的定分止争，但能为当事人提供权利实现的第2条路径，使执行程序更加富有制度弹性。由此可知，《执行和解规定》第1条规定的“和解协议”是指执行层面的和解协议，即实体权利义务关系已由“生效法律文书确定”后的和解协议，其在含义上明显不同于以实体权利义务关系尚待确定为前提的诉讼层面的和解协议。

---

① 实体法学者所论“和解协议”一般指向诉讼层面的和解协议，且更多地使用“和解契约”“和解合同”等表述指向诉讼层面的和解协议。参见王利明：《论和解协议》，载《政治与法律》2014年第1期；刘学在：《和解制度所涉实体及程序问题研究》，载《国家检察官学院学报》2016年第2期；肖俊：《和解合同的私法传统与规范适用》，载《现代法学》2016年第5期。

2. 执行外和解协议的成立时间

最高人民法院指导案例 119 号肯定了"当事人在执行程序开始前自行达成的和解协议"为执行外和解协议，那么这里的"执行程序开始前"是否包括审判阶段，以及执行外和解协议又是否仅能在执行程序开始前达成，这是在协议成立时间上需要回应的问题，也是执行外和解协议前提点的逻辑延伸。

首先，执行外和解协议应当成立于法律文书生效后。既然执行外和解协议属于执行层面的和解协议，那么其自然也是以实体权利义务关系已由生效法律文书确定为前提的。若和解协议在实体权利义务关系仍有争议的阶段达成，则应当归入前述诉讼层面的和解协议的范畴。需要指出的是，对于当事人在二审期间达成和解协议后撤回上诉，使一审判决生效的情形，和解协议表面上看是在法律文书尚未生效前达成，属于诉讼层面的和解协议，但最高人民法院的指导案例 119 号将之认定为执行外和解协议，理由在于：一审判决虽未生效、但内容确定，当事人系在一审判决判定的实体权利义务基础上进行债务免除等约定，本质上符合执行外和解协议的前提要求；并且，当事人约定由上诉人撤回上诉使得一审判决生效，表明当事人不是为了以合意达成实体权利义务关系的确定，而是为了以合意寻求一审判决判定的实体权利义务关系的更为有效的实现，因此属于执行层面的和解协议。

其次，执行外和解协议可以成立于执行程序开始前。法律文书生效后、执行程序启动前，法律文书上载明的权利可依债务人的自愿履行而实现。执行外和解协议本身就是不动用执行权而促使债务人自愿履行的重要手段。因此，当事人能够在执行程序开始前达成执行外和解协议，应无争议。[①] 如前所述，在指导案例 119 号中，最高人民法院认定案涉《和解协议书》为执行外和解协议，理由正是该和解协议是在执行程序开

① 也有学者将法律文书生效后、执行程序开始前达成的和解协议称为"执行前和解协议"。参见张永泉：《执行前和解协议法律效力研究》，载《法学家》2011 年第 1 期。但是执行前达成的执行外和解协议并无法律效力上的特殊之处，因而缺少单独讨论的必要性。

始前达成的。

最后，更为重要的是，执行外和解协议也可以成立于执行程序开始后。对此持否定立场的理由可能包括：第一，在法院已经启动权利实现程序的前提下，还允许当事人合意变更已由公权力确定并正由公权力强制实现的权利，将挑战司法制度的权威、有损法律秩序的稳定。第二，在我国目前已有执行和解制度的背景下，执行程序开始后当事人可以在法院的主持下达成执行和解协议，因而执行外和解协议没有独立存在的必要。后一点理由忽视了执行和解与执行外和解的差异，后文将详细讨论。关于前一点理由，笔者认为，法院的审判权和执行权并不当然地排斥当事人的处分权，毋宁说法院行使审判权和执行权是为了保护当事人处分权背后的私权。如若当事人有更和谐的方案自行解决纠纷，反而节约了司法资源、更有效地保障了法律秩序的稳定。因此，在执行程序终结前，法院通常并无理由阻止当事人达成和解，这同样也是执行和解的制度本意所在。①

3. 执行外和解协议的约定内容

载有给付内容的法律文书一经生效，即具有确定力和执行力。这意味着当事人在执行外和解协议中，既有可能就已确定的实体权利义务关系达成新的合意，也有可能就执行事项达成合意。

首先，申请执行人和被执行人可以重新约定实体权利义务关系，典型如申请执行人放弃部分债权、违约责任等情形。② 需要强调的是，既然实体权利义务关系已由生效法律文书确定，那么执行外和解协议在内容上必须承认该实体权利义务关系。③ 也就是说，执行外和解的对象是生效

---

① 参见张娜：《执行和解协议纠纷之解决机制探析》，载江必新、贺荣主编：《最高人民法院执行案例精选》，中国法制出版社 2014 年版，第 383~384 页。

② 参见张卫平：《执行和解制度的再认识》，载《法学论坛》2016 年第 4 期；陈杭平：《论民事“执行和解”制度——以“复杂性”化简为视角》，载《中外法学》2018 年第 5 期。

③ 参见占善刚、张习华：《执行和解协议可诉性探析》，载《社会科学家》2019 年第 11 期；谭秋桂：《论民事执行和解的性质》，载《法学杂志》2020 年第 11 期；张永泉：《执行前和解协议法律效力研究》，载《法学家》2011 年第 1 期。

法律文书所确定的实体权利义务关系，而非最初争议的实体权利义务关系。[①] 若当事人之间仍对生效法律文书所确定的实体权利义务关系存有争议并意图通过执行外和解协议推翻，则无异于反复争讼，有违既判力。不过，确定判决仅限于对特定时间点上的实体权利义务关系的判断才发生既判力，无法遮断该特定时点之后发生的新事实。[②] 因此，在该确定时点之后才达成的执行外和解协议，不受确定判决的既判力遮断。[③]

其次，申请执行人和被执行人也可以约定执行条件、方法、范围及时间等执行事项。具体而言，《执行和解规定》第 1 条规定，和解协议可以对“履行标的、期限、地点和方式等内容”作出约定。对于这里的“期限、地点和方式”，可以解释为不被“履行”一词所限定，亦即还包括执行措施的期限、地点和方式。退一步讲，即便为“履行”一词所限定，但该条属于开放式的列举，因而依然可以将这里的“等内容”解释为包括执行事项。故依照现行规定，执行层面的和解协议可以以执行事项为约定内容，那么执行外和解协议同样遵循此理。另外，当事人处分权的对象当然包含程序性权利。当事人在执行外和解协议中就执行事项进行约定，有利于执行程序的顺利进行，进而有利于权利的圆满实现。

（二）执行外和解协议的核心点：和解协议尚未经法院确认

1. 执行和解协议与执行外和解协议的区分

执行层面的和解协议又分为执行和解协议与执行外和解协议。《执行和解规定》第 2 条封闭式地列举了达成执行层面和解协议后可以中止执行的三种情形：第一，各方当事人共同向法院提交书面和解协议；第二，一方当事人向法院提交书面和解协议，且其他当事人予以认可；第三，执行人员将当事人达成的口头和解协议记入笔录，且由各方当事人签名

---

① 参见赵秀举：《论民事和解协议的纠纷解决机制》，载《现代法学》2017 年第 1 期。

② 参见刘颖：《既判力标准时后的形成权行使的规制路径》，载《现代法学》2022 年第 2 期。

③ 参见肖建华、廖浩：《既判力基准时后的“和解”——以吴梅案“和解协议”与执行和解为例》，载《国家检察官学院学报》2014 年第 6 期。

或盖章。满足这三种情形的和解协议，将进一步上升为《执行和解规定》第8条和第9条规定的“执行和解协议”。从实质上看，这三种情形均属于各方当事人一致认可将和解协议提交至法院，然后法院予以确认。由此，法院知悉和解协议的具体内容，并产生和解协议真实、合法的心证，从而在尊重当事人的意思自治的基础上中止执行，结果便是当事人之间的约定发生了程序法上的法律效果。[①] 可见，经由法院确认的执行层面的和解协议，方为执行和解协议。

除此以外，尚未经法院确认的执行层面的和解协议，便是执行外和解协议。依据《执行和解规定》第2条的反面解释，执行外和解协议的情形包括：第一，各方当事人均未向法院提交书面和解协议；第二，一方当事人向法院提交书面和解协议，但其他当事人不予认可；第三，当事人达成口头和解协议，但并未由执行人员将和解协议内容记入笔录，或者虽然记入笔录却未由各方当事人签名或盖章。需要强调的是，这三种情形均是各方当事人在将执行层面的和解协议提交至法院这一点上未达成一致，最终导致法院无法确认和解协议，而并非当事人之间未就和解协议本身达成一致。倘若当事人之间未就和解协议本身达成一致，便也不存在所谓的执行外和解协议。

2. 执行外和解协议的非公权本质

执行外和解协议在本质上是各方当事人达成的约定，其并未经过法院的确认。换言之，执行外和解协议纯粹是当事人意思自治下行使处分权的结果，其中并无国家公权力的介入。在达成和解协议的过程中，法院既未作为协议的主体参与协商，也未作为第三方斡旋或者辅助当事人之间的协商，因而不存在民事审判权或执行权的行使。执行实践中没有法院的参与而由当事人自愿协商达成和解协议的情况并不少见。出于尽快收回债权、节约执行成本的考虑，债权人愿意牺牲部分权益，达成和解；出于适当减免债务、避免强制执行措施可能带来的负面影响的考虑，

---

① 有学者认为执行和解本质上以法院的民事执行权为主导。参见谭秋桂：《论民事执行和解的性质》，载《法学杂志》2020年第11期。

债务人同样愿意主动履行债务，达成和解。

三、适用：执行外和解协议的效力界定

最高人民法院指导案例 119 号指出，执行外和解协议不影响执行程序的启动，且被执行人以执行外和解协议提出执行异议的，法院参照《执行和解规定》第 19 条进行审查。那么，应当如何理解该裁判要旨背后的法理，即如何界定执行外和解协议的效力，则需要进一步探究。

（一）执行外和解协议的性质为私法上的合同

我国学者认为，执行层面的和解协议在性质上与比较法上的执行契约相同或相似，均是当事人合意就执行措施、范围、期限等事项作出新的安排。[①] 对于执行契约的性质和效力，比较法上已经有较多探讨：一种观点认为，执行契约的性质为诉讼法上的契约，直接发生强制执行效力，同时约束当事人和执行机关。另一种观点认为，执行契约是约定债务免除或履行条件变更的私法上的契约，执行机关不受其约束。还有折中的观点认为，如果执行契约是以诸如债权人同意债务人延缓执行等强制执行法明确允许的事项为约定内容的，则属于诉讼法上的契约；相反，如果执行契约是强制执行法未明文规定而由当事人自行约定的，则属于私法上的契约。[②]

对此笔者认为：尽管民事诉讼法中存在任意性规范，即允许当事人的约定在效力上优先于法律的规定。但与实体法不同，诉讼法一般不以当事人的意愿安排程序，否则将导致程序的混乱。[③] 除简易程序的选择适用等立法设有任意性规范的情形外，民事审判或民事执行的要件与方式应当严格遵循强制性规范，当事人不得以约定变更。以当事人意思自治

① 参见谭秋桂：《论民事执行和解的性质》，载《法学杂志》2020 年第 11 期；张卫平：《执行和解制度的再认识》，载《法学论坛》2016 年第 4 期。

② 参见赖来焜：《强制执行法总论》，我国台湾地区元照出版有限公司 2007 年版，第 276～277 页。

③ 参见张卫平：《民事诉讼法》，法律出版社 2019 年版，第 14 页。

为基础的执行外和解协议，无论是以实体事项为内容，还是以执行事项为内容，在性质上始终是私法上的合同。

（二）执行外和解协议对执行程序的影响

1. 执行外和解协议不具有执行力

既然执行外和解协议是私法上的合同，那么其就不构成执行依据，因而不具有执行力。当事人之间就执行外和解协议发生争议的，与其他合同的情形相同，尚需当事人诉至法院后，由法院通过审判程序对执行外和解协议约定的实体权利义务关系予以确定，始得发生执行力。换个角度讲，尽管当事人达成的执行外和解协议对生效法律文书所确定的实体权利义务关系进行了变更，但这种私法上的合同并不能限制或排除生效法律文书的执行力，也不能影响申请执行人强制执行请求权的效力。所谓强制执行请求权，是指申请执行人以生效法律文书向法院请求启动执行程序的公法上的请求权。① 强制执行请求权的成立与是否存在具有实质确定力的生效法律文书有关，而与是否真实存在实体上的请求权无关。② 从最高人民法院指导案例119号来看，司法实践中已就执行外和解协议不能阻止申请执行人依据生效法律文书启动执行程序这一点形成了共识。

2. 执行外和解协议能够间接阻却生效法律文书的强制执行

《执行和解规定》第19条规定，对于“被执行人根据当事人自行达成但未提交人民法院的和解协议，或者一方当事人提交人民法院但其他当事人不予认可的和解协议”提出的执行异议，法院可以在审查履行状况后，裁定中止执行或终结执行。由于这里的“和解协议”属于前述执行外和解协议的具体情形，因而该条等于承认执行外和解协议能够间接阻却原生效法律文书的强制执行。也就是说，在被执行人提出执行异议

---

① 参见陈计男：《强制执行法释论》，我国台湾地区元照出版公司2012年版，第12页。

② 此为德国和日本目前的通说，即抽象的强制执行请求权说。除此之外，强制执行请求权行使依据的理论学说还包括具体说和折中说。参见［日］竹下守夫：《日本民事执行法理论与实务研究》，刘荣军、张卫平译，重庆大学出版社1994年版，第29页。

后，法院对执行外和解协议的履行状况进行审查，从而补足执行外和解协议非公权本质所不具备的公权力参与，完成执行外和解向执行和解的转换，从而产生中止执行或终结执行的程序法效力。从本质上讲，对原生效法律文书的强制执行发生阻却作用的乃是法院的裁定，但鉴于法院的诉讼行为是基于执行外和解协议及其履行状况而实施的，因此可以说执行外和解协议对执行程序产生了间接影响。[①]

（三）执行和解协议与执行外和解协议的效力衔接

鉴于我国法上执行和解也发生中止执行或终结执行的法律效果，而执行外和解协议有可能引发相同的法律效果，因此有观点认为《执行和解规定》本质上未对执行和解与执行外和解作出区分，故无论是法院主持下达成的和解，还是当事人自行达成的和解，均属于执行和解。[②] 但是，仅以引发相同法律效果的可能性径直推论出执行外和解与执行和解的同质性，不免欠缺说服力。执行外和解协议与执行和解协议在现行法中成立要件截然相反，这意味着二者在内涵与外延上存在根本差异。更重要的是，执行外和解协议在现有制度框架下具有鲜明的独特性和必要性。

一方面，在执行外和解协议的情形，并不一定会适用《执行和解规定》第 19 条的规定引发与执行和解相同的法律效果。换言之，倘若被执行人没有根据执行外和解协议提出执行异议，则法院不得裁定中止执行或终结执行。与此相对，根据《执行和解规定》第 2 条的规定，执行和解一经成立，即发生中止执行的法律效果。在此意义上，执行外和解协议仅具有私法上的合同效力，其约定内容属于处分权的作用范畴，当事人可以就其中违约责任等任意约定内容另行起诉；而执行和解协议则具有诉讼法上的效力，受到执行权和处分权交互作用的影响，当事人仅限

---

① 有论者指出执行外和解能够阻却生效法律文书的执行力，但同时强调产生阻却效力的不是执行外和解协议本身。参见王柏东、程立：《生效法律文书执行力的阻却与回归——以执行外和解对执行程序的影响为视角》，载《法律适用》2020 年第 2 期。

② 参见刘哲玮：《回归与独立：执行和解的私法解释考辨》，载《法商研究》2021 年第 6 期。

于依照《执行和解规定》第 9 条、第 15 条及第 16 条的规定就履行执行和解协议、执行和解履行完毕后申请执行人因履行受损以及协议效力瑕疵这三种情形提起诉讼。

另一方面，执行外和解协议有助于厘清执行和解的性质与效力。关于执行和解的性质，我国学界莫衷一是，究其原因是执行和解带有诉讼法与私法交织的特性。目前我国执行和解的路径试图采同一行为反复跨越诉讼法和私法领域的“单线模式”，即将执行和解贯穿从私法领域的协议达成、到诉讼法领域的执行和解成立并中止执行、再到诉讼法领域的恢复执行或私法领域的另行起诉。而理论与实践中所遇到的难题，也主要源于同一行为在私法与诉讼法之间反复转换的要件设置与效力解释问题。与之相比，如果将执行外和解纳入考察视野，则可以与执行和解形成并行的、动态交互的“双线模式”：首先，执行外和解协议可以在执行程序开始前达成，但不影响申请执行人依据生效法律文书启动执行程序。其次，在执行过程中，当事人可以通过双方合意的形式或者是被执行人单方提出执行异议的形式，向法院提交业已达成的执行外和解协议，从而满足私法层面的执行外和解协议向诉讼法层面的执行和解协议转换的要件，法院始得裁定中止执行；与此同时，当事人也可以在法院的主持下径直达成执行和解协议。最后，若被执行人一方不履行执行和解协议，则申请执行人可以依照《执行和解规定》第 9 条的规定申请恢复执行原生效法律文书，也可以就履行执行和解协议向执行法院提起诉讼。对于申请执行人恢复执行的申请，法院依照《执行和解规定》第 11 条的规定裁定恢复执行的，则执行和解协议丧失阻却生效法律文书执行力的诉讼法效力，回归为仅具有私法效力的执行外和解协议。对于申请执行人提起的诉讼，法院依照《执行和解规定》第 14 条的规定裁定终结原生效法律文书的执行的，同样意味着执行和解协议最终转换为执行外和解协议。

不过，对“双线模式”可能的批判在于，执行和解协议与执行外和解协议的区分是执行和解理论争议中“一行为两性质说”[①]或“两阶段说”[②]的变体，那么，通过对执行和解的双重性质或双重阶段的解释就足以解决相关问题，无须引入执行外和解的概念。对此笔者认为，现有理论对于执行和解的性质和阶段的不同认识，恰好证明了执行和解与执行外和解是应予区分的。在此基础上，与其在执行和解的概念内部解决私法与诉讼法间的转换难题，不如纯化执行和解的诉讼法性质，通过现有的程序法上的构成要件厘清执行和解与执行外和解的转换要件。由此，此种“双线模式”无疑有助于划分执行和解与执行外和解的性质与效力范围，减轻理论和实务中的解释负担，缓和“单线模式”中实体问题与程序问题的矛盾冲突。

由此可见，执行外和解协议本身仅具有私法层面的效力，依据《执行和解规定》第19条却能够间接产生阻却执行的法律效果。在此意义上，私法意义上的执行外和解协议又有可能实现与诉讼法意义上的执行和解协议的效力衔接，构成二者转换互动的“双线模式”（见图1）。

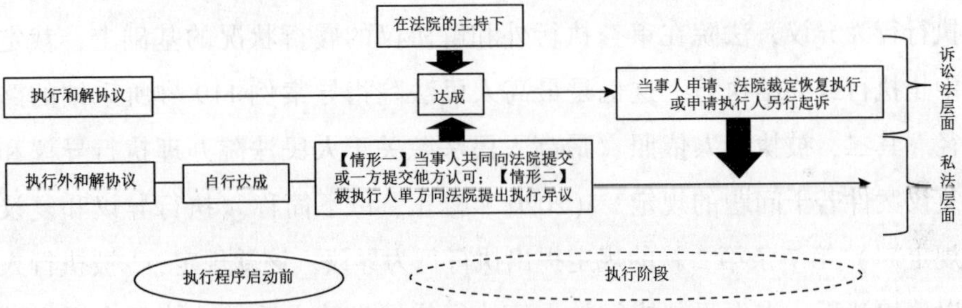

图1　执行和解协议与执行外和解协议的“双线模式”

---

① “一行为两性质说”，是指执行和解既包含私法上当事人之间的合意行为，又包含诉讼法上当事人与法院之间的诉讼行为。参见刘哲玮：《回归与独立：执行和解的私法解释考辨》，载《法商研究》2021年第6期。

② “两阶段说”，是指执行和解既包含申请执行人向法院请求中止执行或者撤回执行申请之前的阶段（私法契约阶段），又包含申请执行人向法院请求中止执行或者撤回执行申请及法院作出裁定的阶段（诉讼行为阶段）。参见史明洲：《执行和解的法解释论展开——〈民事诉讼法〉第230条评注》，载《当代法学》2017年第1期。

四、执行外和解协议的救济完善

执行外和解协议的私法效力使当事人之间实体权利义务关系的现实状态与生效法律文书所记载的内容不一致。尽管法院继续将原生效法律文书作为执行依据实施强制执行，并不构成违法执行，但从只有现实存在的权利才允许其强制性实现这一逻辑来看，却构成不当执行。因此，有必要给与利害关系人阻却或纠正该不当执行的途径，即执行救济。[①] 那么，对于被执行人应当以何种方式向法院请求救济，或者说以何种方式主张执行外和解协议，则有必要在检视现行的执行救济路径之不足的基础上，探寻更为合理的执行救济路径及其具体适用。

（一）现行的执行行为异议审查程序的检视

在现行的制度框架下，有关执行外和解协议的执行救济路径主要包括以下两种：其一，被执行人依照《执行和解规定》第 19 条的规定提出执行行为异议，法院在审查执行外和解协议的履行状况的基础上，裁定中止执行或终结执行。这也是最高人民法院指导案例 119 号所采纳的路径。其二，被执行人依照《最高人民法院关于人民法院办理执行异议和复议案件若干问题的规定》（2020 年修正，以下简称《执行异议和复议规定》）第 7 条第 2 款的规定提出执行行为异议。该款规定，“被执行人以债权消灭、丧失强制执行效力等执行依据生效之后的实体事由提出排除执行异议的”，法院应当作为执行行为异议进行审查。如前所述，执行外和解协议是当事人在相关法律文书生效后达成的、旨在变更该法律文书所确定的实体权利义务关系的、私法上的合同，因此符合“执行依据生效之后的实体事由”，属于该款规定的适用对象。

可见，上述两件司法解释均规定，执行外和解协议的执行救济路径为执行行为异议。但笔者认为，执行行为异议审查程序难以充分合理地

① 参见刘颖：《分配方案异议之诉研究》，载《当代法学》2019 年第 1 期。

解决执行外和解协议的相关实体争议，其存在以下三个方面的缺陷：第一，在执行救济路径的选择上存在根本错误。执行行为异议原则上针对的是法院形式上违反强制执行法的执行行为，属于程序性救济；但是，当事人之间的实体权利义务关系因执行外和解协议而发生变动乃属于实体事项，应当采取实体性救济，例如通过诉讼重新对变动后的实体权利义务关系加以确定，然后将判决结果反映至执行机关，以确保实体正当性。第二，异议事由不明确，同时也意味着法院的救济对象不明确。《执行和解规定》第19条没有涉及被执行人的具体异议事由，《执行异议和复议规定》第7条第2款尽管以不完全列举的方式限定了债权消灭和丧失强制执行效力这两类实体事由，明确了被执行人的异议目的在于排除执行，但是诸如妨碍债权行使的事由是否属于异议事由、被执行人能否要求法院一并确定实体法上的法律关系等问题，则不甚明晰。在此意义上，法院以执行行为异议审查程序对被执行人展开何种范围与性质的救济，同样难以把握。第三，存在实体问题再次被争议的风险。由于法院在执行行为异议审查程序中对执行外和解协议是否成立、是否有效等实体问题的认定结果不发生既判力，当事人针对同一事项还能以另诉的方式提出争议，因而无法确保法院认定结果的一致性与纠纷解决的实效性。

（二）债务人异议之诉的引入

基于“审执分离”的基本原则，执行依据是强制执行正当性的表征，要求执行机关专任于执行依据所载权利的实现。[①] 但是，在当事人之间实体权利义务发生变动的场合，法院的执行行为就会侵害被执行人的实体权利，造成执行结果不当。因此，更为完整的执行救济制度应当是二元的，即程序性救济与实体性救济相互配合，分别对应法院的违法执行与不当执行。违法执行主要是指法院实施的执行行为违反法律的规定，归根结底是执行程序违法，属于程序性事项。对此，只需给与当事人以执

① 参见刘颖：《执行文的历史源流、制度模式与中国图景》，载《中外法学》2020年第1期。

行行为异议审查程序等程序性救济即可。与此相对，不当执行主要是指执行依据所记载的实体权利义务关系与现实的实体权利义务关系存在偏差，属于实体事项。对此，应当给与当事人通过诉讼等实体审理再加以确定的实体性救济机会。在德国、日本等大陆法系国家，对应执行外和解协议这种情形的实体性救济便是债务人异议之诉。2022 年 6 月公布的民事强制执行法（草案）第 88 条引入了债务人异议之诉，明确规定被执行人可以依据特定事由向法院请求不予执行。①

所谓债务人异议之诉，是指被执行人主张生效法律文书所表彰的实体请求权与申请执行人在实体法上的权利现状不相符，请求法院以判决排除生效法律文书执行力的诉讼。② 对于被执行人依据执行外和解协议寻求救济的情形，引入债务人异议之诉无疑是必要的：首先，债务人异议之诉旨在解决原生效法律文书既判力基准时之后出现的实体权利义务关系争议，以完整的实体审理程序、而非形式审查程序处理包括执行外和解协议在内的实体问题，足以弥补我国现行法上被执行人实体性救济的结构性缺失。其次，尽管各国比较法上就债务人异议之诉的异议事由表述不一，但均主要包括三种样态：债权消灭、债权妨碍以及裁判外执行依据不成立。③ 具体到执行外和解协议的情形，申请执行人免除被执行人的部分债务、被执行人就协议约定债务的履行构成债权绝对消灭的事由；申请执行人与被执行人约定的履行期限未届满、履行条件未达成或是约定就特定标的物为强制执行则构成债权妨碍的事由。最后，理论上虽然对债务人异议之诉的性质界定存在分歧，但共识在于对排除执行依据执行力这一功能的肯定。④ 这与当事人之间通过私下协商达成并履行执行外

---

① 民事强制执行法（草案）第 88 条规定："执行依据生效后，发生消灭或者妨碍申请执行人请求的抗辩事由的，被执行人可以在执行程序终结前，以申请执行人为被告，向执行法院提起诉讼，请求不予执行。被执行人知道或者应当知道存在多个异议事由的，应当在异议之诉中一并主张。"

② 参见王娣：《我国民事诉讼法应确立"债务人异议之诉"》，载《政法论坛》2012 年第 1 期。

③ 参见赖来焜：《强制执行法总论》，我国台湾地区元照出版有限公司 2007 年版，第 596~597 页。

④ 参见朱新林：《论民事执行救济》，中国政法大学出版社 2015 年版，第 163~166 页。

和解协议，从而排除生效法律文书执行力的意图相吻合。

（三）执行和解协议与执行外和解协议效力衔接情形下债务人异议之诉的具体适用

鉴于我国法上存在本土性的执行和解制度，债务人异议之诉的引入后，必然需要与之协调配合。2021 年修正的民事诉讼法第 237 条第 2 款规定："申请执行人因受欺诈、胁迫与被执行人达成和解协议，或者当事人不履行和解协议的，人民法院可以根据当事人的申请，恢复对原生效法律文书的执行。"其中，对于执行和解协议因欺诈、胁迫等事由而存在效力瑕疵的情形，当事人应当依照《执行和解规定》第 16 条的规定起诉请求法院确认和解协议无效或者撤销和解协议，因而不适用债务人异议之诉。[①] 更重要的问题在于，对于当事人不履行执行和解协议的情形，法院根据当事人的申请裁定恢复执行后，被执行人仍然按照协议约定内容向申请执行人履行的，法院应当如何处理？

对此存在两条可能的处理路径：第一，按照执行和解协议的"单线模式"，从《执行和解规定》第 9 条的规范意旨出发，由于申请执行人在申请恢复执行原生效法律文书与就履行执行和解协议另行起诉之间选择了申请恢复执行，因此法院裁定恢复执行之时，即和解债权消灭之时。[②] 故申请执行人受领被执行人的给付没有法律上的原因，那么被执行人可以另行提起不当得利返还之诉。第二，按照执行和解协议与执行外和解协议的"双线模式"，恢复执行意味着执行和解协议丧失诉讼法效力，从而转换为私法层面的执行外和解协议，只要当事人未明确在私法层面解除协议，则执行外和解协议继续有效。故被执行人按照相关协议履行债

---

① 因为债务人异议之诉旨在排除生效法律文书的执行力，而当事人就协议效力瑕疵提出诉讼旨在恢复暂时受到阻碍的生效法律文书的执行力。并且，由于此时执行和解尚未丧失对执行程序的阻却效力，不是纯粹的私法上的合同，无法归类于特定的实体异议事由，因而不能通过债务人异议之诉予以救济。参见张海燕：《论执行和解申请执行人"双轨制"选择下的被执行人实体救济》，载《暨南学报（哲学社会科学版）》2020 年第 4 期。

② 参见贺剑：《诉讼外和解的实体法基础——评最高人民法院指导案例 2 号》，载《法学》2013 年第 3 期。

务，将发生实体法上债之消灭的法律效果，那么被执行人可以据此提起债务人异议之诉。

笔者认为，第二条路径更为合理，其理由在于：程序法上的恢复执行并不能当然地发生实体法上协议解除的法律效果，当事人之间有关实体权利义务的安排仍以执行外和解协议的形式存在。毕竟当事人自愿选择和解协议这一权利实现方案，则法院应当尊重当事人的处分权。此外，在“单线模式”下，无论是继续强制执行原生效法律文书所造成的被执行人双重给付的后果，还是被执行人另行提起不当得利返还之诉所必需的成本，对于被执行人而言都难言公平。与此相对，债务人异议之诉正是为了及时解决执行过程中的实体正当性而存在的，通过执行和解协议与执行外和解协议从诉讼法到私法的效力衔接，能够更好地从私法自治层面给予被执行人救济。

由此可知，债务人异议之诉在执行救济体系中具有其他制度所不能代替的优势，有助于执行外和解协议在兼顾效率与公平的维度上得到更优实现：一方面，债务人异议之诉的判决能够产生实体性的法律效果，在保障实体公平的角度优于执行行为异议审查程序的裁定只能产生程序性的法律效果；另一方面，债务人异议之诉不仅能够解决实体问题，同时能够一并排除生效法律文书的执行力，在提升效率的角度优于另行提起的不当得利返还之诉。

结　语

执行外和解协议是当事人在生效法律文书的基础上对实体事项与程序事项作出的新安排，属于执行层面的和解协议，因未经法院确认而区别于执行和解协议。最高人民法院指导案例 119 号所涉和解协议即属此列。作为当事人意思自治的产物，执行外和解协议当然具有私法上的合同效力。在此意义上，作为未经公权力确认的合同，执行外和解协议不能直接阻却生效法律文书的强制执行，但有可能依据《执行和解规定》第 19 条的规定经法院审查后间接影响执行程序。也正是基于该条的规定，执行外和解协议有可能转换为执行和解协议。执行和解协议在法院否定其诉讼法效力、裁定恢复执行之时，回归为执行外和解协议，从而形成执行和解协议与执行外和解协议的“双线模式”。基于此，执行外和解协议的私法效力导致当事人之间实际的权利义务关系与原生效法律文书所记载的内容不相一致。从实体正当性的角度看，法院继续执行原生效法律文书，则构成不当执行。依据现行法律规范，法院以执行行为异议的审查程序处理执行外和解协议的相关争议，但被执行人就此难以得到充分的实体性救济。我国民事强制执行法（草案）业已进入征求意见的阶段，债务人异议之诉制度的引入无疑有利于弥补执行异议审查制度的缺陷，完善对执行外和解协议等实体事项的执行救济体系。

执行担保制度的实务现状与完善建议

王智锋*

内容摘要：民事诉讼法自 1991 年创立执行担保制度以来至今已 30 余年，执行担保制度可以减轻当事人诉累，节省司法资源，较执行和解制度更为高效和经济，然而在执行实践中各级人民法院却很少适用这一制度。本文旨在通过司法实践中的一起具体执行案例，厘清执行担保与执行和解的联系及区别，总结出当前司法实践中执行担保制度适用率低的主要原因，并针对性地提出完善现行相关执行制度的几点建议，以期让执行担保制度充分发挥其应有功效，进而提升人民法院的执行工作质效水平。

关键词：执行担保　执行和解　执行质效

民事诉讼法自 1991 年创立执行担保制度以来至今已 30 余年，执行担保制度可以减轻当事人诉累，节省司法资源，较执行和解制度更为高效和经济，然而在执行实践中各级人民法院却很少适用这一制度。为充分发挥执行担保制度的应有功效，需在厘清执行担保与执行和解区别的基础上，结合司法实践，总结出当前执行担保制度适用率低的主要原因，并针对性地提出完善现行相关执行制度的建议，进而提升人民法院执行工作质效水平。

* 广东省深圳市中级人民法院涉外商事审判庭四级高级法官（现挂职西藏自治区林芝市中级人民法院执行局局长、审判委员会委员）。

一、执行实践中遇到的一起典型案例

神马公司以吉祥公司拖欠其运费为由起诉至法院，请求判决吉祥公司支付运费200万元及吉祥公司的股东吴某作为保证人承担连带清偿责任。法院经审理，判决支持了神马公司的诉讼请求。判决生效后，因吉祥公司和吴某未自觉履行判决确定的支付义务，神马公司向法院申请强制执行，在执行过程中，神马公司与吉祥公司、吴某、吴某的儿子吴某某达成《执行和解协议》，约定由吉祥公司、吴某分期支付欠款，如吉祥公司、吴某未如期付款，则神马公司可申请恢复执行，吴某的儿子吴某某对吉祥公司、吴某的债务承担连带清偿责任。法院据此作出“终结执行”的执行裁定，终结了该案的执行。因吉祥公司、吴某未如期履行《执行和解协议》约定的分期付款义务，神马公司向法院申请恢复执行，立案后法院未将吴某某列为被执行人，神马公司以其欲就《执行和解协议》提起诉讼为由申请撤回执行申请，法院遂裁定终结执行。之后，神马公司就《执行和解协议》向法院提起诉讼，在该案审理中当事人达成《调解协议》，吴某的儿子吴某某签字同意被追加为原判决执行案的被执行人。神马公司于是向法院提出恢复执行原判决的申请，法院立案恢复执行，并将吴某的儿子列为被执行人。在神马公司与吉祥公司、吴某这起纠纷的执行过程中，产生了以下几个有争议的问题：（1）《执行和解协议》中吴某某对吉祥公司、吴某的债务承担连带清偿责任这一约定是否为执行担保；（2）神马公司第一次申请恢复执行时，法院未将吴某某列为被执行人是否正确；（3）神马公司第二次申请恢复执行时，法院将吴某某列为被执行人是否正确。要正确回答以上问题，首先要厘清执行担保与执行和解的定义及区别。

二、执行担保与执行和解的定义

民事诉讼法（2021年修正，下同）第238条规定：“在执行中，被执行人向人民法院提供担保，并经申请执行人同意的，人民法院可以决定暂缓执行及暂缓执行的期限。被执行人逾期仍不履行的，人民法院有权执行被执行人的担保财产或者担保人的财产。”《最高人民法院关于执行担保若干问题的规定》（以下简称《执行担保规定》）第 1 条规定：“本规定所称执行担保，是指担保人依照民事诉讼法第二百三十一条规定，为担保被执行人履行生效法律文书确定的全部或者部分义务，向人民法院提供的担保。”因此，执行担保是指担保人在执行中为担保被执行人履行生效法律文书确定的全部或者部分义务，向人民法院提供的担保。执行担保可以由被执行人提供财产担保，也可以由他人提供财产担保或者保证。执行担保人应当向人民法院提交担保书，担保书中应当载明担保人的基本信息、暂缓执行期限、担保期间、被担保的债权种类及数额、担保范围、担保方式、被执行人于暂缓执行期限届满后仍不履行时担保人自愿接受直接强制执行的承诺等内容，提供财产担保的还应载明担保财产的情况。民事诉讼法第 237 条第 1 款规定：“在执行中，双方当事人自行和解达成协议的，执行员应当将协议内容记入笔录，由双方当事人签名或者盖章。”《最高人民法院关于执行和解若干问题的规定》（以下简称《执行和解规定》）第 1 条第 1 款规定：“当事人可以自愿协商达成和解协议，依法变更生效法律文书确定的权利义务主体、履行标的、期限、地点和方式等内容。”因此，执行和解协议是指当事人在执行中自愿协商达成的变更生效法律文书确定的权利义务主体、履行标的、期限、地点和方式等内容的协议。

三、执行担保与执行和解的区别

根据前述执行担保和执行和解的定义，可知执行担保和执行和解是执行中的两项不同制度，两者存在明显的区别，在执行工作实践中，存在在执行和解协议中列入担保条款的情形，此情形下，容易造成执行担保和执行和解的混淆。因此，有必要厘清执行担保和执行和解的具体区别，以便在执行工作中准确适用该两项制度。

一是表现形式不同。执行担保的表现形式是担保人向人民法院提交担保书，执行和解则是当事人签订执行和解协议提交人民法院。二是实质内容不同。执行担保并不变更被执行人原应履行的债务，只是增加了对被执行人的债务提供的担保物或者保证人；而执行和解既可如执行担保一样不变更被执行人原应履行的债务，只增加担保物或者保证人，亦可依法变更生效法律文书确定的履行标的、期限、地点、方式乃至权利义务主体等内容。三是对执行进程的影响不同。被执行人或者他人提供执行担保的，根据民事诉讼法第238条的规定，人民法院可以决定暂缓执行及暂缓执行的期限；而根据《最高人民法院关于适用〈中华人民共和国民事诉讼法〉的解释》（2022年修正，以下简称《民事诉讼法解释》）第464条规定，申请执行人与被执行人达成执行和解协议后请求中止执行或者撤回执行申请的，人民法院可以裁定中止执行或者终结执行。根据《最高人民法院关于进一步规范近期执行工作相关问题的通知》，执行和解协议需长期履行的，可以终结执行。四是被执行人仍未履行的法律后果不同。执行担保具有强制执行力，根据民事诉讼法第238条和《民事诉讼法解释》第469条规定，被执行人或他人提供执行担保的，被执行人在人民法院决定暂缓执行的期限届满后仍不履行义务的，人民法院可以直接执行担保财产，或者裁定执行担保人的财产，但执行担保人的财产以担保人应当履行义务部分的财产为限。因执行担保对执行程序仅是产生暂缓执行的效果，人民法院理所当然也可以继续执行被执行人的财产。而根据民事诉讼法第237条和《民事诉讼法解释》第465条规定，一方当事人不履行或者不完全履行在执行中双方自愿达成的和解协议的，对方当事人申请执行原生效法律文书的，人民法院应当恢复执行。根据《执行和解规定》第9条规定，申请执行人也可以就履行执行和解协议向执行法院提起诉讼。因此，执行和解协议不具有强制执行力，债务人不履行的，债权人不能直接请求法院强制执行和解协议。根据《执行和解规定》第13条和第14条规定，恢复执行后，对申请执行人就履行执行和解协议提起的诉讼，人民法院不予受理。申请执行人就履行执行和解协议提起诉讼，执行法院受理后，可以裁定终结原生效法律文书的执行。可见，在执行和解协议未完全得到履行的情形下，当事人可选择申请恢复执行原生效法律文书或就履行执行和解协议提起诉讼，但两条救济路径只能择一行使。

四、对前述典型案例的分析

关于《执行和解协议》中吴某某对吉祥公司、吴某的债务承担连带清偿责任这一约定是否执行担保的问题。有观点认为，《执行和解协议》明确约定吴某某对吉祥公司和吴某的债务承担连带清偿责任，属于他人提供保证的执行担保。笔者持否定态度，理由如下：首先，神马公司与吉祥公司、吴某、吴某某达成的协议名为“执行和解协议”而非“担保书”，形式上与执行担保不符；其次，该协议改变了原判决确定的债务履行期限，并非仅增加了保证人，实质内容上亦与执行担保不符；再次，该协议并未约定吴某某自愿接受直接强制执行这一内容，并不具有强制执行力。因此，该协议实质上是含有吴某某作为连带保证人这一担保条款的执行和解协议，协议中关于吴某某连带清偿欠款的约定并非民事诉讼法第 238 条和《执行担保规定》第 1 条中规定的执行担保，其性质属于民事担保合同。法院在当事人签订《执行和解协议》后，以“终结执行”的方式终结了案件的执行而非暂缓执行，也可以印证这一约定的性质并非执行担保。

关于法院在神马公司第一次申请恢复执行时未将吴某某列为被执行人是否正确的问题。如前所述，神马公司与吉祥公司、吴某、吴某某达成的协议的性质为执行和解协议，关于吴某某连带清偿欠款的约定并非执行担保。执行和解协议是当事人之间的民事合同，未经审判不能直接作为执行的依据，故不能依据执行和解协议直接追加吴某某为被执行人，否则等于直接剥夺了吴某某的民事诉讼抗辩权。也正是基于此原因，《最高人民法院关于民事执行中变更、追加当事人若干问题的规定》未规定人民法院可在执行中直接将执行和解协议中的保证人追加为原执行案件的被执行人。该司法解释第 24 条规定了例外的情形：“执行过程中，第三人向执行法院书面承诺自愿代被执行人履行生效法律文书确定的债务，申请执行人申请变更、追加该第三人为被执行人，在承诺范围内承担责任的，人民法院应予支持。”而本案中，吴某某并未在《执行和解协议》中承诺自愿代被执行人吉祥公司、吴某履行生效法律文书确定的债务，其仅承诺与吉祥公司、吴某连带承担还款责任，故不能适用该规定追加吴某某为被执行人。退一步说，即使关于吴某某连带清偿欠款的约定构成执行担保，根据《执行担保规定》第 11 条第 1 款“暂缓执行期限届满后被执行人仍不履行义务，或者暂缓执行期间担保人有转移、隐藏、变卖、毁损担保财产等行为的，人民法院可以依申请执行人的申请恢复执行，并直接裁定执行担保财产或者保证人的财产，不得将担保人变更、追加为被执行人”之规定，仍不能追加吴某某为被执行人。因此，法院在神马公司第一次申请恢复执行时未将吴某某列为被执行人是正确的。

关于法院在神马公司第二次申请恢复执行时将吴某某列为被执行人是否正确的问题。神马公司在第一次申请恢复执行时因法院未将吴某某追加为被执行人，遂撤回了执行申请，欲通过就《执行和解协议》提起诉讼请求吴某某承担连带保证责任，在取得胜诉判决后再就新的判决申请执行，便可将吴某某列为新的执行案件的被执行人。法院在审理中，为减轻当事人诉累，积极能动司法，促使当事人达成《调解协议》，吴某某签字同意被追加为原判决执行案的被执行人。神马公司再次向法院申请恢复原判决的执行，法院立案恢复执行，并将吴某的儿子吴某某列为被执行人。《执行和解规定》第 18 条规定：“执行和解协议中约定担保条款，且担保人向人民法院承诺在被执行人不履行执行和解协议时自愿接受直接强制执行的，恢复执行原生效法律文书后，人民法院可以依申请执行人申请及担保条款的约定，直接裁定执行担保财产或者保证人的财产。”吴某某在《执行和解协议》中并未承诺被执行人不履行时自愿接受直接强制执行，而是在《调解协议》中承诺被追加为原判决执行案的被执行人。因此，不能适用该规定仅直接裁定执行吴某某的财产，而应适用《最高人民法院关于民事执行中变更、追加当事人若干问题的规定》第 24 条"执行过程中，第三人向执行法院书面承诺自愿代被执行人履行生效法律文书确定的债务，申请执行人申请变更、追加该第三人为被执行人，在承诺范围内承担责任的，人民法院应予支持"之规定，视为吴某某作出了代被执行人履行生效法律文书确定的债务的承诺，法院据此将吴某某追加为原判决执行案的被执行人正确。

五、执行担保在执行实践中适用的困境

民事诉讼法自 1991 年创立执行担保制度以来，至今已 30 余年，然而各级人民法院在执行中适用这一制度却并不多见。笔者认为主要有以下几个原因：一是被执行人提供执行担保的积极性不高。执行担保是为被执行人履行生效法律文书确定的全部或者部分义务提供担保，在被执行人已无力履行债务的情形下，其不会再提供担保财产或担保人加重自己的经济负担。即使被执行人还有履行债务的能力，在执行担保并不实质性减轻其债务的情形下，被执行人提供执行担保的积极性也不会高。二是申请执行人接受执行担保的意愿不强。执行担保对执行程序产生的法律效果是暂缓执行，被执行人的债务并不增加，在被执行人有财产可供执行的情形下，执行担保对申请执行人来说并无利益可言，申请执行人一般不会放弃近在咫尺的可得利益，而不计时间成本接受执行担保暂缓执行。三是执行员倾向于不适用执行担保制度。依《民事诉讼法解释》第 467 条之规定，人民法院决定暂缓执行的，暂缓执行的期限应当与担保期限一致，暂缓执行的期限最长可达 1 年之久。虽然根据《最高人民法院关于适用〈中华人民共和国民事诉讼法〉执行程序若干问题的解释》第 13 条和《最高人民法院关于人民法院办理执行案件若干期限的规定》第 13 条的规定，暂缓执行的期间不计入 6 个月执行期限，但是根据《最高人民法院关于执行案件立案、结案若干问题的意见》（以下简称《执行案件立案、结案意见》）第 23 条之规定，人民法院决定暂缓执行的，案件不得作结案处理。当前，结案率是各级人民法院考核执行员年度工作

绩效的一项重要指标，执行员不会选择适用执行担保这一制度而导致案件长期不能办结，进而影响其年度工作绩效考核。相反，根据《执行案件立案、结案意见》第16条第1款第5项规定，经人民法院穷尽财产调查措施，被执行人确无财产可供执行或虽有财产但不宜强制执行，当事人达成分期履行和解协议，且未履行完毕的，可以以“终结本次执行程序”方式结案。根据第17条第1款第1项规定，当事人双方达成执行和解协议的，申请执行人撤回执行申请的，可以以“终结执行”方式结案。根据《最高人民法院关于进一步规范近期执行工作相关问题的通知》，执行和解协议需长期履行的，可以终结执行。因此，在被执行人或第三人愿意提供担保的情形下，执行员更愿意促成各方达成执行和解协议，将担保条款写进执行和解协议，再以“终结本次执行程序”或“终结执行”的方式结案。

六、完善执行担保制度的建议

民事诉讼法设立执行担保制度的初衷在于保障申请执行人胜诉权益的同时，给予被执行人一定的暂缓执行时间，缓解被执行人暂时的经济困难，以期被执行人能够逆境重生，进而稳定社会经济秩序。执行担保制度有执行和解制度无法比拟的优势，执行担保不减损申请执行人的债权且具有强制执行力，人民法院可直接执行担保财产或裁定执行担保人的财产，而执行和解协议不具有强制执行力，在执行和解协议未完全得到履行的情形下，当事人只能申请恢复执行原生效法律文书或者就履行执行和解协议提起诉讼。两者相较，执行担保制度可以减轻当事人诉累，节省司法资源，更为高效和经济。根据前述对执行担保制度在执行中遇到的困境的分析，可知执行担保被架空的主要原因还是执行员适用该制度的积极性不高。因此，有必要对现行的相关执行制度进行完善，以使执行担保制度发挥其应有的功效。

一是规定适用执行担保的案件可以“终结本次执行程序”的方式结案。根据《最高人民法院关于人民法院执行工作若干问题的规定（试行）》第 64 条和《执行案件立案、结案意见》第 14 条规定，执行实施类案件的结案方式为执行完毕、终结本次执行程序、终结执行、销案、不予执行和驳回申请六种。因此，可尝试规定适用执行担保的案件，人民法院在决定暂缓执行的同时可以"终结本次执行程序"的方式结案，暂缓执行的期限届满被执行人仍未履行债务的，申请执行人可申请恢复执行，同时可直接执行担保财产或者裁定执行担保人的财产。这样便可调动执行员适用执行担保制度的积极性和主动性，消除其担心因适用执行担保制度而降低结案率的后顾之忧。

二是人民法院在主持执行和解时，要注意在执行和解协议中列明"担保人承诺在被执行人不履行执行和解协议时自愿接受直接强制执行"这一表述。根据《执行和解规定》第 18 条规定，执行和解协议中约定担保条款，且担保人向人民法院承诺在被执行人不履行执行和解协议时自愿接受直接强制执行的，恢复执行原生效法律文书后，人民法院可以依申请执行人申请及担保条款的约定，直接裁定执行担保财产或者保证人的财产。如执行和解协议列明了担保人承诺在被执行人不履行执行和解协议时自愿接受直接强制执行，则该执行和解协议中的担保条款构成执行担保，被执行人不履行执行和解协议时，申请执行人欲主张担保人的担保责任，其无须另行就执行和解协议提起诉讼，而可申请恢复原生效法律文书的执行，同时请求直接执行担保财产或者保证人的财产。《执行和解规定》第 18 条无疑是对执行担保制度的重大完善，只是当前人民法院执行员的法律素养良莠不齐，不少执行员并非法律科班出身，在拟定执行和解协议时，虽欲达让担保人直接承担担保责任之目的，却往往因仅写明担保人对被执行人债务承担保证责任而未列明"自愿接受直接强制执行"这一表述，导致申请执行人申请恢复执行时无法直接请求执行担保财产或者保证人的财产，申请执行人只能选择就执行和解协议提起诉讼请求担保人承担担保责任，徒增当事人诉累，也浪费了司法资源。因此，有必要制作标准化的执行和解协议模板，在模板中提醒执行员在添加执行担保条款时注意写上"担保人自愿接受直接强制执行"。此外，如执行和解协议旨在确保被执行人不履行义务的情形下可追加保证人为被执行人，也可以在模板中提醒执行员注意写上“保证人承诺自愿代被执行人履行生效法律文书确定的债务”。

遂作本文，以期有助于提升人民法院执行工作质效，节省司法资源，减轻当事人诉累，增进当事人对人民法院执行工作的满意度，推动人民法院执行工作不断向“切实解决执行难”这一宏伟目标迈进。

识别与规制：虚假诉讼在民事执行程序中的查明路径构建

江西省宜春市中级人民法院调研组*

虚假诉讼是潜藏于司法领域的“毒瘤”，不仅损害当事人合法权益，更破坏了司法秩序，蚕食社会公信。[①] 当前，执行程序中虚假诉讼现象呈现多发态势。最高人民法院高度重视对虚假诉讼行为的惩治，先后制定出台《最高人民法院、最高人民检察院关于办理虚假诉讼刑事案件适用法律若干问题的解释》《最高人民法院关于在民事诉讼中防范与惩治虚假诉讼工作指引（一）》《最高人民法院关于深入开展虚假诉讼整治工作的意见》等多个规范性法律文件防范惩戒虚假诉讼。然而，在执行程序中仍然存在对虚假诉讼行为甄别失灵、惩戒失范等问题，影响对虚假诉讼行为的整体规制效果。[②] 司法实践中，以规避执行为目的进行虚假诉讼并侵害他人合法权益的案件屡见不鲜。据有关数据显示，在执行程序中发现的虚假诉讼数量年均增速高达 61.11%，而实际被追究刑事责任的案件比例屈指可数。[③] 不少被执行人与案外人恶意串通，通过倒签合同、以

---

* 调研组成员：王建华、易建锋、胡圣华、陈明灿、邓永民、邓君、张冀闽、赵逸鑫、胡俊。

① 参见《两高两部印发〈关于进一步加强虚假诉讼犯罪惩治工作的意见〉》，载最高人民法院微信公众号，2021 年 3 月 10 日发布。

② 参见滕伟、叶邵生、丁成飞：《〈关于进一步加强虚假诉讼犯罪惩治工作的意见〉的理解与适用》，载《人民司法》2021 年第 22 期。

③ 参见张永红、徐晓枫、邵毅：《执行异议虚假诉讼中的犯罪证据收集》，载《人民司法》2020 年第 10 期。

物抵债、虚假仲裁、申请参与分配等方式提起虚假诉讼，以达到规避法院执行之目的。当前，执行程序中在认定虚假诉讼问题上存在识别不清、审查标准混乱、规制效果不尽如人意等系列难题。① 本文从对规避执行型虚假诉讼案件的治理现状以及形态特征等进行解构入手，深入剖析规避执行型虚假诉讼“认定难”“规制难”问题背后深层次原因，并从实体及程序方面提出如何在执行程序中对虚假诉讼行为予以有效的识别与规制，形成一套“环闭式”处置流程，从而对规避执行型虚假诉讼行为规制路径予以优化。

一、规避执行型虚假诉讼的司法治理现状

被执行人通过虚假诉讼规避执行的现象已成为干扰和阻碍法院执行活动主要的困扰之一，为了更好体现规避执行型虚假诉讼的基本样态，从宜春法院办理的一起具体执行案件入手开展研究论述。

2019 年 6 月之前，被执行人李某在 Y 区法院有两起被执行案件，分别是申请执行人梁某与刘某。其中梁某案件为首位执行案件。执行过程中，依照梁某申请，法院依法对被执行人李某名下房产进行拍卖。房产拍卖成交后，法院准备对执行款进行分配，但此时，突然有两笔新增案件，分别是周某和王某持生效法律文书向法院提交参与分配申请。其中周某在被执行人李某房产拍卖过程中起诉，并迅速达成调解，从起诉到申请执行仅两周左右的时间。

如案例所示，债权人在被执行人财产执行到位后，在执行款尚未完成分配前这一短期节点内，突然持生效法律文书申请参与分配，基于目前关于执行分配的相关法律规定，该申请并不能排斥在分配权利范围之外，因此法院必须按照规定主持分配。新增债权人的出现打破了原有债权人的执行受益预期，导致原有债权人的强烈不满，原有债权人梁某认为新增的债权人周某案件在短时间内达成调解，并踩点参与分配，存在

① 参见田宏杰：《立法扩张与司法限缩：刑法谦抑性的展开》，载《中国法学》2020 年第 1 期。

虚假诉讼嫌疑。此时，面对当事人提出的质疑，以及承办人自身产生的合理怀疑，是否要进行审查，由谁进行审查，如何进行审查，当前并无明确的规定。如果进行审查，则无明确机制作为指引，如果不进行审查，则可能放任潜在的违法行为，由此本案陷入进退两难的境地。本案最终达成和解，周某和王某放弃了此次参与分配的申请，但是对于周某和王某是否存在虚假诉讼则没有采取进一步的审查措施。另外，通过前期的调研了解，与本案存在类似情形的案件在实践中还有许多。

（一）虚假诉讼总体惩治力度不断加大

近年来，随着虚假诉讼危害性日渐凸显，对虚假诉讼的防范和治理逐渐引起高度重视。早在 2012 年，针对不断出现的以虚假诉讼侵害他人合法利益的现象，为了有效规范和惩治虚假诉讼行为，立法机关在修正民事诉讼法时，专门设置了两个条款①对虚假诉讼作出认定。此后，随着虚假诉讼案件的不断增多，最高人民法院又相继单独下发或与检察机关、公安机关等联合下发了多部关于惩治虚假诉讼相关的规范性法律文件（见表 1），尤其是在 2021 年连续出台了三个文件，对防范与惩治虚假诉讼进行了规定，由此可见，对虚假诉讼的打击力度在愈益加大。

表 1 最高人民法院发布的与虚假诉讼相关的司法解释

序号	文号	公布时间	具体名称
1	法明传〔2013〕359 号	2013. 6. 28	《最高人民法院关于房地产调控政策下人民法院严格审查各类虚假诉讼的紧急通知》
2	法发〔2016〕13 号	2016. 6. 20	《最高人民法院关于防范和制裁虚假诉讼的指导意见》

① 2017 年修正的民事诉讼法第 112 条规定："当事人之间恶意串通，企图通过诉讼、调解等方式侵害他人合法权益的，人民法院应当驳回其请求，并根据情节轻重予以罚款、拘留；构成犯罪的，依法追究刑事责任。"第 113 条规定："被执行人与他人恶意串通，通过诉讼、仲裁、调解等方式逃避履行法律文书确定的义务的，人民法院应当根据情节轻重予以罚款、拘留；构成犯罪的，依法追究刑事责任。"

（续表）

序号	文号	公布时间	具体名称
3	法释〔2018〕17号	2018.9.26	《最高人民法院、最高人民检察院关于办理虚假诉讼刑事案件适用法律若干问题的解释》
4	法〔2022〕36号	2022.1.29	《最高人民法院关于证券市场虚假陈述侵权民事赔偿案件诉讼时效衔接适用相关问题的通知》
5	法发〔2021〕10号	2021.3.4	《最高人民法院、最高人民检察院、公安部、司法部关于进一步加强虚假诉讼犯罪惩治工作的意见》
6	法〔2021〕281号	2021.11.4	《最高人民法院关于深入开展虚假诉讼整治工作的意见》
7	法〔2021〕287号	2021.11.11	《最高人民法院印发〈关于在民事诉讼中防范与惩治虚假诉讼工作指引（一）〉的通知》

（二）规避执行型虚假诉讼遏制效果欠佳

从实践来看，虽然随着惩治力度不断加大，虚假诉讼总体蔓延情况得到了一定的遏制，但是规避执行型虚假诉讼却仍然呈现增长态势。

通过中国裁判文书网检索“虚假诉讼”，检索结果显示，截至2023年3月30日，江西省共有虚假诉讼案件4767件，属于虚假诉讼相对较少的省份。从审理时间来看，2018年有514件，2019年有720件，2020年有907件，2021年有505件，2022年有1129件。与全国虚假诉讼发展趋势不同的是，虽然2021年江西省虚假诉讼案件同比下降，但2022年虚假诉讼案件却呈现上升趋势，且同比增长124%，江西省虚假诉讼案件整体并未得到有效遏制。从审理层级来看，基层法院审理的案件有3050件，中院和高院审理的案件分别有1458件和168件。从审判程序来看，民事案件为3195件，执行案件为1414件，刑事案件为85件，其他案件类型较少。

采用“虚假诉讼”“执行”为关键字检索规避执行型虚假诉讼，发现江西法院共有 3120 件相关案件。从审理时间来看，2018 年有 247 件，2019 年有 381 件，2020 年有 558 件，2021 年有 324 件，2022 年有 1069 件。2022 年，江西省规避执行型虚假诉讼同比增加近 230%，规避执行型虚假诉讼呈现急剧上升趋势，这也愈发证明本课题研究的必要性。从审理层级来看，基层法院审理的案件有 2179 件，中院和高院审理的案件分别有 782 件和 159 件。从审理案由来看，主要为民事案由和执行案由，分别为 1650 件、1267 件（见图 1）。

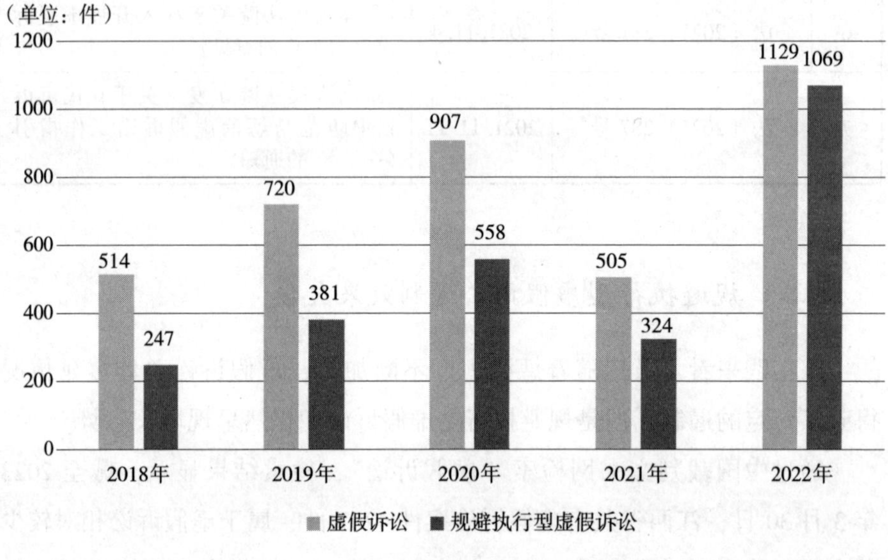

图 1　2018 年—2022 年江西省虚假诉讼与规避执行型虚假诉讼案件数量

在司法实践中，尤其是在执行异议程序中，部分法官认为存在大量疑似规避执行型虚假诉讼案件，而且此种情形在近年来还存在多发趋势，但由于缺少审查标准，法官不知道该如何审查，无法进行有效追踪，导致大量的案件无法被认定为虚假诉讼，也无法追究当事人的刑事责任。以宜春法院为例，近三年来执行部门在办理执行案件过程中，承办人怀疑或者当事人提出质疑存在虚假诉讼嫌疑的案件约有 112 件，但是经检索发现，宜春法院实际办理的虚假诉讼罪仅有5件，分别为2020年1件、2021年2件、2022年2件，其中3件经过了二审程序。实际追究虚假诉讼罪案件占疑似虚假诉讼案件比例不足10%。当然疑似虚假诉讼案件只是基于承办人或当事人怀疑，实际可能也不属于虚假诉讼，但是这一数据对比可以从侧面反映执行程序中虚假诉讼多发态势和实践审查困难。

二、规避执行型虚假诉讼的识别与规制困境

通过随机抽取全国范围内案件中的191份法律文书展开实证分析发现，部分案件当事人在庭审程序或执行异议程序中提出了存在虚假诉讼的质疑，但法院对此处理方式、标准不一致，主要可以概括为以下三类：(1) 认为不属于该案的审理范围，因此不予审查。如在最高人民法院审理的湛江市鑫福房地产开发有限公司、辰溪县长跃矿业有限公司等案外人执行异议之诉民事再审民事判决中，法院认为该案为执行异议之诉，仅需审查案外人就执行标的是否享有足以排除强制执行的民事权益，案涉执行债权是否存在虚假诉讼不属于该案审理范围，当事人主张存在虚假诉讼是属于认为原生效判决存在错误，应通过审判监督程序进行救济。(2) 对当事人提出的存在虚假诉讼质疑不直接回应。如在本山传媒（泰安）有限公司、董某庆等案外人执行异议之诉民事二审民事判决中，被上诉人答辩称，上诉人“和当事人恶意串通，故意伪造一系列的虚假证据，炮制虚假诉讼，一审法院没有对此作出认定和处理是错误的。恳请……追究和制裁其（上诉人）与岳海公司虚假诉讼的法律责任”。原审第三人也答辩称，“（其他公司）不可能因此案和我公司进行虚假诉讼，恳请法院查明事实真相，依法解除对涉案房产的查封”，虽然被上诉人和原审第三人都对是否存在虚假诉讼进行了阐述，但法院并未对此进行直接回应。(3) 当事人主张虚假诉讼举证难度大，导致法院不支持。如在周某燕、贺某丽、王某、王某某等申请执行人执行异议之诉民事再审判决中，法院认为“虽贺某丽使用王某梅名义购买案涉房产，但没有证据证明该行为系出于非法目的或恶意串通、规避执行、规避法律强制性规定”，类似

的案例还有很多，大多数是由于举证不能导致当事人主张存在虚假诉讼的诉求未得到法院支持。

经对上述案例进行归纳分析，得出目前司法实践中主要存在以下疑难问题，掣肘规避执行型虚假诉讼的识别与规制。

（一）规避执行型虚假诉讼类型繁多且识别困难

规避执行型虚假诉讼主要发现识别途径为以下几种类型。（1）当事人报案、举报，报案方式发现虚假诉讼行为占比 65. 4%；其中，在他人报案后当事人主动投案的情况占比 22%；（2）检察院追诉，检察机关主动介入对虚假诉讼的刑事追诉程序占比 18. 3%；（3）法院查明，通过法院在执行程序中发现占比约 15. 6%。综上可知，法院在执行程序中查明虚假诉讼时显得“力不从心”，存在识别困难，虚假诉讼使被执行人成功转移财产实现规避执行，严重影响司法公信力（见图 2）。

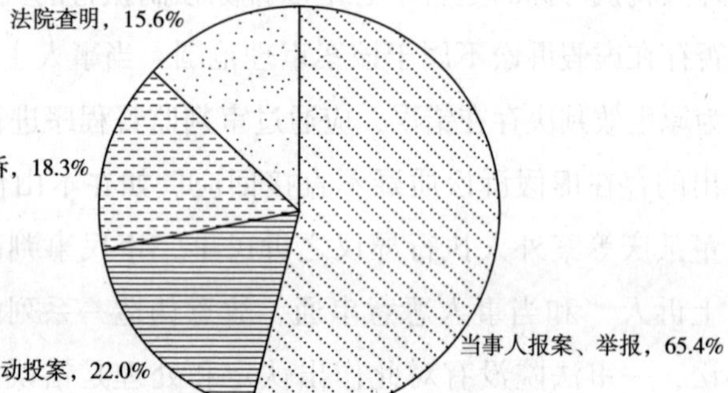

图 2　规避执行型虚假诉讼识别途径展示

针对如何解决识别难问题，实践中也存在不同观点。有的认为该问题应当归属审判监督程序解决，在执行审查程序或监督程序中不予以认定；[①] 有的认为应当通过引导当事人提起异议之诉的方式予以审查；[②] 有

① 参见湖北省高级人民法院（2022）鄂执复 55 号执行裁定书。

② 参见甘肃省定西市中级人民法院（2020）甘 11 执复 34 号执行裁定书。

的认为如果有初步证据证明执行程序存在虚假诉讼嫌疑，可以予以审查认定；① 有的认为针对执行依据是否涉嫌虚假诉讼对案件执行有重大影响，执行法院决定是否需依法查清相关事实；② 有的认为在执行公证债权文书和仲裁裁决书、调解书可以对涉嫌虚假诉讼规避执行问题进行全面严格实体审查。③

（二）规避执行型虚假诉讼关系复杂且虚实交织

规避执行型虚假诉讼主体之间多存在特殊关系，且当事人编造案件事实、伪造证据、虚构法律关系的行为较为隐蔽，主要表现为以下几点。

1. 当事人之间存在互为亲属、朋友、关联单位的关系

规避执行型虚假诉讼案件行为主体即虚假诉讼中的原告（异议人）一般为执行案件的案外人或利害关系人、第三人，诉讼形式上基本表现为被执行人与案外人等人相互串通，而法官在执行审查过程中，拘囿于审执分离原则的束缚，即使内心已经高度怀疑存在虚假诉讼事实，仍难以明确予以认定。

2. 部分案件中存在真实与虚构事实交织的情形

当事人编造案件事实、伪造证据不是简单全案虚构事实，也有利用部分真实法律关系作为外衣，捏造部分虚假事实。因此执行型虚假诉讼中，“捏造的事实”不仅有全部虚假事实，也包括“部分篡改型”的事实捏造。部分篡改型的事实与全部事实捏造相比，虽然程度不同，但是同样使民事法律关系发生了不符合现实的扭曲。

例如，在《最高人民法院关于人民法院民事执行中查封、扣押、冻结财产的规定》第 17 条规定的情形中，第三人与被执行人签订了房屋买卖合同，且第三人已按约支付第一期购房款，并实际占有、居住讼争房屋，因被执行人未按照合同约定偿还其按揭贷款，撤销抵押登记，致使

---

① 参见山东省威海市中级人民法院（2021）鲁10执异91号执行裁定书。

② 参见湖南省高级人民法院（2022）湘执复3号执行裁定书。

③ 参见福建省泉州市中级人民法院（2020）闽05执异22号执行裁定书。

第三人无法办理房屋产权过户登记手续，其后双方为了取得该涉案房屋的所有权，伪造支付剩余购房款的证据，此类案件的案情虚实交织，难以辨明。

又如，串通参与执行分配稀释债务案件中，赵某经营的 SF 公司因经营不善拖欠某银行、某小额信贷公司等金融机构借款 880 万元，被起诉至法院。SF 公司无力偿还上述债务，某市法院对 SF 公司名下房产启动拍卖程序。该房产被李某（赵某妻子的哥哥）经营的 FL 公司以 673 万元竞得。为减少金融机构的分配金额，赵某、李某与其他债权人串通，由赵某重写借条，采用虚构部分债务、将利息写入本金、将个人债务变成 SF 公司债务等形式，安排其他债权人集体起诉 SF 公司，导致法院出具了具有调解效力的裁定书。该行为既严重破坏了司法秩序，又严重侵害了其他债权人的合法权益，却不易被查明事实真伪。

（三）规避执行型虚假诉讼审查程序不同且争议颇多

实践中，法院对于执行程序中虚假诉讼的审查程序以及审查方式存在较大争议，主要体现在以下几点。

1. 实体审查与形式审查相互对抗

有的认为，对涉嫌虚假诉讼案件进行执行审查时需要对是否为各方当事人的真实意思表示、有无侵害国家或第三人合法利益、是否恶意串通等事项予以严格审查；[①] 有的认为，仅限于形式审查，价值上更侧重于效率，在虚假诉讼审查中对于案外人提供的合同、收据等证据在执行审查程序中不作认定；[②] 有的认为，对于涉嫌虚假、恶意串通的仲裁裁决申请执行案件，需要进行一定限度的实体审查和质证，查清案件基本事实；[③] 有的认为，如有检察院的检察建议或公安机关立案文书可认定虚假诉讼事实。[④]

---

① 参见广东省高级人民法院（2020）粤执监 135 号执行裁定书。

② 参见陕西省咸阳市中级人民法院（2020）陕 04 执异 119 号执行裁定书。

③ 参见山东省高级人民法院（2020）鲁执复 226 号执行裁定书。

④ 参见江苏省高级人民法院（2018）苏执监 310 号执行裁定书

2. 依职权主义与当事人主义相互对抗

有的认为要合理分配举证责任，可依职权调查相关证据；[①] 有的认为向法院主张有虚假诉讼规避执行的一方当事人需要提交证据证明，否则不予支持；[②] 有的认为只要有初步证据即可，法官经过自由心证认定存在虚假诉讼可能。[③]

3. 法官与检察官的不同反思

通过向一线办案法官与检察官（合计89人）发放调查问卷，针对执行程序中虚假诉讼行为的审查程序与方式问题展开调研。据统计，有37%的人认为案件承办人怠于审查。在繁重的办案压力下，案件承办人往往优先考虑如何平衡利益，缓解矛盾，以达到快速结案的目的，而对于虚假诉讼问题，主观上缺少深究的意愿。有19%的人认为执行程序不具有实体审查权。执行审查过程中提倡以形式审查为主基调的办案理念，由此很大程度上限制了法官发现虚假诉讼行为。有10%的人认为当事人易于达成和解。申请执行人尽管有时会产生怀疑或者有抵抗的态度，但出于对审查程序复杂性和困难性的担忧，更愿意和解结案，给虚假诉讼留下生存空间。有34%的人认为审查权限不明晰。执行法官面对此类案件，即便想启动审查程序，在选择审查方式时，也容易产生是移交审判部门进行处理，还是进行执行异议审查，抑或是建议当事人去公安部门或检察机关报案的问题（见图3）。

---

① 参见广西壮族自治区高级人民法院（2021）桂执复263号执行裁定书。

② 参见广西壮族自治区高级人民法院（2021）桂执复263号执行裁定书。

③ 参见河北省邯郸市中级人民法院（2020）冀04执复217号执行裁定书。

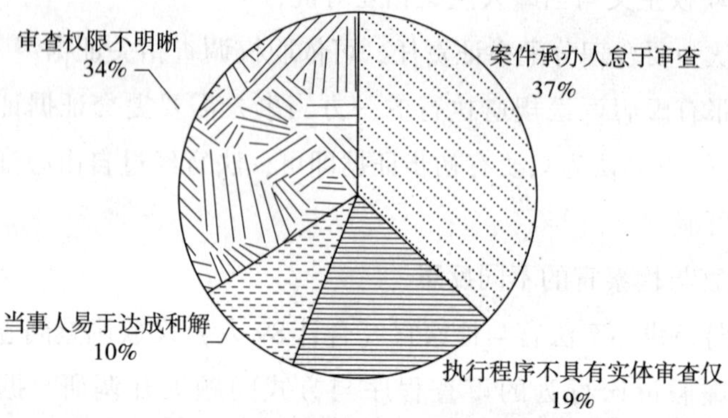

图 3　执行程序虚假诉讼虚假规制困难分析

（四）惩戒虚假诉讼行为力度欠缺且标准不一

在 191 个样本案件中，103 件未采取惩戒措施，仅仅驳回诉讼请求，占比 53.93%；88 件予以惩戒，占比 46.07%。其中惩戒包含如下类型：44 件予以口头警告，占比 50%；12 件被予以训诫，占比 13.64%；罚款 10 件，占比 11.36%；拘留 12 件，占比 13.64%；而最终以虚假诉讼罪追究刑事责任的案件数只有 10 件，占比 11.36%。分析样本文书可知，承办法官在识别出与案件有重大关联的证据确属伪造或者存在恶意串通的情形时，往往仅对当事人予以警告或训诫处置，并且对该虚假证据不予采信，而少有对当事人处以罚款或拘留以上刑罚。针对惩戒力度不一与民刑程序衔接问题，有的法院认为，发现规避执行型虚假诉讼行为，要给予严厉惩戒，驳回诉求后，应直接移送有关部门追究刑事责任；① 有的认为应当直接予以驳回即可；② 有的认为应视情况决定，对于情节恶劣的予以罚款或拘留处理，但应遵循刑法谦抑性，慎用刑罚（见图 4）。③

---

① 参见江苏省高级人民法院（2018）苏执复 97 号执行裁定书。
② 参见湖北省高级人民法院（2021）冀执复 598 号执行裁定书。
③ 参见广西壮族自治区高级人民法院（2019）桂执复 79 号执行裁定书。

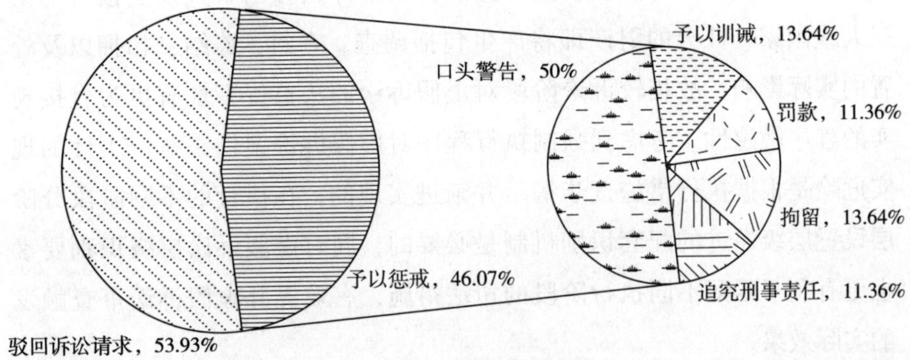

图4　惩戒措施适用情况

通过上述数据可知，巨额利益的诱惑和相对低廉的违法成本，让不法分子愿意冒险尝试虚假诉讼。民刑理念差异以及程序衔接问题，导致对规避执行型虚假诉讼惩戒力度与标准层面存在紊乱，执行程序甄别和惩戒虚假诉讼的功能未充分发挥。

三、规避执行型虚假诉讼的识别与规制路径

通过前文分析可知，在多元治理模式着力不足的情况下，构建执行直接审查模式为治理执行程序中虚假诉讼的最优路径，而构建执行审查模式的首要问题在于机制的确定性。一是识别启动机制的确定性，即明确规定在执行程序中，参照何种标准识别和启动对虚假诉讼的审查。二是执行调查职权的确定性，即明确执行人员在对虚假诉讼调查过程中的调查权限、调查措施、调查流程以及举证规则等，充分保障审查的强制性。三是审查结果运用的确定性，即在执行审查结束后，对于审查结果作出相应的处理，只有将机制固化，形成程序性审查和处置模式，才能最大程度地化解目前所面临的困境。

（一）构建不同执行阶段下虚假诉讼的识别机制

虚假诉讼要实现其违法目的，必须通过强制执行实现财产及权益上

的变动实现。在执行阶段，因对虚假诉讼案件双方当事人及受损害的第三人或国家、社会的财产即将产生包括调查、查封、冻结、扣押以及处置的实际影响，故相较诉讼阶段对虚假诉讼的法益侵害性有更为直接现实的程序敏感性。考虑到强制执行程序对虚假诉讼案件法益侵害性的现实危险是根据执行措施逐步揭示并渐进实现的，在执行的不同阶段分阶层设置层级递进的配套识别机制是必要的，同时虚假诉讼层级识别要素也更有利于匹配不同执行阶段的司法措施，有效提升虚假诉讼审查触发的实际效果。

1. 执行立案阶段虚假诉讼的识别要素

在执行立案阶段，可对司法实践中集中发现虚假诉讼的案件类型进行风险提示，如近年虚假诉讼高发的民间借贷、房地产纠纷、合同纠纷、离婚析产纠纷、抚养纠纷、商标侵权纠纷、追索劳动报酬纠纷以及机动车交通事故责任纠纷等领域。此项审查识别要素的确定在一定程度上有赖于智慧法院建设下虚假诉讼案件类型的数据统计，并将统计结果嵌入法院执行办案系统，对虚假诉讼高发案件类型进行标识，需要说明的是，该标识不表示被标记案件属于虚假诉讼案件，但在后续执行程序中应对标记案件采取更为审慎的审查措施。

2. 执行财产调查阶段虚假诉讼的识别要素

在执行案件进入到由具体承办团队或承办法官办理阶段，首要进行的程序是对案卷材料进行阅卷以及对被执行人的财产状况进行初步调查。就对案件材料进行阅卷而言，虚假诉讼的识别要素主要集中在原判决案卷材料的表现形式与判决是否涉及案外人利益。原判决案卷材料在识别视角下可分解为证据材料与裁判文书，通过前述实证分析，一般来说，案件证据材料越简单、当事人自认证据与事实在案件整体证据与事实中占比越大，则涉及虚假诉讼的风险性越高。但案件证据与事实的争议性有可能被虚假诉讼当事人刻意伪造，通过故意在诉辩中假装分歧、多次磋商、拉长审理时长等手段增加虚假诉讼的隐蔽性，故对案卷证据材料进行识别的同时，应结合裁判文书的形式进行识别，当裁判文书以调解书、裁定书、司法确认裁定等形式出现时，应予以特别关注。

3. 执行强制措施阶段虚假诉讼的识别要素

在执行实务中，被执行人在被采取强制执行措施时往往对执行行为持抗拒心态，表现为拒接电话、拒收法律文书、拒不提供财产线索、拒不履行财产报告义务，并常伴有对被执行标的提出异议、提出执行和解、协商执行标的等行为，尤其是在被执行人财产标的与执行标的匹配度较高的情况下，被执行人的抗拒状态表现得更为明显，此情况下被执行人对执行行为高度接受且无任何抗拒表示，显然与司法实践经验不符。在被执行人责任财产小于等于执行标的时，被执行人的履行态度与案件涉及虚假诉讼的可能性呈正相关，应当纳入触发审查的识别要素。

（二）建立规避执行型虚假诉讼的多维审查模式

执行调查的核心在于对虚假诉讼证据的收集，由于执行程序中虚假诉讼的表现形式多样并且隐蔽性强，私力缺乏证据收集的有力举措和技术手段，因此公力调查应当发挥更大的作用，在合理的限度内适当扩大执行审查权，对于防范和治理虚假诉讼至关重要。

1. 当事人主义与职权主义相结合

对于虚假诉讼的审查机制选择，应以职权主义为主导，同时兼容当事人主义。因为在虚假诉讼审查中，如果同样适用绝对的当事人主义，则必然降低打击力度。当事人囿于专业知识、处理经验，首先在识别上处于明显劣势，多数对虚假诉讼的反应也是基于利益矛盾产生的纯粹猜忌，职权主义则能很好地弥补上述缺陷与漏洞。如果说当事人主义是触发审查的有力起点，那么职权主义则是审查机制启动后取得实效的动力保障，两者并不相悖，完全可以做到相辅相成。在打击规避执行型虚假诉讼中，法官应实现对案件事实的探明权和审查控制权的有机把握，灵活适用当事人主义和职权主义，实现两者间有机融合共生。

2. 执行审查规范性和效率性相统一

审查虚假诉讼时，执行程序可通过听证的方式对案件事实进行多维度实体审查，借助辩论对抗的形式，进一步强化对证据与案件事实的审查。但也需要注意防止审查流程过于漫长，毕竟执行程序以效率优先为价值追求。在执行审查中，应根据涉嫌虚假诉讼案件具体情况予以分流处置。针对案情简单、证据充分、事实清楚、法律适用争议不大的虚假诉讼案件，可进行书面审查；而涉及实体争议较大的问题，则应当适用听证程序，并应依法引导当事人通过执行异议之诉来对争议事项予以全面实质审查，从而有效规制虚假诉讼现象。

3. 执行实体审查权限度及范围适当扩张

在现有制度框架下，案件进入执行阶段的必要前提是法律文书发生法律效力，传统执行模式基于既判力原则一般不对执行依据（生效法律文书）进行审查，仅从判决主文部分提取可执行部分内容，执行依据默认具备不可动摇的合法性。且法院内部虽分设审判与执行部门，但都是法院这一司法主体行使国家公权力行为，要求同一案件的执行阶段对审判阶段的结果进行直接审查，既不符合制度构建的法律逻辑，亦不具备实际操作的土壤。因此，执行阶段对执行依据的审查，应当仅限制在通过虚假诉讼识别要素体系触发虚假诉讼警报的范围内，在具备较高虚假诉讼可能性时，将执行审查的范围从生效法律文书的可执行内容扩张至生效法律文书中的基础法律关系。在执行阶段对案外人提出的执行异议、抗辩的审查对于打击规避执行型虚假诉讼显得更为重要。当出现第三人执行异议时，执行审查范围需要延伸至第三人与被执行人的法律关系。

（三）完善规避执行型虚假诉讼的后果处置机制

对执行程序中的虚假诉讼的审查结果，一般可分为三类进行处理：第一类是经审查后，判定不存在虚假诉讼情形的；第二类是经审查后，初步判定构成虚假诉讼犯罪须通过刑事手段进行规制的；第三类是经审查后，判定虽然存在虚假诉讼情形，但情节非常轻微、金额非常小的。对于第一类情形的处理，自然是应当继续原执行程序，而对于第二类和第三类情形，则应当进一步明确后续处理机制。

1. 刑事后果：规避执行型虚假诉讼的入罪机制

（1）明确入罪标准。

首先，应明晰规避执行型虚假诉讼之主观要素。以规避执行为目的的虚假诉讼行为应符合以虚构的事实提起民事诉讼、妨害司法秩序或严重侵害他人合法权益的构成要件。主观方面以规避执行为目的，意图通过虚假诉讼达到转移财产目的。“内心意志”决定“意识行为”，是驱动行为人作出某种行为的潜在动力，此种潜在动力可称为内心的违法犯罪意图。

其次，要科学认定规避执行型虚假诉讼客观结果要件。在执行程序中，并非所有的虚假诉讼行为都定性为犯罪，罪与非罪界限的判断标准在于违法行为对“司法秩序”或者“他人合法权益”是否产生严重的侵害后果。对“妨害司法秩序”的判定，可参照适用形式受理标准。基于执行立案采取形式审查标准，对司法秩序与成本的损害程度相对较轻，故而惩戒手段上可参照适用民事诉讼法有关要求即足以实现惩戒虚假诉讼之目的。在执行立案后的执行审查环节中发现的虚假诉讼行为，如未造成不可逆转的严重后果，可参照适用民事诉讼法有关司法惩戒措施的规定。倘若确认虚假诉讼时已进入异议之诉等审判程序或导致法院错误中止执行甚至解封财产，造成无法执行回转等严重后果，则表明已消耗巨大司法资源与诉讼成本，在此情形下应追究其刑事责任。

最后，客观方面表现为以捏造的事实进行虚假诉讼。判定虚假诉讼要以当事人捏造基础性法律关系的事实为行为要件。虚构事实或伪造证据构成虚假诉讼的，该事实或证据需针对争议的基础法律事实。① 尤其在争议的基础法律关系真实的情况下，假如当事人或案外人出于自身利益考量，在执行调查程序中作出少许夸张性的描述或隐瞒事实，则不应将其归为虚假诉讼范畴。

（2）构建刑执对接机制。

---

① 周惠：《虚假诉讼惩戒机制的要点分析：甄别、处置和预防》，载《上海法学研究》集刊 2019 年第 5 卷。

虚假诉讼罪属于刑事犯罪，其侦查由公安机关负责。经过初步认定涉嫌虚假诉讼罪的，人民法院应当依法将案件线索移送至公安机关进行进一步侦查，因此构建畅通的规避执行型虚假诉讼执行衔接程序尤为重要。根据有关法律规定，人民法院在民事案件审理程序中，发现涉嫌犯罪的，应将犯罪线索移送至公安机关处理，但是在执行程序中发现的犯罪线索如何移送，在实践中还存在一定的困境。一般而言，在执行程序中发现的规避执行型虚假诉讼犯罪行为有两种处理模式，一种是人民法院将有关案件材料移送给公安机关建议其立案侦查，另一种是告知当事人向公安机关报案。两种处理模式在实践中都没有取得很好的效果，最主要原因在于刑执规范性对接程序的缺失，在现有的法律制度下，未建立人民法院与公安机关之间的民事案件涉嫌刑事犯罪具体移送机制，人民法院向公安机关哪个部门移送、相关手续如何办理、公安对法院移送材料的审查标准等，都没有明确的规定，导致公安机关在立案审查上存在一定的随意性，多数案件未予立案。面对此种状况，应当参照拒不执行判决、裁定犯罪的处理模式，在执行程序中与公安、检察机关建立规避执行型虚假诉讼的案件线索移送侦查对接机制，建立常态化的联席机制，形成打击执行程序虚假诉讼犯罪的合力。

2. 非刑事后果：构建多方位的惩戒措施

（1）赔偿给付类责任。

规避执行型虚假诉讼的目的主要在于财产转移和稀释债务，如果因虚假诉讼行为导致其他当事人的权益受到损害，虚假诉讼人应当承担损害赔偿责任。如在财产转移型虚假诉讼中，转移的动产如车辆、贵重物品等已灭失无法找回，除被执行人外，其他参与合谋的虚假诉讼主体应当承担赔偿责任。甚至可设定更为严格责任标准，如规定可在执行程序中追加虚假诉讼参与人为被执行人，对债务承担连带责任，由此可增加虚假诉讼的违法成本，形成更大的威慑效应。

（2）信用惩戒类责任。

信用惩戒是执行程序中的重要手段，应当充分利用信用惩戒措施对规避执行型虚假诉讼当事人和参与人予以制裁。对于被执行人而言，即使其在虚假诉讼暴露后主动履行了义务，也应当继续对其实施一定期限的失信惩戒。对于其他非被执行人的虚假诉讼参与人，应根据其情节严重程度，实施不同期限的失信惩戒。同时应加大曝光力度，切实增强打击虚假诉讼的社会影响力。

（3）其他处罚类责任。

除了损害赔偿和信用惩戒外，对于规避执行型虚假诉讼的主要责任人以及参与主体还可采取司法拘留、罚款等司法处罚措施。同时对于一些特殊主体参与虚假诉讼的，如律师、中介机构、金融机构等，可以向其主管部门发送司法建议，由其对他们作出相应的行政处罚，如吊销资格、限制准入等。

结　语

执行程序中的虚假诉讼行为，具有恶劣性、隐蔽性和复杂性等特点。如何进行有效审查，在实践探索和理论探讨上都颇具难度。在现行法律规定中，破解虚假诉讼在执行程序中的审查和规制困境，必须依靠强有力的审查机制。针对规避执行型虚假诉讼认定标准模糊、裁判尺度紊乱、惩戒措施失衡、程序衔接不畅等问题，需强化执行审查力度，“有限”突破“审执分离”限界，适当强化职权主义色彩，形成环闭式的审查与分流处置机制，进而突破规避执行型虚假诉讼案件在司法规制方面存在识别标准模糊与法律适用争议困境，在最大限度上防范识别规避执行型虚假诉讼行为的发生。相信伴随有关制度的逐步完善，执行程序中虚假诉讼现象将得到有效的规制。

论违法建筑物强制拆除的程序竞合及其控制

——以行政强制法第 44 条为中心

殷　勤*

内容摘要：对违法建筑物实施强制拆除，需以有权主体作出限期拆除决定且生效为前提，还是以限期拆除决定和强制执行决定共同生效为前提，理论和实务中存在不同理解。从多阶段行政程序中前、后阶段行为的关系来看，限期拆除决定是认定相对人的建设行为是否合法、是否负担限期拆除义务的基础法律行为，强制执行决定是执行限期拆除决定的名义行为，前者生效的情况下，违法建筑物拆除的法律后果就已确定，后者只是实施拆除的程序性保障装置。将创设权利义务的限期拆除决定的救济期限届满作为强制执行程序的开始，能够兼顾规制目标实现和权利保障双重目的，不致程序过于迟延，故单生效观点亦有其现实动因。

关键词：行政强制执行　违法建筑拆除　正当程序　程序竞合　守法成本

一、问题的提出

现代行政控制的趋势是日益强调一种程序的竞争控制技术，即通过行政程序的结构性调整，使当事人成为行政权行使过程的参与者和竞争者，构造一个“公权—私权”的竞争和作用架构，使行政过程成为一个

* 江苏省南通市中级人民法院研究室副主任、二级法官。

信息分享、知识交流、利益竞争、相互制约的过程，实现行政权行使的理性化。行政强制法第44条将程序性控制技术上升为实定法规范，规定"对违法的建筑物、构筑物、设施等需要强制拆除的，应当由行政机关予以公告，限期当事人自行拆除。当事人在法定期限内不申请行政复议或者提起行政诉讼，又不拆除的，行政机关可以依法强制拆除"。

该条突破了"诉讼不停止执行"的实体法公定力准则，而以"非经诉讼不得执行"为准则，对行政机关实施违法建筑拆除设立了更高的程序门槛。违法建筑的认定和拆除是典型的多阶段行政程序，包括城乡规划法上的违法建筑认定和行政强制法上的违法建筑拆除两个程序阶段，程序阶段内部又有各自具体的程序规则和程序性法律行为。将行政决定与决定的强制执行看作一个整体，将行政决定发生终局性法律效力视为执行的前提，而借助于行政复议和行政诉讼，当事人得以与执法者对行政决定的合法性进行理论论辩，通过两造对立和竞争制约达到某种反思性整合，实现行政权行使的理性化。

然而，有效的法与法的有效性并不是一回事，美好的立法愿景虽然指涉一种有效的法，却不保证在现实中是圆满有效的。法条对"何者发生法律效力方可实施执行"语焉不详，给执法和司法实践带来困扰，法条本身的可预期性和可执行性亦受到影响。[①] 例如，在海南裕盛祥农业开发有限公司诉海南省海口市秀英区人民政府行政强制一案中，再审裁定认为，"行政机关在作出行政决定后，需经过催告等程序，如当事人仍不履行行政决定的，行政机关才可以作出强制执行决定。强制执行决定作出后，若当事人在法定期限内不申请行政复议或者提起行政诉讼，才可以强制拆除"。[②] 但在陈某诉贵州省大方县人民政府、贵州省大方县综合行政执法局行政强制一案中，再审判决认为，"原大方县城乡规划局就房屋1、房屋2分别对陈某作出了行政处罚决定，原大方县城乡规划局应当

① 参见于立深：《〈行政强制法〉实施中若干争议问题的评析》，载《浙江社会科学》2012年第7期。

② 参见最高人民法院（2020）最高法行申8741号行政裁定书。

等待陈某对该处罚决定提起行政复议或行政诉讼的期限届满之后才能进行强制拆除。对于房屋1，原大方县城乡规划局于2012年11月26日作出行政处罚决定，于2017年6月6日作出强制执行决定并于2017年6月30日实施强制拆除时，陈某对该行政处罚决定提起行政复议或行政诉讼的期限均已届满，故原大方县城乡规划局强制拆除房屋1的行为符合法律规定”。①

当正当程序原则落实为实定法上的程序规则后，后者就成为行政执法和司法裁判理由的程序入口，但实定法程序规则的语义模糊，又给行政执法和司法裁判带来困难，因而需要寻找新的程序出口。就行政强制法第44条规定而言，立法者意在引入正当程序原则重构违法建筑查处法律制度，但实践却产生了对程序入口的疑问。上述两个案例中，对究竟是认定构成违法建筑的行政行为生效即可实施强制拆除，还是除此以外再加上强制执行决定也生效才可以实施强制拆除，形成了两种裁判观点及其背后的知识对垒，表现为程序入口的程序竞合。“法定程序偏重成文化的形式外观不同，正当程序原则更偏重价值和内涵要素。”② 现代行政不仅仅是法律的传送带，也要从过程中产生意义。程序的竞争控制模式可以使行政权不再封闭，而成为行政机关与行政相对人信息分享、知识交流、利益竞争、相互制约的过程，③ 但若为程序而程序，效果难免不尽如人意。从实践来看，穷尽包括强制执行决定在内的所有行政行为的救济后再执行，由于行政执法成本过高、行政相对人守法成本过低，会诱使行政机关作出违法强拆的逆向选择。有鉴于此，本文尝试在“法解释—法适用”框架内，对行政强制法第44条的解释和适用提出分析论证观点。首先，讨论本条内部的体系结构和语词含义；其次，分析评价单生效和双生效两种观点不同的法律适用后果；最后，分析论证城乡规划法

① 参见最高人民法院（2020）最高法行再305号行政判决书。

② 蒋红珍：《正当程序原则司法适用的正当性：回归规范立场》，载《中国法学》2019年第3期。

③ 参见王锡锌：《行政自由裁量权控制的四个模型——兼论中国行政自由裁量权控制模式的选择》，载《北大法律评论》2009年第2辑。

和行政强制法有关违法建设行为认定和违法建筑物拆除的程序规范体系。本文经论证获得的主要结论是，将具体创设权利义务关系的限期拆除决定的救济期限届满作为强制执行程序的开始，能够兼顾规制目标实现和当事人合法权益保障，不失为较好的平衡解决方案。

二、行政强制法第44条的空缺结构与语义逻辑

对行政强制法第44条规定的分歧意见，集中在该条“不申请行政复议或者提起行政诉讼”所指向行政行为的不同理解。持单生效的观点认为，该条是指对限期拆除决定不申请行政复议或者提起行政诉讼；持双生效的观点则认为，该条是指对限期拆除决定和强制执行决定均不申请行政复议或者提起行政诉讼。前者意味着该条的语义射程仅及于限期拆除决定，后者则将其射程进一步扩大到强制执行决定。“任何语句都是语言的组织体，在这一组织体中一个个的词素被连结起来……法条也是词素与词素的联结结合。”“任何文本的解释都始于对文字文义的解释。”① 对上述不同理解，可以从法条内部的逻辑结构和语词含义的相互联系入手加以分析。

（一）法条结构

细酌法条可以发现，行政强制法第44条包含前后两句条文规定。前句规定了行政机关实施强制拆除前的公告限期自行拆除程序，属完整法条。但前句有关“需要强制拆除的”规定，带有转介条款的意味，而这一转介实属必要，由此关联强制拆除的基础法律行为。具体来说，行政机关需转介城乡规划法的规定，获得“需要强制拆除的”具体条件并据此作出判断。城乡规划法第40条第1款将“违法的建筑物、构筑物、设施”界定为“未申请办理建设工程规划许可证”，第64条、第65条则将“限期拆除”的前提界定为“无法采取改正措施消除影响的”，第68条规

① ［德］卡尔·拉伦茨：《法学方法论》，黄家镇译，商务印书馆2020年版，第321、403页。

定“建设工程所在地县级以上地方人民政府可以责成有关部门采取查封施工现场、强制拆除等措施”。“限期拆除”与“限期当事人自行拆除”语义一致，可见，行政强制法第 44 条前句中的“限期当事人自行拆除”，系沿袭和援引了城乡规划法“限期拆除”的规定，两法保持一致。

行政强制法第 44 条后句规定了当事人未自行拆除的强制拆除程序，属于不完整法条。其不完整之处在于，其有关“当事人在法定期限内不申请行政复议或者提起行政诉讼，又不拆除的，行政机关可以依法强制拆除”的规定，没有明确指出不申请行政复议或者提起行政诉讼的对象，即后句中的对象行为阙如。这意味着，对后句的理解需指示参照另一条文获得，指示参照规定对后句的适用具有限定作用。[①] 由于前句、后句共同组成一个条文，规定的是一个行为模式及其法律后果，语义逻辑相关且统一，因此，在前句明确援引城乡规划法“限期拆除”的法律概念、法律行为时，在形式上就可以将后句所省略的语词也解释为限期拆除，即“当事人在法定期限内对限期拆除决定不申请行政复议或者提起行政诉讼，又不拆除的，行政机关可以依法强制拆除”。从立法技术的角度来看，为了使法条更为紧凑和简约，后句也可以对与前句表述重复的概念加以省略。当然，这只是从形式合理性的角度作出的理解，至于是否符合实质合理性，以及多元解释立场是否更为妥当，[②] 仍需引入其他的解释方法加以检验和证立。

（二）多阶段行政程序

区别于单一的行政行为或者作出行政行为的多个步骤，行政机关对违法建设行为的认定和对违法建筑物实施拆除，则属于多阶段行政程序，其中包含多个相互牵连但又独立的行政行为。[③] 由此，产生前阶段行为与后阶段行为相互关系的认识和把握问题。

---

① 参见［德］卡尔·拉伦茨：《法学方法论》，黄家镇译，商务印书馆 2020 年版，第 331 页。

② 参见刘星：《多元法条主义》，载《法制与社会发展》2015 年第 1 期。

③ 参见徐键：《论多阶段行政行为中前阶段行为的可诉性——基于典型案例的研究》，载《行政法学研究》2017 年第 3 期。

理论上，作为前续行政行为的限期拆除决定是认定行政相对人存在违法建设行为以及需负担限期拆除建筑物这一法律后果的法律行为。只在行政相对人未按照限期拆除决定的要求，在期限内履行拆除义务时，行政机关才需要作出强制执行决定，以告知相对人将通过诉诸强制的方式，实现限期拆除决定的规制目的。这意味着，行政强制执行决定作为后续行政行为，并不对行为人设定限期拆除的法律负担，其只是作出行政强制执行这一事实行为的名义行为，行政机关一旦实施强制执行，只因在事实上对当事人的权益造成了不利影响，而成为可诉的事实行为。行政强制法第 37 条第 2 款规定在行政强制执行决定中需载明“申请行政复议或者提起行政诉讼的途径和期限”，并不是由于行政强制执行决定创设了新的权利义务关系，而是基于强制执行的强制性和不可逆性，立法体现了对当事人倾斜保护的更为审慎的立场，给予法院特别的司法审查权，目的则在于判断这一行为是否逾越前续限期拆除决定所设定的权利义务范围，同时基于违法性继承理论，法院在对强制执行决定合法审查时，需延伸审查限期拆除决定本身是否存在重大且明显违法情形。①

因此，如果限期拆除决定因救济期限届满或者经人民法院确认合法而具备实质存续力，那么相对人限期拆除建筑物的负担就是确定的，此时并无法通过对强制执行决定的合法性审查，否定限期拆除决定所确定的权利义务关系。而在行政机关实施强制执行时扩大执行范围或者违法采取措施时，通过对具体实施的强制拆除行为的审查和行政赔偿，使相对人获得救济，则更为适当，但难以通过对作为执行名义的强制执行决定的合法性审查解决纠纷。因此，从设定公法上权利义务关系的原因行为这一角度审视，“不申请行政复议或者提起行政诉讼”所指向的也应当是行政机关作出的限期拆除决定，而非行政机关为执行和依据限期拆除决定作出的强制执行决定。

---

① 例如，《最高人民法院关于适用〈中华人民共和国行政诉讼法〉的解释》第 161 条规定：“被申请执行的行政行为有下列情形之一的，人民法院应当裁定不准予执行：（一）实施主体不具有行政主体资格的；（二）明显缺乏事实根据的；（三）明显缺乏法律、法规依据的；（四）其他明显违法并损害被执行人合法权益的情形。”

三、违法建筑物拆除行政程序的功能性解释

法的有效性可以有教义学和社会学两种不同的理解维度，前者关注法的形式合理和内容正当，后者则关注法律实施的实际效果。[①] 行政机关作为理性人，在实施行政管理活动时必然会考虑执法的成本和收益问题，进而会影响到执法方式的选择和法律实施的有效性。对上述讨论的单生效和双生效两种法律适用观点，有必要从法的社会有效性角度做进一步分析。

（一）两种分歧意见的法律适用后果

“司法裁判后果取向解释体现为法官基于预期的合理社会效果推导法律解释结论，这一方法有利于发挥社会后果的合理导向功能。”[②] 违法建筑物强制拆除的程序机制，主要包括违法建设行为认定程序和违法建筑物强制拆除程序。持单生效的观点将等待行政复议、诉讼期限届满的期间从限期拆除决定生效的时点向后截断，在后的强制拆除程序包括催告、责成强拆、作出强制执行决定、公告的期间均不计算在内。持双生效的观点将强制执行决定生效前的行政程序所经过的期间，包括行政行为的行政复议、诉讼期间均作为实施强制拆除前必须经过的期间。对比可以发现，单生效的行政执法时间成本更少，双生效则易于诱使行政相对人对所有经过的行政环节均提起行政诉讼，以及对一审判决结果不服的上诉审和之后的申请再审。假设行政机关作出的所有行政行为均为合法，那么其执行法律的时间成本不仅比单生效要更长，甚至比双生效观点论者所预想的期间要更长。

如果遵守法律能够为行政主体带来较多的利益，行政主体一般倾向于守法；如果守法并没有为行政主体带来较多利益，而同时违法收益又

---

① 参见郑永流：《法的有效性与有效的法——分析框架的建构和经验实证的描述》，载《法制与社会发展》2002年第2期。

② 戴津伟：《司法裁判后果取向解释的方法论应用——兼论〈行政强制法〉第44条的修改》，载《法学》2020年第7期。

非常高、成本比较小，那么行政主体就很可能选择违法。[①] 双生效不仅意味着行政执法的时间成本更为高昂，而且由于法律规定的强制拆除程序本身较为复杂，对于行政机关来说，即便经过漫长等待后实施拆除，也不能确保行政行为就一定会被认定为合法。程序的不确定性与执法时间的过于延宕，会使执法成本大幅增加，执法收益的边际效应递减。相反，未经过必要的行政程序，较之未经过必要的等待期间，其违法性评价并不会更重，这会诱使基层执法者选择牺牲正当程序，直接追求强制拆违的结果利益。实践中，大量强制拆违案件未经必要行政程序即宣告实施，反映出当执法者认为法律规定过于严苛时，往往会诱发逆向选择这一立法者所不欲的法律适用后果。

（二）立法目的回溯、平衡与检验

行政强制法第44条突破了“行政救济不停止执行”的行政法传统，属于对私权保障的特别程序规定。但是，城乡规划法和行政强制法的立法目的是一致的，即除了保障行政相对人合法权益以外，还要确保行政权的合法有效运作以及时维护公共利益，如市容市貌的迅速还原、国土空间资源的立即恢复、违法建筑安全隐患的快速消除等。因此，执行行政强制法第44条，仍需兼顾行政规制目标实现、公共利益维护和行政相对人合法权益保障等多重立法目的的实现。考虑到公共利益的实现不至于因行政程序过分拖延而丧失怠尽，对“行政救济不停止执行”的突破，仍需保持必要限度，以使法律适用更具有弹性。具体而言，如果行政机关作出限期拆除决定后立即付诸执行，考虑到拆除房屋法律后果的不可回转性，不利于体现对相对人合法权益的有效保障；反之，如果行政机关需等待相对人穷尽包括强制执行决定在内所有环节行政行为的救济之后执行，因迁延日久，也不利于体现对违法行为查处和公共利益恢复的及时性，并有损行政权威；而将具体创设权利义务关系的限期拆除决定

---

① 参见王青斌、赖普微：《违法建设强制拆除机制的困境与出路——兼论〈行政强制法〉第44条的修改》，载《江苏行政学院学报》2018年第2期。

的救济期限届满，作为强制执行程序的开始，则能够兼顾到依法及时履职、公共利益维护和相对人权益保障三方面价值，不失为较好的平衡解决方案。

将行政救济不停止执行的范围仅限定为对限期拆除决定的救济上，一方面，通过严格遵循城乡规划法作出适法的行政处理行为，避免侵犯行政相对人的合法财产权益；另一方面，通过严格遵守强制执行程序规范，防止逾越行政处理范围和必要限度实施行政强制，并减少冲突和对抗以及由此引发的损失和成本的扩大。在尊重产权的法政策背景下，有序突破“行政救济不停止执行”规则，等待有权机关对限期拆除决定的合法性作出裁断后再执行之，在程序上是适当的，也体现了行政行为公定力从实体法公定力到程序法公定力的理论转向。[①] 基于规制的有效性，在限期拆除决定救济期限届满或合法性被确认后，对限期拆除决定所涉公共利益的实现就应体现及时性。将对限期拆除决定的执行进一步延长至作为程序性控制机制的强制执行决定行为的救济期限届满，不仅让整个社会负担更高的公共利益恢复成本，还会鼓励行政相对人通过提起更多诉讼，而不是主动执行已经生效或者经确认合法的行政处理行为，因此又增加了更多的执法和守法成本。

四、城乡规划法与行政强制法的体系整合

行政行为的每一个具体步骤都包含程序问题，它与行政过程相关，是行政决定理性化和正当化机制。[②] 虽然对违法建设行为的认定和处理主要由城乡规划法规定，对建筑物的强制拆除主要由行政强制法规定，但两法规定却非泾渭分明，而是对相应问题交叉作出了规定，这在一定程度上增加了法律适用的困难。总体上，在严格的程序要求下，程序性控制机制的适用应当体现公共利益与个人利益、程序公正与行政效率的动态平衡。

---

① 参见王贵松：《论行政行为的违法性继承》，载《中国法学》2015 年第 3 期。

② 参见何海波：《行政诉讼法》，法律出版社 2022 年版，第 354 页。

（一）责成强制拆除程序的适用位序

城乡规划法有关违法建设行为的法律责任集中体现在第64条和第65条，从上下文来看，城乡规划法没有对违法建设行为查处的法律程序作出规定，可以认为立法者对此完全委诸正当法律原则以及行政处罚法上的各项程序性控制规则，但在第68条对执行第64条和第65条规定的限期拆除决定行为设定了程序规则，即“城乡规划主管部门作出责令停止建设或者限期拆除的决定后，当事人不停止建设或者逾期不拆除的，建设工程所在地县级以上地方人民政府可以责成有关部门采取查封施工现场、强制拆除等措施”。

一方面，该条赋予了被地方人民政府责成实施强制拆除的有关部门的强制执行权，即对于限期拆除决定的执行，依法属于行政机关自主执行事项，无须另由人民法院强制执行；另一方面，为了保障执行限期拆除的正当性，城乡规划法通过设立行政机关内部的责成强拆程序，实质上赋予县级以上地方人民政府对是否限期拆除的审查决定权，而非由原作出限期拆除决定的行政主体自行视情作出。

但是，对责成强拆程序在体系中如何归入行政强制法上的强制执行程序，两法都没有规定。如果仅从行政强制法第37条第1款“经催告，当事人逾期仍不履行行政决定，且无正当理由的，行政机关可以作出强制执行决定”的文义来看，催告履行义务是行政机关作出强制执行决定的前置程序，似乎责成强拆应当在催告程序之前完成，但显然，如果经催告后相对人主动履行改正义务，则责成强拆的程序亦无须作出。此处需要关注的是，责成强拆并不是认定建设行为是否合法的法律行为，而是在相对人在期限内不履行义务时，不得不进入强制执行程序的行政机关内部控制程序，即该程序的启动是以相对人不依法及时履行义务为前提的。因此，无论从法理还是效率上考虑，都应当把催告程序置于责成强拆程序之前进行。

(二) 代履行程序的适用范围

行政强制法第 50 条、第 51 条、第 52 条还规定了针对当事人不主动履行排除妨碍、恢复原状等义务时行政机关的代为履行制度。但是，代履行程序的主要功能在于避免强制手段的使用，实现行政管理目的，恢复行政管理秩序，[①] 属于间接、缓和的行政强制执行方式，与强制拆除行为所具有的直接性、强制性、对抗性，存在明显区别。同时，行政强制法对代履行程序的适用范围也有明确限定，即只适用于交通安全、环境污染防治和自然资源保护三个行政管理领域，而不包括城乡规划许可领域。虽然自然资源与城乡规划在行政管理对象上存在交叉，[②] 但考虑到强制拆除行为的不可回转性，房屋一旦被实施拆除，就可能对基本权利构成重大不利影响，需要规定更为严格的程序，赋予当事人更多防御权，甚至不惜突破行政行为不停止执行规则，以保障强制行为本身的合法性。在这种情况下，由于行政强制法第 44 条是对行政机关拆除违法建筑物、构筑物和设施的特别程序，此时就应当适用行政强制法第 44 条，而不应当适用行政强制法第 50 条的代履行程序。[③]

(三) 城乡规划法与行政强制法的程序衔接

1. 作出限期拆除决定程序

行政机关对发现存在的违法建设行为，应当进行立案调查，并履行

---

① 参见全国人大常委会法制工作委员会行政法室编著：《中华人民共和国行政强制法解读》，中国法制出版社 2011 年版，第 165 页。

② 有观点认为，对自然资源的保护包含查处违法占用土地等自然资源建设的情形，当行政机关作出行政决定课予当事人限期拆除义务，当事人逾期不履行的，可以适用代履行。参见吴庚：《行政法之理论与实用》，中国人民大学出版社 2005 年版，第 328~329 页。

③ 在邓某华诉江苏省启东市城市管理局行政强制一案中，法院生效判决认为，根据行政强制法第 50 条规定，代履行通常不具有强制性，只有在当事人怠于履行义务的情形下，行政机关才可以选择代履行的方式，且以不履行义务会导致迫在眼前的危害为前提。对建筑物、构筑物、设施的强制拆除，应当遵守行政强制法第 44 条的特别规定，不得随意突破。如果行政机关不加区分地适用代履行，将导致第 44 条规定被架空。本案中，启东市城市管理局对邓某华建设的售货亭以代履行方式实施拆除，不符合法律规定。参见江苏省南通市中级人民法院（2021）苏 06 行终 124 号行政判决书。

听证和集体讨论程序，经审查认为符合城乡规划法第 64 条“无法采取改正措施消除影响的，限期拆除”所列情形的，应当对行政相对人作出限期拆除决定，决定应载明作出行政行为的主要事实、理由和依据，体现违法建筑物的坐落和特征等要素，同时载明相对人不服请求救济的途径和期限。

2. 催告执行限期拆除决定程序

限期拆除决定的行政复议、诉讼期限届满或者合法性经人民法院确认后，行政相对人逾期不履行义务的，行政机关应当根据行政强制法第 35 条“行政机关作出强制执行决定前，应当事先催告当事人履行义务”的规定，以书面方式催告相对人履行义务，催告书应载明履行义务的期限和方式，以及相对人的陈述、申辩权。

3. 报请责成强制拆除程序

行政相对人在催告期限内不履行义务的，行政机关应当根据城乡规划法第 68 条“城乡规划主管部门作出责令停止建设或者限期拆除的决定后，当事人不停止建设或者逾期不拆除的，建设工程所在地县级以上地方人民政府可以责成有关部门采取查封施工现场、强制拆除等措施”的规定，报请市、县级以上人民政府批准责成实施强制拆除。

4. 作出强制拆除决定程序

行政机关依据市、县级以上人民政府作出的责成强拆行为，并根据行政强制法第 37 条第 1 款“经催告，当事人逾期仍不履行行政决定，且无正当理由的，行政机关可以作出强制执行决定”的规定，对相对人作出强制执行决定，强制执行决定应当载明强制执行的理由和依据、方式和时间等事项，并载明相对人不服请求救济的途径和期限。行政机关还应当同时将强制执行决定的内容予以公告。

5. 强制拆除决定的协议执行

行政机关可以根据行政强制法第 42 条“实施行政强制执行，行政机关可以在不损害公共利益和他人合法权益的情况下，与当事人达成执行协议”的规定，与行政相对人达成执行协议，约定分阶段履行，当事人及时采取补救措施的，可以视情减免加处的罚款或者滞纳金。

6. 组织强制拆除程序

行政相对人在强制执行决定和公告确定的日期届满仍未履行义务的，行政机关应当组织实施对违法建筑物的强制拆除。原则上，行政机关不得在夜间或者法定节假日实施强制执行，强制执行时还应进行证据保全，妥善保管屋内物品，体现程序正当。如此，方为合法有效的违法建设行为认定和违法建筑物强制拆除行政程序。

五、结论

以最小的投入得到最大的收获，不仅被普遍认为是有效率的，而且被假定为个人或组织在通常情况下所追求的。根据程序的分配正义哲学，正当法律程序不仅要确保行政权运行和公共利益实现的理性化，使处于利益冲突或竞争态势中的一方公民个体权益得到更好的保护，而且也要确保行政手段的有效性和行政手段效益的最大化，确保有限的行政资源得到更有效的配置，促进其背后隐含的公民集体权益。[①] 在违法建筑认定和拆除的程序链条上，限期拆除决定与强制执行决定是其中的两个坐标，厘清两者关系及其效力范围，是准确适用法律、实现程序控制价值的关键。限期拆除决定是设定限期拆除权利义务关系的法律行为，其合法性一经确认，行政相对人限期拆除的义务就是确定的，此时应当尽快让义务落地，体现规制的有效性。强制执行决定附随于限期拆除决定而存在，等待强制执行决定的救济期限届满后再实施拆除，会让整个社会负担高昂的公共利益恢复成本，诱使行政相对人穷尽所有程序环节的法律救济，极大增加执法、司法成本。因此，单生效解释进路更符合兼顾公共利益维护及时性和私人产权保护有效性的目的解释取向。“立法的结束方是法律适用的开始”，在思维理念上，人民法院应当在个案裁判中提炼出符合法律目的、符合规制目标的法适用规则，填补法律欠缺，衔接两法适用，明确行为预期。

---

① 参见沈岿：《论行政法上的效能原则》，载《清华法学》2019年第4期。

执行审查与执行司法赔偿衔接的困境与解局

——以法秩序统一理论为视角

宋江雄* 叶心华** 陈元元***

内容摘要：因错误执行行为造成当事人损害的现象时有发生，如何规制执行行为并获得及时的救济成为热点。现实中存在执行审查程序和执行司法赔偿两者救济程序不衔接、两者适用条件不衔接、两者合法性审查认定不衔接等困境，作为权利救济的两种不同程序，两者具有审查模式的相似性、功能价值的差异性、审查内容的难易性不同等特点。如何衔接两种救济程序，防止错误执行异议审查结果对后续赔偿形成阻碍和误导，作为处理不同法域关系公理的法秩序统一性原理为解局衔接构建提供了理论支持，并对如何解局进行了论述和构建。

关键词：执行审查　执行司法赔偿　法秩序统一　衔接

近年来，因错误执行行为造成当事人损害的现象时有发生，如何规制执行行为并获得及时的救济成为热点，最高人民法院于 2015 年 5 月 5 日出台了《最高人民法院关于人民法院办理执行异议和复议案件若干问题的规定》，该执行异议、执行复议等执行内部救济途径的执行审查程序

* 江西省南昌市新建区人民法院梅岭人民法庭庭长、一级员额法官。
** 江西省景德镇市中级人民法院民四庭副庭长、一级员额法官。
*** 江西省南昌市青云谱区人民法院四级警长。

已日臻成熟，在实践运用中也解决了部分违法执行行为。但对无法在相关诉讼程序或者执行程序中予以补救的错误执行行为却不能通过执行审查程序予以救济，需要启动执行司法赔偿程序予以救济。2022 年 3 月 1 日实施的《最高人民法院关于审理涉执行司法赔偿案件适用法律若干问题的解释》第 2 条针对十一种错误执行行为造成损害承担执行司法赔偿，将对进一步规范执行行为，维护当事人合法权益产生深远影响。但该司法解释对执行审查程序和执行司法赔偿如何衔接未作系统合理的制度设计和安排。执行审查程序与执行司法赔偿程序作为受害人权利救济的两个制度，实践中两者救济衔接存在怎样的现实困境？怎样的策略支持能达到既规制执行行为又能保护当事人的合法权利？本文基于此展开。

一、素描：基于最高人民法院 116 号指导案例的实证考量与思索

基本案情：1997 年 11 月，丹某轮胎厂向交通银行丹东分行借款 422 万元，后该笔债权先后转让给中国信某资产管理公司沈阳办事处、丹东益某投资有限公司（以下简称益某投资公司）。2007 年 5 月，益某投资公司提起诉讼，要求丹某轮胎厂还款，并进行财产保全查封了丹某轮胎厂位于丹东市振兴区振七街 134 号土地六宗。判决生效后，丹某轮胎厂未自动履行还款义务，益某投资公司申请强制执行。2007 年 11 月，丹东市人民政府市长办公会议议定，将丹某轮胎厂资产变现用于安置职工和偿还债务。丹东市中级人民法院（以下简称丹东中院）将丹某轮胎厂查封的相关土地解封，4680 万元厂房整体出让款用于偿还职工内债、职工集资、医药费、普通债务等，但未给付益某投资公司。2009 年开始，益某投资公司多次申请国家赔偿。

争议焦点：（1）丹东中院的解封行为在性质上是保全行为还是执行行为；（2）丹东中院的解封是否构成执行错误；（3）丹东中院是否应当承担国家赔偿责任。

裁判理由：最高人民法院认为，执行程序终结不是国家赔偿程序启

动的绝对标准，一般来讲，执行程序只有终结以后，才能确定错误执行行为给当事人造成的损失数额，才能避免执行程序和赔偿程序之间的并存交叉，也才能对赔偿案件在穷尽其他救济措施后进行终局性的审查处理。但是，这种理解不应当绝对化和形式化，应当允许其提出国家赔偿申请，否则，有错误执行行为的法院只要不作出执行程序终结的结论，国家赔偿程序就不能启动，这样理解与国家赔偿法以及相关司法解释的目的背道而驰。本案中，丹东中院的执行行为已长达 11 年没有任何进展，其错误执行行为亦被证实给益某投资公司造成无法通过其他渠道挽回的实际损失，故应当承担国家赔偿。辽宁省高级人民法院赔偿委员会以执行程序尚未终结为由决定驳回益某投资公司的赔偿申请，属于适用法律错误，应予纠正。

裁判结果：最高人民法院赔偿决定：（1）撤销辽宁省高级人民法院赔偿委员会（2015）辽法委赔字第 29 号决定；（2）丹东中院于本决定生效后 5 日内，支付益某投资公司国家赔偿款 300 万元；（3）准许益某投资公司放弃其他国际赔偿请求。

案例评析：最高人民法院 116 号指导案例是对执行司法赔偿难这一司法实践乱象的回应。在目前全国许多地方法院审理的国家赔偿案件中，错误执行赔偿案件数量占比一半左右，但是，其中绝大多数赔偿申请均被法院赔偿委员会以执行程序尚未终结为由驳回。实践中，许多民事案件的执行程序以终结本次执行程序结案，但事实上法院确实存在明显的执行错误，被执行人又长期没有清偿能力，这些案件既执行不能，又难以进入国家赔偿程序，不仅给当事人留下“执行难”“赔偿难”的负面印象，而且给人民群众造成了“二次伤害”[①]。最高人民法院赔偿委员会审结此案，为处理此类案件树立了标杆，具有积极明确的典型示范意义。即对于人民法院确有错误执行行为，确已造成损害，被执行人长期没有

---

① 参见祝二军、石磊：《〈丹东益阳投资有限公司申请丹东市中级人民法院错误执行国家赔偿案〉的理解与参照——因被执行人确无清偿能力而终结本次执行的可以申请国家赔偿》，载《人民司法》2021 年第 35 期。

清偿能力的案件，即使执行程序尚未终结，也可以进入国家赔偿。

二、困境：执行审查程序与执行司法赔偿程序的衔接图景

（一）两者救济程序不衔接

执行审查程序与执行司法赔偿程序衔接不畅主要表现在当事人的权利受到侵害时，不知如何行使自己的救济权利。从当事人的角度看主要存在以下表现：当事人在一审法院提出执行异议期间同时提出执行司法赔偿，或者在一审法院作出执行异议裁定后，向二审法院提出执行复议同时向一审法院提出执行司法赔偿，或者对错误执行行为不申请执行异议、复议直接，在向上级法院申请执行监督的同时向一审法院直接提出执行司法赔偿，此时将会在执行程序和赔偿决定程序之间以及一审法院和二审法院之间存在多个并存的程序冲突，致使出现对执行行为合法性的重复审查，此时必然会导致另一个程序终止，浪费司法资源，也不利于当事人权利救济。从法院的角度看，一般是将执行异议、复议或者执行监督程序规定为赔偿程序的前置程序。受害人对错误执行行为未提出执行异议、复议、执行监督，直接向法院申请执行司法赔偿，法院则以未先申请执行审查程序救济为由不予受理，导致两者程序不能衔接。

（二）两者适用条件不衔接

作为执行内部救济途径的执行审查程序，从程序设立的目的来看，执行异议旨在强制执行过程中面向将来排除违法执行行为，而非执行程序终结后溯及既往地排除违法执行的效果。在执行程序终结前，有通过执行异议加以救济的必要。相反，执行程序终结后，得以异议排除的对象不复存在，执行处分已经无法撤销或者改正，因而丧失了提出异议的必要性。大陆法系国家和地区强制执行法通常规定“强制执行程序终结

前”可以向法院提出异议。[①] 而作为执行司法赔偿，原则上应当在诉讼程序、执行程序终结后才能提出执行司法赔偿。执行程序、诉讼案件未终结，意味着当事人之间的权利、义务尚无定论，在此基础上无法判断执行行为是否违法、是否造成损害以及应否承担赔偿责任等问题，如在诉讼程序、执行程序未终结前，即可申请赔偿，并由作为赔偿义务机关的人民法院或人民法院赔偿委员会依照一定程序介入审查是否赔偿，将会导致执行程序与赔偿决定程序并存，势必会搞乱赔偿与执行程序之间的关系[②]。因此，一般情况下，只有在执行程序终结后，才能提起执行司法国家赔偿。在司法实践中，由于两者适用条件未厘清，不衔接，导致受害人对侵害自己的权利的执行行为不能正确提出执行异议和执行司法赔偿。

（三）两者合法性审查标准不衔接

2021 年修正的民事诉讼法第 232 条规定的执行异议、复议程序，均涉及对“执行行为违反法律规定”的审查，同时执行司法赔偿程序中也涉及对执行行为违反法律规定的审查，这导致在两个程序中出现违反法律规定的审查，问题出现在两者的违法范围是否一致，即执行行为本身的正当性的定性所确认的依据是否违法的范围与国家赔偿所需确认的范围是否具有一致性。司法实践中，对于在执行审查程序中对执行行为合法性审查的认定是否能作为执行司法赔偿合法性审查的依据存有争议。有的予以认定，认为执行审查程序确认的执行行为违法当然适用在执行司法赔偿程序中；有的一律不予认定，认为需要重新对合法性进行审查。故两者程序在合法性审查标准认定上存在不衔接现象。

---

① 参见肖建国：《中国民事强制执行法专题研究》，中国法制出版社 2020 年版，第 168 页。

② 江必新：《〈中华人民共和国国家赔偿法〉条文理解与适用》，人民法院出版社 2010 年版，第 372 页。

三、阐释：执行审查程序与执行司法赔偿程序衔接的理论基础

（一）法秩序统一性原理

法秩序统一性原理被视为处理不同法域关系的公理。德国学者恩古施首次系统地阐释了法秩序统一性原理。他认为，只有将法秩序统一视为前提，法律体系才不会发生混乱。法秩序统一性原理要求排除规范矛盾，防止同样的行为既被禁止又被允许，从而向公民提供一致的行为指引。因此，不同法规范在违法性的判断上具有统一性。① 法秩序统一作为一项基本命题，其实质根据来自法作为规范的本质、法的安定性、平等原则与法的阶层构造等基本原理。首先，法的本质是行为规范。法律会产生两种规范：一种是面向公民的行为规范，另一种是面向司法人员的制裁规范。行为规范是首要的，而制裁规范是辅助性的②，毕竟法律是使人类行为服从规则之治的事业，规则之治的前提在于各法域所否定的状态具有一致性。其次，作为行为规范，法的首要任务是具有安定性，即通过创设出单义清晰的法，确保公民对于未来预见的可能性，通过指引规范让公民明白法律对自己的行为要求。再次，法律适用的平等原则也要求维持法秩序的统一。对一项规范的解释尽可能使其与整个法秩序追求的目的和正义观念保持一致，以使同等情形同等对待。同等情形同等对待的原则要求在整体法秩序中维护法规范在评价上的一致性。最后，法通过阶层构造设置规范的效力位阶，消除法秩序中的规范矛盾。为此，现代国家法律体系以宪法为最高层，自上而下形成一个法规范整体。在整个法秩序中，上位法的规范效力优于下位法，下位法规范不得与上位法规范发生矛盾。通过法的阶层构造，一个统一的法秩序得以维系。综上，法秩序统一性原理的核心在于行为规范的统一性，即法规范之间不

---

① 参见马春晓：《法秩序统一性原理与行政犯的不法判断》，载《华东政法大学学报》2022年第2期。

② 参见［德］诺伯特·霍斯特：《法是什么？——法哲学的基本问题》，雷磊译，中国政法大学出版社2017年版，第15页。

能发出相互矛盾的行为指引。其内涵为法秩序向公民传递的行为规范指引应当一致，如此才能形成规则之治，并充分保障公民的可预测性，以及上下位阶法规范的无矛盾性与法规范评价的平等性。

（二）法秩序统一性原理适用的正当性分析

执行审查程序与执行司法赔偿程序涉及不同的法域，作为处理不同法域关系公理的法秩序统一性原理具有一定的正当性和可行性，执行审查程序必然都涉及对执行行为合法性的判断，这就要求进行合法性判断的法律依据具有统一性，合法性判断不能相互矛盾，不能在执行审查程序中认定执行行为违法，而在执行司法赔偿中认定该行为合法，同理在执行审查程序中认定执行行为合法，而在执行赔偿程序中认定该行为违法。故在执行审查程序与执行司法赔偿衔接中对执行行为的合法性判断要在法秩序统一性原理的指引下进行，避免出现相互矛盾的判断标准和判断依据，要对相关法律、法规和司法解释进行正确的理解，准确地适用法律。法秩序统一原理有利于法院正确审判，在法秩序统一理论指导下衔接好执行内部审查和执行司法赔偿救济，防止错误执行审查程序结果对后续执行司法赔偿形成阻碍和误导，衔接两者救济程序、统一适用执行司法赔偿的受理条件、统一执行司法赔偿合法性审查标准等。

四、解局：执行审查程序与执行司法赔偿程序的衔接构建

（一）区分两者救济程序

目前，受理执行异议仍然存在相对随意、法官自由裁量权较大等问题，当事人在执行审查环节遭遇不公待遇时，又该如何救济自己的权利？此时，又该怎样进行司法赔偿救济？这就涉及执行异议审查结果对国家司法赔偿案件立案标准的影响。为防止错误执行异议审查结果对后续执行赔偿形成阻碍和误导，根据异议、复议结果的不同，可以分为以下几种情形：第一，申请执行异议、复议后，执行机构支持当事人的异议申

请。即经复议确认后，执行行为确是错误执行，则应作出撤销原执行的裁定，遭受损害的当事人有权依撤销的法律文书在符合相关执行司法赔偿条件下申请国家赔偿，赔偿委员会可以结合执行环节对执行行为的认定审查，根据当事人国家赔偿申请是否符合国家赔偿构成要件等方面综合认定是否最终支持其赔偿请求。第二，申请执行异议、复议后，执行机构均未支持其异议申请。此时，当事人及利害关系人仍认为执行行为违法并对其造成损害，基于法益保护原则和程序正义的要求，当事人在符合国家赔偿的前提下可以申请国家赔偿，赔偿委员会需要在尊重事实法律的前提下，重点参考执行异议、复议的裁判理由，对执行行为合法性进行审查和判断。第三，申请执行异议未得到执行法院支持，裁定作出后 10 日内又未提出复议，此时当事人能否再次提出国家赔偿？有观点认为，未提出复议，意味着当事人对执行复议权利的放弃，也意味着其在一定程度上对执行异议裁定的认可，如后来对同一行为以同一理由再提起国家赔偿，则不利于维护执行裁定的权威性，此时提起国家赔偿不应受理。① 笔者赞成该观点，根据法秩序统一原理，执行异议裁定此时已经发生法律效力，执行司法赔偿不应对该裁定进行审查，故不应受理。

（二）规范执行赔偿受理条件

1. 执行程序终结前申请执行赔偿的不予受理及其除外情形

国家赔偿是最后的救济途径，执行赔偿亦应以穷尽其他救济途径为前提。现行法律只是规定了当事人申请错误执行赔偿的程序，而没有规定当事人申请错误执行赔偿的条件。国家赔偿法第 38 条规定“人民法院在民事、行政诉讼过程中，违法采取对妨碍诉讼的强制措施、保全措施或者对判决、裁定及其他生效法律文书执行错误，造成损害的，赔偿请求人要求赔偿的程序，适用本法刑事赔偿程序的规定”，对于当事人申请错误执行国家赔偿的条件，现行司法解释《最高人民法院关于审理涉执

---

① 参见李贯英、宋婷：《非刑事司法赔偿程序与执行审查程序的衔接》，载《人民司法》2013 年第 23 期。

行司法赔偿案件适用法律若干问题的解释》第5条进行了规定："公民、法人和其他组织申请错误执行赔偿，应当在执行程序终结后提出，终结前提出的不予受理……"如果执行程序尚未终结，则国家赔偿程序无法作出终局性的审查，原则上只能在执行程序终结后提出，才能确定错误执行行为给当事人造成的损失数额，才能避免执行程序和赔偿程序之间并存交叉，也才能对赔偿案件在穷尽其他救济措施后进行终局性的审查处理。一般来讲，执行程序只有终结以后，才能申请执行赔偿，即使规定了除外情形，也应当附加"无法在相关诉讼程序或者执行程序中予以补救"的条件，进一步明确穷尽其他一切救济措施，确实无法补救的才进入国家赔偿程序。

针对实践中大量终结本次执行程序案件赔偿请求权人无从寻求救济，甚至个别法院利用终结本次执行程序规避赔偿请求权人申请国家赔偿的情形，2022年3月1日实施的《最高人民法院关于审理涉执行司法赔偿案件适用法律若干问题的解释》第5条第1款第3项规定"自立案执行之日起超过五年，且已裁定终结本次执行程序，被执行人已无可供执行财产的"，对符合上述条件的赔偿权利人的赔偿申请应当立案受理。其实，在本文最高人民法院116号指导性案例——益某投资公司申请丹东中院错误执行国家赔偿案中，已经明确了"人民法院执行行为确有错误造成申请执行人损害，因被执行人无清偿能力且不可能再有清偿能力而终结本次执行的，不影响申请执行人依法申请国家赔偿"[①]。本条未使用"未发现被执行人有财产可供执行"的表述，而是使用了"被执行人已无可供执行财产"，主要为了体现经穷尽执行措施被执行人客观上已无财产可供执行，不可能再有清偿能力，以尽可能避免国家赔偿终局性审查后又发现被执行人财产的情况出现。

对于不予赔偿的例外情形，被执行的财产经诉讼程序依法确认不属

① 参见祝二军、石磊：《〈丹东益阳投资有限公司申请丹东市中级人民法院错误执行国家赔偿案〉的理解与参照——因被执行人确无清偿能力而终结本次执行的可以申请国家赔偿》，载《人民司法》2021年第35期。

于被执行人，或者人民法院生效法律文书已确认执行行为违法的，如果是经案外人异议之诉程序确认被执行财产不属于被执行人，应当不属错误执行的情形，不承担国家赔偿责任。另外，因“被执行的财产经诉讼程序依法确认不属于被执行人，或者人民法院生效法律文书已确认执行行为违法”而在执行终结程序终结前申请国家赔偿的，需要同时符合“无法在相关诉讼或者执行程序中予以补救”的条件。错误执行不同于其他违法行为的一个显著特点是，在损害案外人、被执行人利益的同时，往往会有申请执行人从错误执行中获得利益。例如，将案外人的财产错误执行给申请执行人；又如超出生效法律文书确定的数额执行，申请执行人取得超过其债权额的不当利益。上述情形下如果能够通过执行程序自我纠错，及时追回财产或挽回损失的，可不作为国家赔偿案件受理；只有穷尽措施仍无法补救的，才可通过国家赔偿程序救济。

2. 执行异议、复议、监督审查期间申请执行赔偿的不予受理

为避免执行异议、复议或者执行监督程序审查期间，赔偿权利人又申请国家赔偿从而导致对执行行为合法性的重复审查，笔者认为公民、法人和其他组织在执行异议、复议或者执行监督程序审查期间，就相关执行措施或者强制措施申请赔偿的，人民法院不予受理，已经受理的，予以驳回。当然，根据《最高人民法院关于审理涉执行司法赔偿案件适用法律若干问题的解释》第 6 条第 2 款的规定，如果赔偿权利人“在执行程序中未就相关执行措施、强制措施提出异议、申请复议或者申请执行监督，不影响其依法申请赔偿的权利”，此时，根据该司法解释的规定，应当抛弃执行司法赔偿前置程序的错误做法，以申请人未提出执行异议、复议、执行监督，未提出执行异议之诉作为前置程序，不予立案，将当事人寻求救济的权利挡在门外。此时，应当对当事人的诉请进行释法说明，如果案件还在审理、执行程序，案件尚未终结，应当建议当事人对错误执行行为先提出执行异议、复议，因为通过执行内部审查程序可以及时发现错误，挽回损失，整个程序高效、快捷、便利，而执行司法赔偿程序是最后的救济程序，是对错误执行行为违法性的全面合法审

查，程序比较漫长，不利于救济。如果经过查明，案件确实已经终结，又符合《最高人民法院关于审理涉执行司法赔偿案件适用法律若干问题的解释》第5条规定的，应当予以立案审理，不应当再将执行异议和复议作为前置条件不予立案。立案后能否构成执行司法赔偿应当进行实质审查。

（三）完善合法性审查标准

民事诉讼法第232条规定了执行异议、复议程序，均涉及对“执行行为违反法律规定”的认定。如何衔接两种程序上的合法性认定，执行审查程序中审查结论能否作为执行赔偿合法性审查的依据，存有争议。一种观点认为，应一律作为证据审查，重新认定。另一种观点认为，应一律受其认定的羁束。[①] 还有一种观点认为，应视情况认定其是否可以作为根据。笔者赞成应当视情况认定是否可以作为根据。一般认为，违法具有一元性，[②] 根据法秩序统一性原理，不存在同一行为在执行审查程序被确认为违法但在国家赔偿中不违法的情况，因此，对错误执行的执行异议审查结果可以从确认违法的角度予以认可并当然适用于赔偿环节。我国现行执行司法赔偿解释为此也作出了明确规定，“经执行异议、复议或者执行监督程序作出的生效法律文书，对执行行为是否合法已有认定的，该生效法律文书可以作为人民法院赔偿委员会认定执行行为合法性的根据”[③]。为给予赔偿请求人充分的权利保障，该司法解释同时规定，赔偿请求人对执行行为的合法性提出相反主张，且提供相应证据予以证明的，人民法院赔偿委员会应当对执行行为进行合法性审查并作出认定。因此，在执行实施过程中，如果当事人、利害关系人提出执行行为违法，

---

① 参见孔玲、王振宇、梁清：《涉执行司法赔偿中的若干法律适用问题——对〈最高人民法院关于审理涉执行司法赔偿案件适用法律若干问题的解释〉的解读》，载《法律适用》2022年第5期。

② 参见姜明安：《行政法与行政诉讼法》，高等教育出版社、北京大学出版社2019年版，第566~567页。

③《最高人民法院关于审理涉执行司法赔偿案件适用法律若干问题的解释》第7条。

执行人员应尽可能主动纠正，要改变以往消极应对，过度依赖执行异议、复议程序纠错的错误倾向，以避免因此引起国家赔偿。

此外，对执行司法赔偿的违法要件还应当注意以下几个方面①：第一，公权力行为违法，但对于受害人所主张的权益损失，公权力机关并不承担职务上的注意义务，不具有可责性，在其他要件均已满足的情况下，法院可以损失与公权力行为违法不存在利害关系为由，否定赔偿责任的成立；第二，公权力行为违法，但对于受害人所主张的权益损失，公权力机关并未违反职务上的注意义务，不具有可责性，法院可以受害人所主张的损失与公权力行为之间缺乏因果关系为由否定赔偿责任的成立；第三，公权力行为在形式上是合法的，但对于受害人所主张的权益损失，公权力机关违反了职务上的注意义务，具有可责性，法院可以违反职务上的注意义务违法为由，认定赔偿责任成立；第四，公权力行为违法，且对于受害人所主张的权益损失，公权力机关违反了职务上的注意义务，具有可责性。以上四种情形，只有最后两种违法类型才能成为赔偿责任成立的基础。

结　语

实践证明，执行司法赔偿的有力推进，有利于监督执行不作为、消极执行问题，及时预警执行工作中的问题，发现执行工作的廉政风险点，现阶段的执行审查与司法赔偿运行方式来源于中国的实际情况，有利于充分保障救济权利。破解执行审查与执行司法赔偿的有效衔接，需要当事人、法院、法官的共同努力，如果将其视为司法历史发展的一部分，在坚持以人为本的理念下，我们就会看到执行审查和执行司法赔偿的衔接运行在法治中国建设中具有保障人权的特殊意义。

① 参见蒋成旭：《国家赔偿违法要件的基本构造》，载《法学家》2021 年第 5 期。

上市公司股票司法拍卖情况调研分析

金　洋*

内容摘要：2018 年以来，股票司法拍卖执行案件数量翻倍增长，诸多新型问题、复杂问题、专业问题亟待出台执行规范。本文通过对公开可检索的 4900 宗司法拍卖数据进行分析，体现全国范围内股票司法拍卖的概况，梳理执行一线股票司法拍卖的实操总结、有益探索与实践疑惑，以期为股票执行统一规则的制定提供数据参考与实务样本，推动上市公司股票司法处置的效率化与规范化。

关键词：执行　上市公司　股票　司法拍卖

目前，上市公司股票执行仍处于实践摸索阶段，尚没有专门法规或统一指引。上海金融法院和深圳市中级人民法院依托沪交所、深交所，形成具有地方特色的股票执行工作指引。但对大部分法院来说，上市公司股票处置仍是执行中的新型问题、复杂问题，各法院对上市公司股票执行的理念、思路、处置方法有较大差异。2022 年 9 月，武汉市中级人民法院进一步深化“分段集约 繁简分流 类案集中”的执行模式，开始尝试由集中团队办理证券类案件，并组建了证券基金执行团队。团队组建以来，执行足迹遍布北京、上海、深圳证券登记结算部门及各券商营业部，累计处置上市公司股票 9. 31 亿股，公募基金份额 12316 万份，私募

* 湖北省武汉市中级人民法院三级法官助理。

基金份额 13817 万份，2023 上半年执行到位 20 亿余元。现结合执行办案实际，对上市公司股票司法拍卖进行如下调研分析。

一、概况与特点：近五年全国法院股票司法拍卖数据分析

司法拍卖是处置大额上市公司股票的主要方式。《最高人民法院关于人民法院网络司法拍卖若干问题的规定》（以下简称《网拍规定》）第 2 条确定了法院拍卖处置财产的网络拍卖优先原则。鉴于此，在样本来源上，笔者选取了经最高人民法院审查并纳入名单库的七家全国性司法拍卖网络平台[①]公开可检索的司法拍卖信息，基本涵盖全部拍卖平台。样本范围上，考虑到新冠疫情对金融市场的影响，采集近三年数据也许不能准确反映上市公司股票司法拍卖的客观情况，故将数据采集的时间范围向前延伸，确定为全国法院在 2018 年 1 月 1 日至 2023 年 5 月 31 日期间以司法拍卖方式处置的可公开检索的全部上市公司股票。经大量搜集整理、分析合并工作，共梳理出上市公司股票有效司法拍卖 4900 宗，拍卖数据 68600 项，[②] 以期比较全面、客观地体现全国范围内上市公司股票司法拍卖的概况。

（一）基本情况

第一，上市公司股票司法拍卖挂拍情况见表 1。

---

① 即淘宝网、京东网、公拍网、人民法院诉讼资产网、融 e 购、中国拍卖行业协会网、北京产权交易所司法拍卖平台。

② 每个拍品拍卖即一宗司法拍卖行为，每宗司法拍卖采集的数据项目包含拍卖法院、拍卖标的、拍卖时间、拍卖环节、起拍价、评估价、成交价、溢价率、围观人数等 14 小项。

表 1　上市公司股票司法拍卖挂拍情况

年度	涉及案件数（件）	总拍品数（件）	其中一拍件数（件）	其中二拍件数（件）	其中变卖件数（件）	涉及上市公司股票只数	其中 ST 股票只数	上拍股票总数量（亿股）	总起拍价（亿元）
2018	56	99	61	33	5	46	6	19.45	80.64
2019	165	420	311	94	15	136	22	104.31	292.38
2020	385	1014	750	218	46	228	33	217.11	717.90
2021	480	1357	1014	281	62	333	66	281.29	1201.76
2022	445	1450	1014	338	98	297	71	450.17	859.79
2023①	186	560	386	149	25	143	33	149.22	388.11

第二，上市公司股票司法拍卖成交情况见表 2。

表 2　上市公司股票司法拍卖成交情况

年度	总拍品件数（件）	总成交拍品件数（件）	其中一拍成交件数（件）	其中二拍成交件数（件）	其中变卖成交件数（件）	总成交价（亿元）	总成交率	流拍率
2018	99	33	25	6	2	32.42	33.33%	56.57%
2019	420	123	91	31	1	104.01	29.29%	48.33%
2020	1014	258	188	64	6	217.77	25.44%	57.40%
2021	1357	541	402	124	15	430.10	39.87%	36.26%
2022	1450	569	392	164	13	373.17	39.24%	42.97%
2023②	560	171	103	58	10	184.47	30.54%	45.18%

第三，上市公司股票拍卖法院情况见表 3。

① 2023 年度数据统计期间为 2023 年 1 月 1 日至 2023 年 5 月 31 日。

② 2023 年度数据统计期间为 2023 年 1 月 1 日至 2023 年 5 月 31 日。

表3 上市公司股票拍卖法院情况

年度	涉拍法院数量（家）	上拍数量前五法院及拍品数	单位：件
2018	39	上海市第一中级人民法院	13
		石家庄市中级人民法院	13
		深圳市福田区人民法院	7
		普宁市人民法院	4
		北京市第一中级人民法院、北京市海淀区人民法院、马鞍山市当涂县人民法院、广州市番禺区人民法院、临沂市中级人民法院、西安市中级人民法院、绍兴市越城区人民法院、绍兴市中级人民法院、深圳前海合作区人民法院	3
		北京市朝阳区人民法院	2
2019	71	1. 佛山市中级人民法院	69
		2. 北京市第三中级人民法院	49
		3. 深圳市中级人民法院	25
		4. 北京市第一中级人民法院	24
		5. 深圳市福田区人民法院	22
2020	132	1. 乌鲁木齐铁路运输中级法院	101
		2. 佛山市中级人民法院	84
		3. 上海金融法院	70
		4. 北京市第一中级人民法院	67
		5. 深圳市福田区人民法院	60
2021	147	1. 深圳市中级人民法院	98
		2. 上海金融法院	83
		3. 深圳市福田区人民法院	72
		4. 长沙市中级人民法院	65
		5. 杭州市中级人民法院	64

（续表）

年度	涉拍法院数量（家）	上拍数量前五法院及拍品数	单位：件
2022	138	1. 北京市第三中级人民法院	322
		2. 郑州市中级人民法院	85
		3. 成都市中级人民法院	68
		4. 北京市第一中级人民法院、上海金融法均	61
		5. 长沙市中级人民法院	58
2023①	96	1. 无锡市滨湖区人民法院	58
		2. 北京市西城区人民法院	30
		3. 上海金融法院	29
		4. 重庆市第五中级人民法院	24
		5. 揭阳市中级人民法院	24
		6. 沈阳市中级人民法院	22

（二）特点分析

增速快：近五年挂拍股票数年均增长率为 96%。2018 年可视为上市公司股票司法拍卖的“元年”，全年股票拍卖案件仅 56 件，挂拍股票数量为 99 只，总股数为 19.45 亿股。2018 年以后，挂拍股票数量迎来爆发式增长。2022 年，全国法院通过 1450 宗司法拍卖挂拍上市公司股票 297 只、挂拍总量 450.17 亿股。

挂拍多：每 5 只股票中就有 1 只被挂拍。公开信息显示，2022 年，A 股上市公司总数突破 5000 家。② 据笔者统计，全国法院近五年通过司法拍卖共计处置上市公司股票 850 只（同一拍卖标的物仅统计一次），体量上占到 A 股总量的 17%，加上实践中难以统计的以集中竞价、大宗交易、

---

① 2023 年度数据统计期间为 2023 年 1 月 1 日至 2023 年 5 月 31 日。

② 参见《2022 年 A 股收官：上市公司总数破五千家，新股融资额创新高》，载《新京报》2022 年 12 月 30 日。

协议转让、非交易过户等方式处置的股票，股票作为执行财产被司法处置已经非常普遍。

价值大：挂拍均价是法拍房的 125 倍。公开数据显示，2022 年法拍房共挂拍 60.6 万套，挂拍总价 1.4 万亿元，单套房产挂拍均价约 231 万元。2022 年司法拍卖股票 297 只，挂拍 859.79 亿元，单只股票挂拍均价 2.89 亿元。

流通强：近四成股票可通过司法拍卖成交。统计显示，2021 年、2022 年上市公司股票的成交率分别为 39.87%、39.24%。公开数据显示，2021 年、2022 年全国法拍房的成交率分别为 30.9%、19.4%。股票已体现出其相较于不动产更高的流动性和变价率，股票司法拍卖市场成为越来越多股权投资者的目标蓝海。

地域性强：拍卖集中于一线及二线省会城市中级法院。近五年的 4900 宗司法拍卖中，一线城市法院拍卖的有 2029 宗（其中北京 956 宗、深圳 514 宗、上海 466 宗、广州 93 宗），占比 41.4%，二线省会城市中级法院拍卖的占 1076 件（较多的如杭州中院 136 宗、成都中院 100 宗、武汉中院 98 宗），占比 22%。股票司法拍卖地与经济发达程度与上市公司数量呈现正相关性。

平台集中性：约 99%的股票集中于淘宝网和京东网司法拍卖平台。近五年的 4900 宗司法拍卖中，淘宝网司法拍卖平台有 3931 宗，占比 80%；京东网司法拍卖平台有 909 宗，占比 18.6%；其余拍卖平台数据占比 1.4%。拍卖平台的相对集中化与网络司法拍卖服务提供者的技术服务、市场推广和拍卖效果有密切关系。实践中，淘宝网和京东网成为申请执行人选择拍卖平台的主要对象。

二、做法与探索：上市公司股票司法拍卖实操总结

（一）财产发现

线上查询。最高人民法院“总对总”执行网络查控系统目前支持对

自然人、境内一般法人机构和境内非法人机构所持的不超过总股本5%数量的无瑕疵、无限售流通A股的查询。

线下查询。执行人员持查询文书或律师持律师调查令到上市公司股票的托管证券公司或股票交易地点所在的证券登记结算机构查询。

申请执行人提供。申请执行人是证券公司或是股票质权人，申请执行人可向证券登记结算机构直接查询相关情况。

责令被执行人向法院提交近期在沪市、深市、北京交易所查询的持有、变动及冻结清单（被执行人主动配合的极少）。

（二）财产调查

1. 股票基本情况调查

对股票基本情况的调查应主要围绕被执行人持有、冻结（含质押）、持股变动情况，用以判断执行法院是否具备相应处置权或被执行人的财产转移、变动情况。① 中国证券登记结算有限责任公司可就股票的开户、持有、变更、质押、冻结情况向法院提供查询，并提供《投资者证券持有信息》及《投资者证券冻结信息》。信息单中载有详细的股票性质、股票数量、托管券商、冻结信息、司法标记、轮候法院、质押情况。如股票已出质，需关注出质份额、质权人、场内质押还是场外质押的情况。实践中，中国证券登记结算公司上海分公司、深圳分公司、北京分公司可提供异地查询，但不提供异地冻结、扣划。

2. 上市公司基本情况调查

上市公司在执行案件中虽不是被执行人，但司法处置会对上市公司

---

① 股票性质直接影响股票处置方式，交易场所直接影响股票的登记结算及冻结过户地点，流通性质直接影响股票后续处置方式，业绩状况直接影响股票变现价值。股票按照流通性质分为无限售流通股、限售流通股和非流通股，按照交易场所可分为在上海证券交易所交易的主板（股票代码600、601、603、605开头）、科创板（688开头）；在深圳证券交易所交易的主板（000开头）、创业板（300开头）、中小板（002开头）；北京证券交易所的新三板（中小微企业股权转让）。按照业绩状况分为*ST——公司经营连续三年亏损，退市预警；ST——公司经营连续二年亏损，特别处理；蓝筹股——业绩稳定盈利持续的大公司股票；白马股——业绩稳定有高成长性的股票；垃圾股——股价走低经营较差的股票。

股价、经营产生影响，大额股票处置可能导致公司控股股东、实际控制人或者大股东的变更，故在处置前有必要对上市公司及其股票进行调查了解。执行人员通常可通过东方财富网、巨潮网、同花顺、Wind 等网站，输入股票代码，了解公司主营业务、股东、股票所在版块等基本情况，查看近期股价走势、历史高位与低位、换手率、上市公司近半年或年度财务报告及其发布的公告，必要时就待处置股票的情况问询上市公司证券部门，以便在处置中充分关注股票的交易情况、上市公司的经营情况，作出更完善的执行方案。

（三）财产冻结

1. 普通股票冻结

一是线上冻结。目前最高人民法院网络查控系统支持办理不超过总股本5%数量的无限售流通 A 股的初始冻结、解冻、续冻（仅限经系统查询后反馈的股票信息），不支持司法冻结、质押股票及轮候冻结。二是线下冻结。根据《最高人民法院、最高人民检察院、公安部、中国证券监督管理委员会关于查询、冻结、扣划证券和证券交易结算资金有关问题的通知》规定（以下简称《四部门查询、冻结、扣划证券和证券交易结算资金通知》），线下冻结既可以在被执行人所持证券的开户券商营业部办理，也可以在证券登记结算机构办理。如上市公司股票未在证券公司托管，或者系证券公司自营，应在中国证券登记结算机构办理冻结。关于股票冻结效力，如不同执法机关在同一交易日分别在证券公司、证券登记结算机构对同一笔证券办理冻结、扣划手续的，证券公司协助办理的为在先冻结、扣划。股票冻结期限最长为三年；冻结应及于股票股息、红利等孳息，但上市公司增发、配售新股而新增的股票，应当另行依法冻结。[①] 证券登记结算机构名下专门清算交收账户不得整体冻结，证券登记结算机构依法收取并存放于专门清算交收账户内的证券及资金不得冻

---

① 冻结及于孳息表述参考了《广东省深圳市中级人民法院关于强制执行上市公司股票的工作指引》第7条。

结、扣划。[①]

2. 可售性冻结

可售性冻结是指在股票冻结期间允许被执行人自行卖出股票的冻结方式。根据《最高人民法院关于在执行工作中进一步强化善意文明执行理念的意见》第7条，保全冻结上市公司股票后，被保全人申请将冻结措施（限制卖出）变更为可售性冻结（不限制卖出），法院应当准许，并在执行金额范围内冻结被保全人的资金账户；被执行人申请通过二级市场交易方式自行卖出的，法院应当要求其在10个交易日内变卖完毕，特殊情况下，可以适当延长。具体操作是由首封法院向证券公司送达协助执行通知书，证券公司冻结资金账户后向中国证券登记结算分公司申请更改冻结状态，被执行人操作卖出后，价款进入已冻结的资金账户，证券公司将价款划付至法院案款专户。[②]

3. 司法标记

《四部门查询、冻结、扣划证券和证券交易结算资金通知》创新了"司法标记"这一新型冻结方式，即不再对质押股票进行冻结，而是对质押股票在系统中进行司法标记。司法标记不影响质押权人处置股票，质押权人仍可就股票变价进行受偿。被司法标记的任意一部分质押股票解除质押的，司法标记即调整为"初始冻结"。与之前的"司法再冻结"对比，司法标记作为新型冻结方式，解决了质押权人作为优先权人处置股票的问题，也保障了首封权人就解除质押的股票及时受偿。司法标记的实务操作与普通股票冻结一致，执行法院向证券登记结算部门或证券公司发出协助冻结要求，证券登记结算部门在系统中进行司法标记。有司法标记的股票即质押股票上存在首封权人利益，之后有其他机关要求冻结的，则系轮候冻结。

① 详见《四部门查询、冻结、扣划证券和证券交易结算资金通知》（法发〔2008〕4号）第4~6条。

② 实践中，中国证券登记结算北京分公司、上海分公司、深圳分公司均在《协助执法业务指南》中规定可售性冻结应由托管证券公司办理，分公司不直接受理。

（四）财产处置

1. 股票常见的财产处置方式

目前，法律及相关司法解释暂未对不同情形下如何进行股票司法处置进行明确规定。结合执行实务及上海、深圳等地方法院实务规范，上市公司股票目前有七种司法处置方式，最常见的是集中竞价强制卖出、大宗交易方式强制卖出和网络司法拍卖。此外还有被执行人自行卖出、协议转让（以股抵债）①、非交易过户方式强制卖出②、大宗股票司法协助执行③。

2. 质押股票被冻结，质押权人实现质权的方式

根据《四部门查询、冻结、扣划证券和证券交易结算资金通知》规定，结合实务操作，质押权人实现质权主要有三种方式：一是自行变价股票（多见于场内质押，质押权人可通过违约处置自行变价股票），质押权人在证明其质权人身份，并举证质押债权条件已成就后，向首封法院申请变更可售性冻结，自行处置后变价款进入资金账户，再向首封法院要求在质押债权金额内发还；二是协议转让股票，质押权人向首封法院申请，首封法院审查质押债权条件已成就，且不损害当事人、国家及社会公共利益且能控制价款的前提下，可以允许质押权人在债权金额内协议转让股票；三是强制变价，当质押权人是申请执行人时，也可以就质押股票通过二级市场集中竞价、大宗交易、司法拍卖等方式变价受偿。如执行法院不是首封法院，应当由执行法院向首封法院基于优先权商请移送质押股票的处置权。

① 协议转让以股低债是指经双方当事人同意，在不损害其他债权人权益和公共利益的情况下，执行法院按照不低于过户前一日收盘价的价格，将冻结的无限售流通股以非交易过户的方式直接划转到申请执行人名下用于抵债。

② 该种方式与非交易过户方式相同，区别是将股票变卖并划转给第三人，由第三人购买股票清偿债务。

③ 此为上海金融法院创新的大宗股票处置模式，也是上海金融法院独有的处置方式。其与大宗交易处置的最大区别在于可以将大宗股票拆分，再利用司法协助执行平台进行询价竞买。

3. 网络司法拍卖上市公司股票的基本流程

（1）财产调查。

（2）拍卖合议：根据《网拍规定》第27条，起拍价及其降价幅度、竞价增价幅度、保证金数额和优先购买权人竞买资格及其顺序等事项，应由人民法院依法组成合议庭评议确定。

（3）送达拍卖通知：根据《网拍规定》第16条，执行法院应于公告发布三日前向双方当事人送达拍卖裁定书、拍卖通知书，向上市公司送达拍卖通知；经咨询，证交所表示无须向其送达拍卖通知。

（4）发布拍卖公告：根据《网拍规定》第12条，拍卖不动产或其他财产权的，应在拍卖日前30天公告。

（5）拍卖后合议：一拍成交并在限期内缴纳尾款的，合议庭对拍卖结果进行合议，制作拍卖成交文书；一拍成交但未在限期内缴纳尾款构成悔拍的，合议庭对是否构成悔拍合议并合议重新挂拍问题；一拍流拍的，对二拍的起拍价、增加幅度、保证金、拍卖日期等进行合议，准备二拍。

（6）核税过户：证券登记结算部门收到拍卖裁定、协执后对双方应负担的印花税、过户费进行核定，法院应及时通知买受人及被执行人按照缴费通知，现场缴纳或转账汇款。税费缴清后，由证券登记结算部门办理股票过户。

（7）退税：买受人垫付应由被执行人负担的税款的，限期向法院提供税费发票，法院办理退税。

（8）案款发还：在扣除执行费、司法拍卖辅助费用、买受人退税后将剩余金额发还申请执行人。

4. 网络司法拍卖公告中需向竞买人特别提示的内容

（1）起拍价确定。如以拍卖日前收盘价为基准确定起拍价，则需在公告中提醒竞买人公告中的价格为展示价格，并非实际起拍价，将于开拍日前对标的起拍价、保证金、增价幅度等进行数据调整，以免造成竞买人对起拍价的错误判断。

（2）竞买人资格告知。一是竞买人需要了解该股票的限购、过户、变更、后续减持的相关政策，禁止持有、买卖上市公司股票的主体不得参与竞买。二是竞买人及其一致行动人已经持有拟拍卖的上市公司股票数额和其竞买的股份数额累计不得超过该上市公司已发行股份数额的30%。如竞买人及其一致行动人累计持有上市公司已发行股份数额的30%仍参与竞买的，需要按照证券法和《上市公司收购管理办法》的相关规定办理，并向执行法院书面报告，在此期间法院中止拍卖程序。三是需在公告中明确，是否接受委托竞买、联合竞买。如管理人以自己的名义参加竞买，但需将股票过户至资管计划名下，上海金融法院有支持此种委托竞买的案例。

（3）市场风险告知。公告期间及竞买成功后，因不可预见的市场因素、政策因素导致的股票价格涨跌、证券退市警告等交易风险由竞买人负担。实践中有买受人刚缴纳完股票尾款，上市公司即发布经营亏损有退市风险的案例，在股票价格下跌的情况下，需在公告中明确提示这一买受风险。

（4）税费负担原则及是否退税。缴纳税费是过户的前提条件，税费金额直接关系竞买人的交易成本、申请人的债权实现金额及被执行人的费用负担，股票拍卖中各方均对税费问题非常关注。执行法院应在执行调查、拍卖公告、强制过户阶段厘清税费问题。

司法拍卖前，执行法院需在执行调查时，就股票过户是否涉及相关方补缴税费询问证券公司或证券登记结算部门，涉及竞买人补缴的，应在标的物调查情况中明确公告。拍卖公告中，一是需要明确税费负担的原则，根据《网拍规定》第30条，因网络司法拍卖本身形成的税费，应当依照相关法律、行政法规的规定，由相应主体承担；没有规定或规定不明的，人民法院可以根据法律原则和案件实际情况确定税费承担的相关主体、数额。二是需要明确退税条件及流程。因实践中被执行人不配合缴税的情况下股票无法强制过户，买受人垫付税款的情形比较多，从竞买人权益保护角度出发，公告中需对是否退税、如何退税、退税期限进行明确。三是需要提醒竞买人提前调查了解税费情况。拍卖成交后，执行法院应当按照中国证券登记结算部门的缴税要求，通知被执行人及买受人及时缴税，以便顺利过户。按照中国证券登记结算有限公司公布的《上海市场、深圳市场业务收费及代收税费标准》，司法拍卖强制过户的股票主要涉及证券交易印花税与交易过户费。①

（五）财产过户

确认拍卖成交的情况下，执行法院在过户裁定中应一并强制解除股票上的权利负担。实务操作中应注意：一是过户裁定表述需明确解除质押与冻结，一般可表述为“解除对被执行人所持有的××公司×股股票（证券简称：证券代码：证券类别）的冻结及相应质押，将被执行人所持有的××公司×股股票过户至买受人×名下（身份证号/社会统一信用代码：证券账户）”；二是协助执行通知书需参照扣划文书格式要求。因股票系种类物，如所扣划证券已办理质押登记，应在协执中标注质押登记编号与原冻结文书号，并提供买受人身份信息及证券账户号；三是实践中股票解押和解冻基本遵循“质押地解押，冻结地解冻”的原则。②

三、问题与规制：上市公司股票司法处置的实践迷茫

（一）执行规范较为零散

股票是最常见的证券。股票与其他财产相比，专业性、市场性的特

① 根据2023年8月27日财政部、税务总局发布的《关于减半征收证券交易印花税的公告》，证券交易印花税实施减半征收，故上海及深圳市场代收A股印花税的标准由成交金额的千分之一，调整为万分之五向过出方（被执行人）收取。交易过户费按过户股票数量（面值）的千分之一向双方收取，最高10万元。

② 以中国证券登记结算上海分公司的司法协助窗口操作要求为例：上市公司股票场内质押的，应由相应证券公司解除质押；场外质押的，在证券登记结算部门解除质押。证券公司冻结的，在证券公司办理解冻及过户，证券登记结算部门办理冻结的，在证券登记结算部门办理解冻及过户。如股票在证券公司办理质押登记，但在证券登记结算部门办理冻结的，可由证券公司解除质押后由证券登记结算部门办理解押及过户。

点尤其突出。股票执行要求执行人员既了解执行法规，又具备证券常识。最高人民法院在2004年至2016年陆续就证券冻结、扣划出台五个通知用于指导证券执行实践。笔者将现行股票执行法律、司法解释及地方性实务指引归纳如下，可以看出实务中有关股票执行的规范仍较为零散、股票处置方面的执行细则仍较为匮乏，缺少证券执行的原则规定与操作细则，亟待出台相关专门性的司法解释用于规范证券执行行为，见表4。

表4　现行股票执行法律、司法解释、地方性实务指引及监管规章

	文件名称	简称
一、法律、司法解释及地方实务指引类		
1	《中华人民共和国民事诉讼法》（2021年修正）	民事诉讼法
2	《最高人民法院关于适用〈中华人民共和国民事诉讼法〉的解释》（2022年修正）	《民事诉讼法解释》
3	《最高人民法院关于人民法院民事执行中拍卖、变卖财产的规定》（2020年修正）	《拍卖、变卖规定》
4	《最高人民法院关于人民法院网络司法拍卖若干问题的规定》（法释〔2016〕18号）	《网拍规定》
5	《中华人民共和国证券法》（2019年修订）	证券法
6	《中华人民共和国证券投资基金法》（2015年修正）	证券投资基金法
7	《最高人民法院关于冻结、扣划证券交易结算资金有关问题的通知》（法〔2004〕239号）	《冻结、扣划证券交易结算资金通知》
8	《最高人民法院、最高人民检察院、公安部、中国证券监督管理委员会关于查询、冻结、扣划证券和证券交易结算资金有关问题的通知》（法发〔2008〕4号）	《四部门查询、冻结、扣划证券和证券交易结算资金通知》
9	《最高人民法院关于部分人民法院冻结、扣划被风险处置证券公司客户证券交易结算资金有关问题的通知》（〔2010〕民二他字第21号）	《冻结、扣划被风险处置证券交易结算资金通知》
10	《最高人民法院、中国证券监督管理委员会关于试点法院通过网络查询、冻结被执行人证券有关事项的通知》（法〔2016〕72号）	《试点网络查询、冻结证券通知》
11	《最高人民法院关于在执行工作中进一步强化善意文明执行理念的意见》（法发〔2019〕35号）	《善意文明执行意见》

（续表）

	文件名称	简称
12	《最高人民法院、最高人民检察院、公安部、中国证券监督管理委员会关于进一步规范人民法院冻结上市公司质押股票工作的意见》	《规范冻结上市公司质押股票工作意见》
13	《广东省深圳市中级人民法院关于强制执行上市公司股票的工作指引（试行）》	《深圳中院股票执行指引》
14	《上海金融法院关于执行程序中处置上市公司股票的规定（试行）》	《上海金融法院股票处置规定》
二、监管规章及实施细则类		
1	《上市公司股东、董监高减持股份的若干规定》（中国证券监督管理委员会〔2017〕9号，发布日期：2017年5月26日）	《减持新规》
2	《上海证券交易所上市公司股东及董事、监事、高级管理人员减持股份实施细则》（发布日期：2017年5月27日）	《上交所减持细则》
3	《深圳证券交易所上市公司股东及董事、监事、高级管理人员减持股份实施细则》（发布日期：2017年5月27日）	《深交所减持细则》
4	《上海证券交易所关于进一步明确上市公司大股东通过大宗交易减持股份相关事项的通知》（发布日期：2013年2月16日）	《上交所大宗交易减持细则》
5	《上市公司收购管理办法》（中国证券监督管理委员会，修订日期：2020年3月20日）	《上市公司收购管理办法》
6	《中国证券登记结算有限责任公司上海分公司协助执法业务指南》（中国结算沪业字〔2023〕13号，修订日期：2023年2月）	《上海协助执法指南》
7	《中国证券登记结算有限责任公司深圳分公司协助执法业务指南》（中国结算深业字〔2021〕16号，修订日期：2022年5月31日）	《深圳协助执法指南》
8	《中国证券登记结算有限责任公司北京分公司协助执法业务指南》（中国结算京业字〔2022〕3号，修订日期：2022年7月）	《北京协助执法指南》

（二）处置方案随意性大

上市公司股票司法处置方式的选择、财产处置参考价的确定、股票处置的具体实施方案的制定是股票司法处置的三个核心问题。不同情形下采取何种处置方式，上海、深圳两地在实务指引中存在较大的差别，各执行法院对股票执行的差异更大，存在同案不同执的情形。笔者将常见上市公司股票司法处置方式区别对比见表5。执行实务亟须就股票处置方案形成指导性的规则，指引执行人员根据不同处置方式适用情形、优势与风险，综合考虑市场因素、当事人因素、上市公司因素，结合股票的市场化特点选择恰当的处置方式。

表5 常见上市公司股票司法处置方式对比

序号	区别	集中竞价	大宗交易	网络司法拍卖
1	操作方式	执行法院指令托管证券公司营业部，根据证券数量，在10～30个交易日内强制售出，并将变卖价款划付到法院账户	法院指令托管证券公司营业部在合理期限内以大宗交易的方式卖出	网络司法拍卖平台拍卖
2	适用情形	股票数量较少、交易金额较小，流通性强，抛售不会导致股价大幅度波动的	股票数量较大，或价值较大，抛售可能导致股价大幅度波动的	1. 股票数量大，价值高，上市公司股权关系复杂，通过二级市场处置风险大的 2. 受《减持新规》影响无法通过二级市场减持的 3. 限售股、存托凭证、新三板等流通性较差的股票

（续表）

<table>
<tr><th>序号</th><th>区别</th><th>集中竞价</th><th>大宗交易</th><th>网络司法拍卖</th></tr>
<tr><td>3</td><td>适用举例</td><td colspan="2">根据《深圳证券交易所交易规则》与《上海证券交易所交易规则》，A 股单笔交易数量不低于 30 万股，交易金额不低于 200 万元是大宗交易的门槛线。
因此上海金融法院也规定数量小于 30 万股或交易金额小于 200 万元采用集中竞价，大于该数的，采用大宗交易司法协助，上海金融法院创新采用“大宗股票司法协助”可以化整为零，拆分出售，但仅针对上海金融法院的案件</td><td>根据《减持新规》持股 5%以上的股东是减持（卖出股票）约束的对象
深圳中院以占股本 5%为分界线，股本 5%以上的司法拍卖，5%以下符合大宗交易条件的，采用大宗交易，不符合大宗交易或大宗交易剩余股票，采用集中竞价</td></tr>
<tr><td>4</td><td>处置价</td><td>实时竞价，处置价为卖出时的市场价</td><td>1. 可采取与买家议价的方式，达成一致后在大宗交易系统申报，一对一成交
2. 采取竞价的方式，发布卖出意向后由买家报价，价高者得</td><td>《拍卖、变卖规定》第 4 条规定，参照市场公开交易价格
上海金融法院首拍不低于上市公司股票前 20 个交易日收盘平均价的 90%，深圳中院为不低于财产处置参考价的 70%</td></tr>
<tr><td>5</td><td>优势</td><td>变现快，操作简单</td><td>交易时间在股票收盘后，不纳入证券交易所指数计算，对被执行人当日股价没有直接影响</td><td>1. 处置平稳，对二级市场影响小
2. 不受《减持新规》约束
3. 为有流通限制的股票提供处置平台</td></tr>
<tr><td>6</td><td>风险</td><td>抛售股票对股价、上市公司、证券市场产生波动，受《减持新规》约束</td><td>1. 如股票数量大，流通性差，难以找到愿意接收的买家
2. 受《减持新规》约束
3. 因大宗交易买受方买入后 6 个月内限制交易，业绩差的股票难以通过大宗交易卖出</td><td>1. 需公告 1 个月，处置周期长
2. 执行法院处置流程较复杂，涉及确定起拍价、选择拍卖窗口期、通知、公告、买受人咨询、退税、过户事宜
3. 流通性较差的股票有流拍风险</td></tr>
</table>

（三）拍卖定价高低不一

1. 相关规定

《拍卖、变卖规定》第 4 条规定，对于财产价值较低或者价格依照通常方法容易确定的，可以不进行评估。《网拍规定》第 10 条规定，网络司法拍卖应当确定保留价，拍卖保留价即为起拍价。起拍价由人民法院参照评估价确定；未作评估的，参照市价确定，并征询当事人意见。起拍价不得低于评估价或者市价的 70%。《拍卖、变卖规定》第 5 条规定，如果出现流拍，再行拍卖时可以酌情降低保留价，但每次降低的数额不得超过前次保留价的 20%。《深圳中院股票执行指引》第 18、19 条规定，无限售流通股以拍卖日前 20 个交易日的平均收盘价确定财产处置参考价，一拍不得低于财产处置参考价的 70%，二拍降价幅度不超过一拍起拍价的 20%。《上海金融法院股票处置规定》第 29 条规定，无限售流通股的处置保留价不低于该上市公司股票前 20 个交易日收盘平均价的 90%。

2. 执行做法

实践中，即便是同一标的物，因处置情形不同、执行方案不同，执行法院的操作也有较大不同。总体来说，在第一次拍卖中，执行法院以拍卖日前上市公司股票前 20 个交易日收盘平均价的 70%~100%确定处置价的居多，也有少数法院按照挂网公告日前 20 个交易日收盘平均价的 70%~100%确定处置价，另有按照前一日收盘价确定财产处置参考价的情况见表 6。笔者认为，因挂拍日和拍卖日之间还有 30 日的公告期，选择拍卖日前交易日均价更能公允地体现股票拍卖时的市场价值，至于在法律规定的不得低于财产处置参考价的 70%内如何确定起拍价，需要以促进最大限度财产变现为目的，结合股票具体情况来分析。各执行法院二拍一般在一拍流拍价的基础上降价 10%~20%，具体情况见表 7。

表6　各执行法院确定起拍价定价方式（一拍）

序号	执行法院	拍品	拍卖日	起拍价定价方式
1	杭州中院	新潮能源	2019. 9. 27	开拍日前90个交易日收盘价的平均值
2	杭州中院	新潮能源	2019. 9. 27	开拍日前90个交易日收盘价的平均值
3	山东高院	新潮能源（限售流通股）	2019. 8. 23	开拍日前最后一个交易日股票收盘价
4	武汉中院	新潮能源	2023. 3. 24	开拍日前90个交易日收盘价的8折
5	北京二中院	新潮能源	2023. 2. 5	挂拍日前20个交易日均价的8折
6	东营中院	新潮能源	2022. 12. 1	拍卖公告未说明，直接明确价格
7	南京市栖霞区人民法院	森源电气（002358）	2023. 2. 13	开拍日前20个交易日的收盘价均价的9折 开拍日前一个交易日收盘价的8折 （两种方式择其低）
8	南京市建邺区人民法院	越博动力（300742）	2023. 2. 9	开拍前2个交易日（含）的前30个交易日收盘价均价7折
9	上海一中院	浙江瀚叶（600226）	2023. 2. 4	开拍前20个交易日的收盘价均价的9折
10	成都中院	迅游科技（300467）	2023. 1. 31	开拍前20个交易日的收盘价均价
11	深圳中院	皇庭国际（000056）占上市公司总股本5%以上	2023. 1. 30	开拍前20个交易日的收盘价均价
12	上海金融法院	猛狮3（400144）退市至股份代办转让系统	2023. 1. 17	评估价的90%

表 7　各执行法院股票二拍定价情况

序号	执行法院	证券名称	拍卖程序	拍卖时间	二拍折扣	交易数量
1	北京二中院	猛狮 3（证券代码：400144）已退市	一拍	2022. 11. 22	8 折	29180157 股
			二拍	2023. 1. 10		
2	成都中院	蓝光发展（证券代码：600466）A 股	一拍	2022. 12. 27	8 折	529. 7754 万股
			二拍	2023. 1. 16		
3	汕头中院	宜华健康（证券代码：000150）A 股	一拍	2022. 12. 17	7. 8 折	35672000 股
			二拍	2023. 1. 13		
4	揭阳中院	惠同新材（证券代码：833751）新三板	一拍	2022. 11. 30	9. 3 折	56 万股
			二拍	2022. 12. 30		
5	北京三中院	ST 泰禾（证券代码：000732）A 股	一拍	2022. 9. 27	8 折	13224 万股
			二拍	2022. 11. 28		
6	南京市建邺区人民法院	ST 新研（证券代码：300159）A 股	一拍	2022. 9. 23	原价	20620110 股
			二拍	2022. 11. 26		
7	广州中院	百纳千成（证券代码：300291）A 股	一拍	2022. 10. 25	8 折	3780038 股
			二拍	2022. 11. 15		
8	深圳中院	大晟文化（证券代码：600892）A 股	一拍	2022. 10. 13	8 折	3584 万股
			二拍	2022. 11. 4		
9	北京三中院	庞大集团（证券代码：601258）A 股	一拍	2022. 9. 27	8 折	5000 万股
			二拍	2022. 10. 27		

（续表）

序号	执行法院	证券名称	拍卖程序	拍卖时间	二拍折扣	交易数量
10	北京一中院	ST 太奇（证券代码：870263）新三板	一拍	2022. 8. 30	8 折	2836600 股
			二拍	2022. 10. 25		
11	通化中院	紫鑫药业（证券代码：002118）A 股	一拍	2022. 9. 17	9. 1 折	7000 万股
			二拍	2022. 10. 20		
12	成都中院	华西能源（证券代码：002630）A 股	一拍	2022. 9. 27	8 折	1300 万股
			二拍	2022. 10. 18		
13	福州中院	东兴证券（证券代码：601198）A 股	一拍	2022. 7. 30	8 折	4253 万股
			二拍	2022. 9. 3		
14	上海市徐汇区法院	ST 蓝盾（证券代码：300297）A 股	一拍	2022. 3. 20	二拍公告设定价格为一拍流拍价 8 折，但二拍拍卖价设定为前 20 日平均价，实际以 5. 6 折成交	1990 万股
			二拍	2022. 7. 23		
15	上海金融法院	ST 爱迪尔（证券代码：002740）A 股	一拍	2022. 4. 14	二拍公告设定价格为一拍流拍价 8 折，但二拍拍卖价设定为前 20 日平均价，实际以 7. 4 折成交	15921259 股
			二拍	2022. 6. 22		

（四）监管冲突亟待厘清

监管合规主要涉及法律法规、证监会、上交所、深交所等作出的关于股东减持、股票限售、信息披露的要求。

1. 减持与限售冲突

根据《减持新规》《上交所减持细则》《深交所减持细则》，如被执行人是上市公司控股股东、实际控制人、拥有5%以上股份的股东（大股东）、公司董事、监事、高级管理人员及其一致行动人，以及持有IPO发行或非公开发行股份的股东（特定股东）则触发监管要求。上述减持要求通过集中竞价减持股份，连续九十日内减持股份总数不能超过公司股份总数的1%。对于通过非公开发行持有的限售股，在解除限售条件后，通过集中竞价方式减持需满足自解除限售起十二个月内，减持数量不得超过持有的该次非公开发行股份数量的50%。对买受人来说，通过集中竞价方式受让大股东、特定股东减持的股份，没有持有期限限制；通过大宗交易减持股份，连续九十日内减持股份总数不能超过公司股份总数的2%。受让方在通过大宗交易受让后的六个月内，不得转让所受让股份。

《减持新规》规定，因司法强制执行、执行股权质押协议、赠与、可交换债转股、股票权益互换等减持股份的，应当按照本规定办理。但执行实务中，通过二级市场指令证券公司通过集中竞价或大宗交易强制卖出的，遵守《减持新规》大量股票司法拍卖案件及执行异议案件审理结果显示，司法拍卖不受《减持新规》限制。执行法院普遍认为证监会的规范性文件或深交所、上交所的行业规定，不能对抗法院的强制执行，法院拍卖涉案股票，不属于减持情形。如上海金融法院（2022）沪74执异84号、（2021）沪74执异170号、深圳福田法院（2018）粤0304执异1号、北京高院（2022）京执复72号、深圳中院（2019）粤03执复424号、成都中院（2021）川01执异2928号，均以司法拍卖不违反法律法规及司法解释为由，驳回申请人关于拍卖违反《减持新规》的异议。

有关股票减持限售监管规定与司法处置的冲突虽有实践惯例，但仍需厘清冲突予以规范。

2. 上市公司信息披露

通过集中竞价方式减持的，上市公司计划减持前需提前十五个交易日向沪深交易所备案并公告。减持期间进展应及时公布，减持完毕需二个交易日内报告并公告；通过大宗交易减持股份的，并未要求事先备案告知。但受让方及其一致行动人持股超过已发行5%的，应报告证监会、交易所，通知上市公司并暂停交易。有鉴于此，参照《上海金融法院股票处置规定》第39条，采取集中竞价方式强制卖出、大宗交易司法、网络司法拍卖处置股票，可能会导致上市公司实际控制人、大股东、公司董事、监事、高级管理人员减持股份，或上市公司实际控制人、大股东发生变更的，应在股票过户后3日内将处置信息告知证券监管部门、证交所及证券监管机构，由其进行金融监管的合规审查，以实现金融监管与司法处置的恰合。

四、建议与展望：股票司法处置的效率与规范之路

（一）效率之路

证券市场瞬息万变，证券司法处置要快、要准、要稳。股票交易有典型的市场性，司法拍卖最终能否成交、以何价格成交，是否能够溢价成交均有不确定性。了解竞买人参拍的关切点，有利于从市场化的角度，优化执行方案，促进股票成交，提供更优质更贴近市场的司法服务。法院可以优化执行细节，推动小额股票溢价成交：一是征询当事人意见的情况下，选择恰当的拍卖窗口期；二是避免尾款缴纳时间过短，造成竞买人融资的紧迫局促；三是公告期间及时受理答复买受人咨询，拍卖成交后尽快办理过户及退费手续，降低买受人融资成本。在大额股票司法处置的案件中，法院有空间尝试通过司法拍卖在清偿债权的同时，为上市公司引入优质的股权投资者，也达到促进溢价成交的目的。

（二）规范之路

股票执行是执行实务的热点、难点，亟待形成统一规范，用以指导执行实践。上市公司股票处置方案的制定，考验执行法官的政治智慧、法治智慧和执行智慧。处置方案即要思虑周全，又要快速出击；既要妥善维护当事人、上市公司各方利益，又要尽可能降低对证券市场的影响，防范市场风险，避免引起股票价格大幅波动。概括而言，证券执行要遵循三个原则：一要确保证券市场稳定；二要维护各方利益；三要遵循股票市场化特点，追求标的物价值最大化。

【执源治理】

执源治理的现实背景、实践探索与体系构建

——以上海市的执源治理为样本

钟 明* 周青松** 吴 艳***

"法治建设既要抓末端、治已病，更要抓前端、治未病。"① 2019 年 7 月，中央全面依法治国委员会通过《关于加强综合治理从源头切实解决执行难问题的意见》，首次从中央层面提出要从源头切实解决执行难问题。2023 年 5 月 19 日，最高人民法院能动司法（执行）典型案例新闻发布会提出，要促进形成"在立案阶段考虑执行、审判阶段兼顾执行、执行阶段扫除障碍"的工作模式，通过"诉源治理"推进"执源治理"。2024 年 1 月 15 日，最高人民法院院长张军在全国高级法院院长会议上指出，要深化执源治理，解决执行案件长期高位运行的问题。最高人民法院执行局也就执源治理进行了专题调研，并提出要内外共治推进执源治理，要加快推进"终本清仓""执破融合"两个"出清"。② 本文以上海市闵行区人民法院（以下简称闵行法院）2021 年至 2022 年的执行案件切入，对执源治理的背景进行剖析，以上海市为主对执源治理的实践进

---

* 上海市高级人民法院执行局局长。

** 上海市闵行区人民法院执行局审判员。

*** 上海市闵行区人民法院执行局法官助理。

① 习近平：《坚定不移走中国特色社会主义法治道路 为全面建设社会主义现代化国家提供有力法治保障》，载《中国民政》2021 年第 6 期。

② 黄文俊、王富博、刘永存：《新时代人民法院"执源治理"问题研究》，载《中国应用法学》2023 年第 6 期。

行分析，提出执源治理的体系构建和制度完善，以期为执源治理提供参考。

一、缘由：执源治理的现实背景

（一）执行案件高发的主要表现

闵行区经济活动活跃，社会纠纷多元，法院执行案件居当地前列，相关案件具有代表性和典型性，以2021年1月1日至2022年12月31日执结的32017件初执案件为例，呈现出如下特点。

1. 大量小标的案件进入执行

从执行案件申请标的来看，绝大部分申请标的额在50万元以下，占比89.18%，其中1万元~10万元占比为64.05%（见图1）。而从执行完毕案件金额的分布来看，在4465件执行完毕的金钱债权案件中，申请标的额在1万元以下的1621件，占比为26.8%；申请标的额在5万元以下的3497件，占比为78%（见图2）。由此可以看出，在执行完毕的案件中，以小标的案件为主。

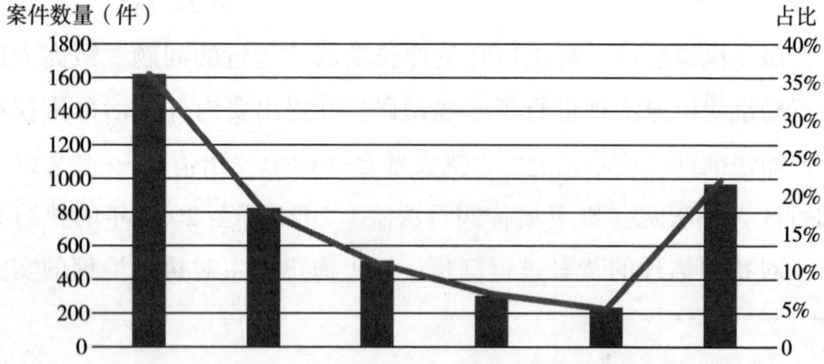

图1　执行案件申请标的额分布情况

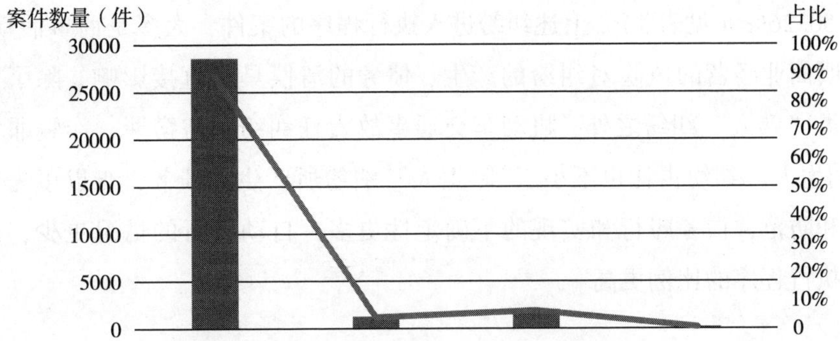

图 2　执行完毕结案案件申请标的额分布情况

2. 执行不能案件逐年堆积

从结案方式来看，结案方式最多的是终结本次执行程序，占比为 47.18%；其次是终结执行，占比为 31.51%。在终结执行结案中，10.37%为和解长期履行（见图 3）。从债权的实现角度来说，终结本次执行程序和以和解长期履行而终结执行的案件，均没有全部实现债权。总体来看，至少有 57%的案件没有全部执行到位。执行不能案件长期堆积，占用了大量执行资源，影响了执行案件办理和资源优化。

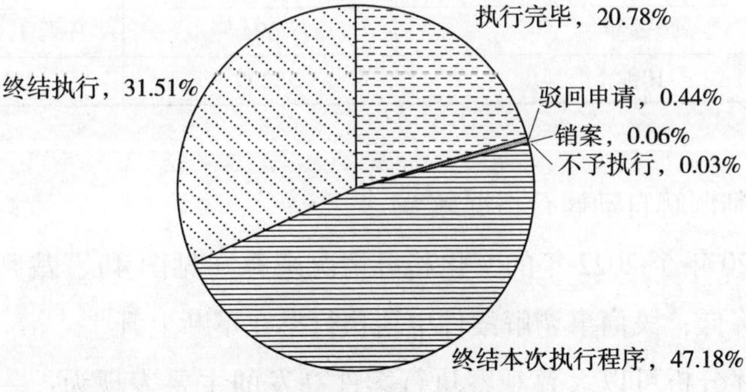

图 3　执行案件结案方式分布情况

3. 社会经济风险不断沉淀

纠纷类型反映了案件双方的交易背景和债务产生的原因。在所有执行案件中，民间借贷、金融借贷等资金融通类纠纷案件数量最大，占比为 50.26%（见表 1）。上述纠纷进入执行程序的案件，大多是商事活动，说明商业经营的风险对纠纷的产生、债务的清偿具有直接影响。除了合同类“熟人”纠纷之外，机动车交通事故责任纠纷、盗窃罪、诈骗罪等“陌生人”纠纷占比也不小。“陌生人”纠纷所产生的债务，难以事先预判和防范，债务履行和实现的不确定性更多，自动履行的情况更少，进入执行程序的比例更高。

表 1　执行案件纠纷类型分布情况

纠纷类型	案件数量（件）	案件占比
资金融通类纠纷	16092	50.26%
买卖合同纠纷	1756	5.48%
房屋租赁合同纠纷	1185	3.70%
劳动类纠纷	2542	4.87%
机动车交通事故责任纠纷	1116	3.49%
仲裁	984	3.07%
融资租赁合同纠纷	825	2.58%
离婚纠纷	425	1.33%
盗窃罪	399	1.25%
诈骗罪	394	1.23%
其他	6299	19.67%

4. 裁判调解自动履行情况较差

从 2020 年至 2022 年的变化趋势情况来看（见图 4），裁判自动履行率在不断降低，民商事调解案件申请执行率在不断上升。

从上述分析可以大致观察执行案件高发的主要表现为：一是大量小标的案件进入执行程序，其中有较多本不应该或者不必要进入执行程序的小标的案件。二是执行结案中集中为终结本次执行结案和终结执行结案，大量执行不能案件进入执行程序。三是经营性的商事交易风险和侵权、犯罪等社会风险所产生的债务在执行程序中沉淀。上述三种表现，是执源治理的现实背景，也是执源治理的最大实际。

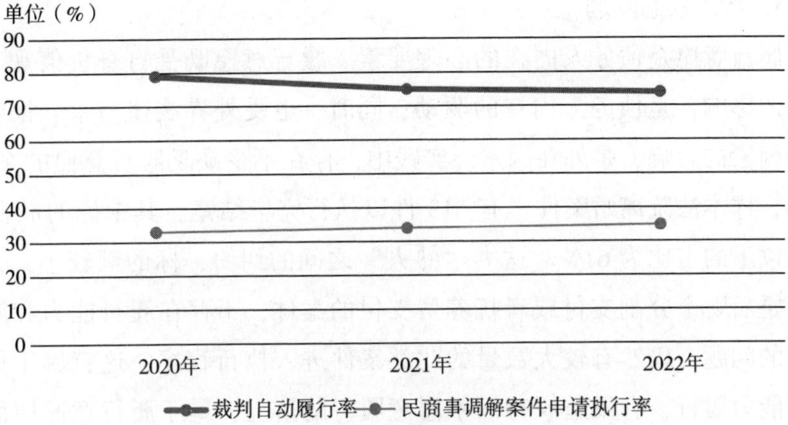

图 4　裁判自动履行率和民商事调解案件申请执行率情况

（二）执行案件高发的成因考察

债务的履行意愿、履行能力、履行渠道是考察债务人状况和执行案件的三个维度，按照这三个要素进行排列组合，可以组合出 8 种不同的债务履行模型（见表 2）。本文从影响执行案件的三要素进行剖析，从而更深入地认识执行案件产生的成因以及执行难的种种表现。

表 2　债务履行模型

序号	履行意愿	履行能力	履行渠道
1	有履行意愿	有履行能力	有履行渠道
2	有履行意愿	有履行能力	无履行渠道
3	有履行意愿	无履行能力	有履行渠道
4	有履行意愿	无履行能力	无履行渠道
5	无履行意愿	有履行能力	有履行渠道
6	无履行意愿	有履行能力	无履行渠道
7	无履行意愿	无履行能力	有履行渠道
8	无履行意愿	无履行能力	无履行渠道

1. 履行意愿问题

履行意愿是债务人内在的心理要素。履行意愿既受自身价值观、道德观的影响，是债务人内在的驱动；同时，也受外界法律后果、社会评价等因素的影响，是外在因素。实践中，存在不少缺乏履行意愿的案件。比如，样本法院离婚案件中有 313 件以执行完毕结案，其中标的额在 10 万元以下的占比为 61%。这类"熟人"之间的纠纷，标的额较小，大多是离婚后财产分割支付或者抚养费支付的案件，不存在履行能力和履行渠道的问题，仍然有较大数量的此类案件进入执行程序，这就属于债务人有能力履行、有渠道履行而不愿意履行的情况，属于履行意愿层面的问题。

2. 履行能力问题

履行能力属于客观层面的问题。通常而言，债务人的经济状况处于变动之中，责任财产也在变动之中。如果债务超过了责任财产，就产生了债务人客观上没有履行能力的情况。履行能力欠缺，既可能是债务人自己经营不善导致，也可能受到外界经济环境冲击所致。债务人履行能力欠缺，不包括债务人恶意转让财产导致"资不抵债"的情形。对于债务人欠缺履行能力的情况，属于执行不能，是债权人需要承担的商业风险、经营风险、法律风险和社会风险。样本法院 32017 件初执案件中有 15048 件案件（占比为 47%）因查无可供执行财产而以终结本次执行程序结案，[①] 案件的平均申请执行标的额为 75 万元。债权金额巨大，对债务人清偿能力要求就较高。对于这些借贷类、经营性的债务，执行不能高发，这就属于履行能力问题。

3. 履行渠道问题

有意愿也有能力履行，但是受到种种原因的影响，没有履行的渠道。比如，原、被告双方本来并非"熟人"，因为偶发的侵权等纠纷而引发债权债务。诉讼结束以后，债务人无法获取履行义务的方式，也无法或者

① 这与全国范围内大约有 40% 的案件属于执行不能案件基本一致。参见《如何正确看待"执行不能"》，载《人民法院报》2018 年 7 月 2 日。

不便于与债权人联系，进而无法履行义务。有时候债务人因为没有履行渠道只能等待债权人申请执行，有时候也有债务人主动积极寻求外界帮助进而履行义务。[①] 样本法院的案件中约有10%的债务人有履行能力也有履行意愿，但是缺乏履行渠道。

（三）执源治理的着力点与切入口

分析进入执行程序案件的成因后可以发现，执行案件多，既有经济社会发展的因素，也有社会诚信缺失、执行机制不够完善的因素。一方面，债务人履行意愿缺失，体现了社会诚信缺失。有能力履行而拖延履行，导致一些本不应该进入执行程序的案件进入了执行程序，占用了有限的司法资源，影响了执行案件办理。而且诸多不诚信行为，没有受到应有的追责，法律责任没有落实到位，导致失信行为成本太低。另一方面，需要畅通债务履行渠道，辅助债务人履行义务。虽然债权债务关系属于私主体之间的事务，但是法律仍然为债权债务履行提供诸多的支持。比如，债法上设立了提存制度，主要就是在债权人不为受领或者不能受领时，为顺应债务人的请求而设立，作为清偿代用方法，使债务人的单方行为就可以免除债务。[②]

社会诚信缺失，执行机制欠缺，造成不少不应该进入执行程序的案件进入执行程序，无谓占用了执行资源，也增加了市场交易主体的维权成本，对于整个营商环境都有不利影响。执源治理的着力点和切入点，应该强调“源头管控”和“未病预警”，力求从更高水平上推动解决影响司法公正、制约司法能力的深层次矛盾，以高质量的人民司法切实回应好新时代人民群众的司法需求。

二、现状：执源治理的多样化探索与实践剖析

执源治理派生于诉源治理，立足于从源头治理和综合治理两个角度，

① 参见徐晓琴、王乃志：《“我想申请执行自己”》，载《人民法院报》2022年6月22日。

② 参见史尚宽：《债法总论》，中国政法大学出版社2000年版，第835页。

切实解决执行难问题，是国家社会治理领域重要的制度安排。当前，执源治理探索普遍展开，呈现出了百花齐放的景象。上海各级法院都在积极探索执源治理新形式。

(一) 执源治理的实践情况

1. 执前解纷模式多维展开

在坚持和发展新时代“枫桥经验”的基础上，上海法院着力于完善社会矛盾纠纷多元预防调处化解综合机制，在诉前调解、委托调解、非诉讼程序与司法程序的衔接等方面有着大量的探索。① 例如，闵行法院印发《关于构建“1+5+N”诉源治理体系暨“枫桥式人民法庭”创建工作的总体方案》，以诉前人民调解、基层司法所和网格先行调解“N”个诉外调解单元为依托，用好先行调解政策工具包，打通纠纷诉源治理渠道，从源头上减少审判案件增量。② 执行程序是胜诉人权益兑现程序，从源头上减少执行案件增量，一方面依赖诉源治理的前端成果，另一方面需要执行工作跨前一步化解矛盾。对于如何跨前一步在执前化解矛盾，目前实践层面主要有三种改革探索：执行通知前置模式、执前调解模式、执前督促模式。

(1) 执前通知或执前告知模式。执行通知前置改革主要做法是在审判阶段启动执行通知程序，将执行通知条款写入裁判文书或是以通知书形式与裁判文书同时送达。但是通过司法裁判启动执行权的正当性遭到了理论质疑，并且有观点认为，不再向被执行人另行发出执行通知书的做法剥离了执行通知书的部分功能。③ 为了提高执前解纷效率，同时确保执行通知程序不被架空，上海市青浦区人民法院将执行通知程序前置模式予以变通，在案件诉前调解、诉中审理阶段，向义务人发送自动履行义务告知书，告知义务人诉讼注意事项，并提醒义务人在履行期限内主

① 参见李占国：《诉源治理的理论、实践及发展方向》，载《法律适用》2022 年第 10 期。

② 参见杨敬：《1 体系 5 品牌：看这家人民法院如何描绘诉源治理新图景》，载“上海高院”微信公众号 2023 年 11 月 17 日。

③ 参见邵长茂、周青松：《论执行通知制度之完善》，载《法律适用》2021 年第 1 期。

动履行，释明拒不履行的法律后果，从而达到督促履行的法律效果。上海市第一中级人民法院积极开展“内外共治”，将执前告知模式运用到仲裁程序，通过与上海仲裁委员会、上海国际经济贸易仲裁委员会签署执源治理合作备忘录，建立仲裁执行风险与义务履行告知机制，由法院制作执行风险告知书及义务履行告知书，上海仲裁委员会、上海国际经济贸易仲裁委员会采取合力方式提示当事人。

（2）执前调解模式。执行调解机制主要通过执前调解督促并鼓励当事人自动履行法律义务。上海市杨浦区人民法院通过“府院社企”的联动协作，组建执源治理中心，其中下设“执前和解工作室”（“千纸鹤”工作室），组织双方当事人沟通、协商，促成执前和解并跟进长期和解协议的履行。2024年1月至2月该院自动履行金额共计600余万元，多起案件当事人达成执行和解，进入强制执行的初执收案量较去年同期明显下降。这一模式有利于引导当事人守约履信，促进矛盾实质性化解。但是启用执前调解程序应防范被动调解的程序空转，更要避免贻误财产查控时机。为此，上海法院以自愿为原则，在执前督促或执前调解过程中，主动引导当事人申请采取执行前保全措施，通过保全程序对义务人财产情况开展“总对总”及“点对点”查询，发现有可供执行财产的应立即采取保全措施并告知当事人。

（3）执前督促模式。上海法院在启动执前督促程序前，需要当事人书面提供执前督促的申请书的做法，充分尊重了债权人的意愿。为确保执源治理规范运行，上海法院制度先行，针对近年来信用卡、金融借贷等普惠金融纠纷案件增多、执行质效差的情况，制定了《上海法院关于优化信用卡、金融借款纠纷批量案件执行管理的工作指引（试行）》，重点是把一些执行中的督促工作、查人找物工作提前到执前开展，探索以执前财产筛查和失联修复工作为手段，督促义务人回归到主动履行或者与银行协商履行的轨道上，既保护银行合法债权，又为有履行意愿和能力的义务人畅通履行渠道，防止无差别采取执行强制措施，激化矛盾、扩大失信限高惩戒面。具体而言，执前督促工作包括向义务人发送执前督促履行通知书、开展失联义务人信息修复与执前和解工作、通过保全程序查询义务人财产情况、即时采取执行前保全措施等。目前这套机制已在上海法院全面推广，这种类案治理模式既能有针对性地解决金融机构申请执行核销呆账、追回欠款的诉求，又能够防止批量案件集中进入执行，程序拖累整体质效。

上海市第一中级人民法院采取“线上+线下”相结合的方式，试点开展刑事涉众执行中的债权清收工作。对于小额债权（3 万元以下）先通过债务人案款自助履行平台进行清收，在一定期限内未还款的债务人，再采取立案强制执行的方式进行清收；对于大额债权（3 万元以上）则直接根据追缴裁定，立执行案件强制执行。债务人案款自助履行平台的主要功能是为 P2P 平台的债务人提供一门式自助还款，该平台解决了有自愿还款意向的债务人在 P2P 平台“爆雷”后无法还款的问题，体现了善意执行、便民执行的理念，也节约了司法资源。

2. “立审执破”一体化改革全面展开

诉源治理旨在“立审执破”一体化建设，形成执源治理的综合合力。《最高人民法院关于人民法院立案、审判与执行工作协调运行的意见》已经对“立审执”一体化运行作出了框架性指引，地方法院以此为基准细化标准，建立健全长效工作机制。综观地方法院关于加强“立审执”协调配合的落实意见，人民法院需要在立案、审判、执行各个环节，注重纠纷化解、诉讼引导和法律释明工作，最大限度地化解矛盾纠纷，及时督促当事人自觉履行生效裁判确定的义务，减少进入强制执行程序的案件数量。

上海法院注重在行为给付之债中，引导当事人在诉讼请求中，将行为义务金钱化，进而作出更有利于执行的判项。比如，钢管租赁返还案件中，判决内容为：被告某某公司于本判决生效之日起十日内返还原告某某公司钢管 42646. 3 米、套管 10780 只、顶托 647 只等，如不能归还，则按钢管 10. 5 元/米、套管 3. 6 元/只、顶托 11. 5 元/只等折价赔偿，有效防止租赁物灭失而无法执行、程序空转等问题。

2023年4月，上海市松江区人民法院在审判阶段发出自动履行证明书，就被告主动履行义务的行为予以证明。当事人收到后，顺利解决了企业贷款的燃眉之急、解除了企业经营的后顾之忧，有力激励了当事人自动履行义务。同时，探索“多元解纷+淘宝自行变卖”诉讼中处置资产新模式。2023年3月，上海市宝山区人民法院（以下简称宝山法院）采取“多元解纷+淘宝自行变卖”模式，成功化解一起法定继承纠纷。在诉中引入网络平台协助当事人自行处置房产并化解纠纷，为法院在诉前、诉中资产处置类纠纷处理提供了新思路、新通道，从而在审判中一次性解决了执行问题。

上海法院从调整破产管辖、制定《关于完善破产财产解封处置机制的实施意见》、完善执破协同工作机制等角度推动执破融合。近三年，上海法院成功受理执转破案件148件，其中一些终本案件通过“执转破”程序取得了较好的效果，比如，宝山法院将一家钢结构公司从执行案件中转入破产程序，通过执破协同发力成功引入新的投资人，一揽子化解执行终本案件94件，其中有担保债权、职工债权、税收社保债权清偿率达100%，普通债权清偿率也达到28.2%，这家传统基建企业也因获得新技术项目投资实现新生。

与此同时，上海法院进一步强化数字赋能，通过智慧法院建设健全全流程风险告知和提示制度。依托智能化提示预警系统，执行法官能够第一时间掌握被执行人在另案领款、另案诉讼或是破产立案等关联信息，从而打通了立审执破不同环节的信息壁垒，实现了办案数据的融会贯通。[①]

3. 类案问题源头治理深入推进

在一些特殊领域，诉讼、执行案件高发，呈现出一定的行业性和社会性。为突出重点，有的放矢，部分法院在类案问题源头治理方面深入推进。比如，上海法院在信用卡、金融借款、小额民间借贷纠纷三类特

① 参见陈凤：《上海法院的数字之变》，载《人民法院报》2024年1月4日。

殊案件执源治理领域深入探索。通过主动寻找同类案件多发、高发背后存在的商业模式和社会治理问题，并积极制发司法建议书、执行司法白皮书等促进解决政策制定、行业监管等方面的根源性问题，改变无实效类案大量进入执行程序的生态基础。[①] 对于金融机构为核销不良债务而向法院申请执行的问题，加强与金融机构的沟通协调，助力完善商业银行的内部管理机制和良性催收机制。[②] 2024 年初，上海市高级人民法院印发了《上海法院关于优化信用卡、金融借款纠纷批量案件执行管理的工作指引（试行）》，对上述经验进行总结提炼，在全市深化执源治理工作。目前上海各级法院正积极拓展案件范围，关注一些异常增长的案件类型，将执源治理范围从金融批量案件逐渐扩展到其他类型批量案件，形成更多前端治理的经验。

（二）执源治理实践的剖析

从前文执源治理多样化探索的成果来看，执源治理工作已经在不断探索、深入推进过程中。面对纷繁的探索，需要对价值定位、配套机制以及方式方法等进行剖析反思。

1. 价值定位问题

最高人民法院新修订了案件质效考核指标，坚持质量优先、兼顾效率、关注效果，突出效果导向。从地方法院执源探索的现状来看，无论是执前通知模式、执前调解模式还是执前督促模式，制度价值都是为了督促被执行人自动履行，推进诚信社会治理。“立审执破”一体化推进以及类案问题源头治理，同样服务于法治化营商环境建设。人民法院应坚持个案办理与诉源治理一体推进的原则，除了对个案矛盾的化解，也注

---

① 例如，上海市松江区人民法院向国家金融监督管理总局上海监管局制发沪松法建〔2023〕24 号司法建议，就发卡行信贷风险防范不到位、授信管控不严格等问题提出建议，助力金融产业健康发展。上海市高级人民法院制发《2021—2023 年信用卡及个人信用贷款纠纷案件执行情况通报暨执行司法白皮书》，深入分析此类案件特点、总结现有工作经验并提出工作建议。

② 例如，上海市浦东新区人民法院联合兴业银行从执前督促、执前保全、失联修复等几个方面进行类案治理试点，并以《执前督促保全结果告知书》替代传统的终本裁定书进行坏账核销，防止“执行不能”案件流入执行程序空转，造成司法资源浪费。

重积极延伸司法职能，预防社会矛盾纠纷的发生。把抓前端、治未病贯穿立案、审判和执行各领域全过程，从源头上预防和减少类案多发高发，推动实现双赢、多赢、共赢。因此，执源治理的价值定位必须明确，服务于新时代中国特色社会主义市场经济建设，具体措施的落实应突出司法服务和保障中国现代化的战略目标。

2. 机制配套问题

我国《民事诉讼法》对财产申报制度作了明确规定，被执行人未依法申报财产将会被追究法律责任。然而相对简约的执前通知或执前告知无法达到执行通知书的预期效果，尤其是要求债务人主动申报财产时，对于向谁申报财产、如何申报财产等缺乏制度构建，难以有效实现执行通知前置改革中的要求。“立审执”或者“立审执破”一体化建设需要跨部门联动协调，立执衔接、审执衔接、执破衔接等各环节仍旧存在很多赌点、难点。以审执衔接为例，目前司法实践主要围绕“审前促执”展开，而对“审后促执”缺乏延伸机制，难以形成双源头治理格局。就执转破而言，目前存在执行程序准确甄别破产原因困难、执行程序对破产的制度价值释明不足、执行与破产资源共享缺乏基础等问题。[①]

3. 方式方法问题

从各级法院对外公开的成果来看，目前执源治理点状探索多，往往局限于某项具体措施的运用推广或是典型案例的经验分享，方式方法较为单一，工作机制不够健全。例如，有的法院在开展“为群众办实事示范法院”创建活动期间，为涉诉小微企业出具信用修复证明书，助力企业复工复产。类似案例如果只局限于为群众办实事这一单一价值导向，而未能嵌入执源治理的考核体系，将很难发挥系统化功能。

现阶段我国不同层级法院针对执源治理进路设计得较为分散，突出点状分布的零散性，与体系化、制度化的目标存在差距。缺乏科学的评价体系不仅会在改革路径的选择上产生分歧，还会影响具体措施的落实

① 参见黄建动：《创新立审破一体化机制 优化法治化营商环境》，载《人民司法》2022年第31期。

效果。执源治理只有在价值理念上形成一致，才能最大化凝聚共识，搭建思维框架，明确改革目标，细化方式方法，最终向着制度化方向迈进。

三、提炼与升华：执源治理的体系构建

执源治理的实践在不断丰富，面对丰富的素材和实践探索，需要对其价值、目标、手段等进行探讨分析，从而实现体系化。

（一）价值：促进社会诚信，服务经济建设

诚信是社会良性运转的“软实力”，是社会高效治理的“源密码”。信用惩戒制度在打击规避执行、逃避执行、拖延执行方面发挥了重大作用。但是，作为一项社会工程，只有惩戒，没有激励，结构是不完整的。[①] 信用体系建设需要失信惩戒，更需要正向的激励与引导以激发市场主体活力。社会信用体系的构建依赖于失信惩戒和信用修复双重制度的复合作用。

首先，通过执行联动机制强化联合惩戒力度。虽然最高人民法院已经与国家发改委等 60 家单位合作推进失信被执行人联合惩戒，但是社会上对于加大失信联合惩戒力度的呼声依然很高。在执行难综合治理大格局下，人民法院应与相关职能部门紧密联动，扩大失信联合惩戒的范围，形成“一处失信，处处受限”的治理格局。其次，通过信用修复制度激励失信被执行人退出联合惩戒。信用修复不单是删除或屏蔽已履行义务的失信被执行人信息，更重要的是为其消除影响，重塑社会信誉。最高人民法院院长张军在 2024 年 1 月对执行工作作专题部署时表示，最高人民法院正在修改完善失信限制司法解释，研究制定惩戒分级分类机制和信用修复机制，以使惩戒措施更加精准。

① 参见邵长茂：《构建与高水平社会主义市场经济体制相适应的民事强制执行制度体系》，载《湖湘法学评论》2022 年第 4 期。

（二）目标：促进自动履行，减轻执行负担

相对于执行程序中端强调执行措施的能动运用确保执行到位率，以及执行程序后端通过终本案件核查与恢复机制的完善激活有财产可供执行案件，执源治理强调在执行案件的前端建立预防与分散机制，从源头上减少进入强制执行案件的数量。审判案件与执行案件呈现正态相关性，当遇到司法实践借鉴与推广矛盾不上交的“枫桥经验”时，也应将自动履行率作为“枫桥经验”在权益兑现领域的衍生，通过调解及准执行程序的运作做到矛盾不上交执行部门。通过建立完善自动履行督促机制，减少强制执行的负担，实现执行案件的源头治理。

（三）手段：坚持能动履职，坚持善意文明

依法能动履职贯穿于新时代新发展阶段审判执行工作的始终。人民法院在开展诉源治理时，也要坚持依法能动履职，打破固有办案模式的局限性。以努力让人民群众在每一个司法案件中感受到公平正义为目标，在法律框架内，努力寻求案件处理的最佳方案，通过加强沟通协调，凝聚工作合力，不断做深做实为大局服务、为人民司法。执行工作应遵循法治原则，秉持善意文明执行理念，采取一些灵活有效的方法，创造性地适用法律，促进社会和谐稳定，推动社会经济高质量发展，实现政治效果、法律效果和社会效果的有机统一。人民法院应该主动“走出去”，争取工作支持。执源治理的基础在社会层面，特别是金融类纠纷的执源治理工作基础在金融行业治理层面，在不良债权综合处置层面。

四、体系构建：执源治理的多向发力

执源治理是一项系统工程，需要内外结合、正反作用、多向发力。在系统梳理上海执源治理实践做法的基础上，可以进一步提炼构建执源治理体系。总的来说，要坚持能动履职，通过倡导自动履行、强化执前督促、分流执行案件等，减少执行案件、促进社会诚信。

（一）倡导自动履行

1. 激励自动履行

有诉讼纠纷并不代表市场主体诚信意识缺失，在经济活动中发生纠纷以后，尊重裁判结果，及时履行义务，也属于诚信意识强、信誉良好的市场主体。实践中，一些当事人在履行法院裁判后，由于案件尚未进入执行阶段，无法证明已履行义务，导致其在前往银行贷款时因为有涉诉信息而受限。针对此类情况，可以探索出具自动履行证明书等机制，将其纳入“诚信履行名单库”，并实行动态调整。与此同时，在制度上给予配套制度和激励，对于自动履行义务的主体，在政策、信贷、行政事务等方面给予支持，从而在社会上形成主动履行裁判义务、尊重生效裁判的良好社会氛围。

2. 引导自动履行

履行义务的形态和方式，对自动履行有直接影响。在审判中，要注重为当事人确立适合自动履行的内容，有助于债务人自动履行。加强判前说理，提高当事人对裁判结果的接受程度，并根据案件标的、当事人的履行能力合理确定履行期限，提高当事人自动履行的现实可行性。按照《最高人民法院关于人民法院立案、审判与执行工作协调运行的意见》的规定，注重裁判主文的具体性和明确性，以方便债务人履行义务。

“法之必行”的真正动力是人民尊崇、信仰法律的法治精神，而塑造与培育法治精神的基本条件是人民对法律的知晓、了解乃至认同。① 通过法治宣传，让社会大众从内心遵从法治，讲求诚信，从而及时履行债务，形成良好的社会氛围。与此同时，诚信还是社会主义核心价值观的重要内容。社会主义核心价值观要融入法治国家、法治政府和法治建设全过程，以法治体现道德理念、强化法律对道德建设的促进作用，推动社会主义核心价值观更加深入人心。加强法治宣传，让人民群众信仰法治、

---

① 参见张志文：《习近平关于法治宣传重要论述的理论阐释与实践展开》，载《浙江工业大学学报（社会科学版）》2021年第4期。

讲求诚信，让债务人自动履行成为社会的良好风尚。

3. 协助自动履行

对于有履行能力和履行意愿，但是没有履行渠道的情况，应该加强协助履行制度的建设，这将对诚信体系的建立发挥重要作用。

首先，应该完善提存制度，进一步扩大提存的范围，将人民法院、人民检察院等司法机关，纳入提存制度的体系，便于诉讼当事人在诉讼结束以后，直接将款项付至人民法院而完成债务履行。其次，强化人民法院等司法机关债务履行的协助职责，设立自动履行协助机构，辅助债务人履行义务，畅通履行的渠道。再次，完善义务人单方履行义务制度。比如，在不动产确权类、给付类裁判中，人民法院已经判决确定不动产归债权人所有以后，在债权人不及时办理房产过户时赋予债务人单方径行办理过户的权利。最后，探索保全财产自动履行协助机制。债务人希望将诉讼保全的财产加以处置或者划转而直接履行义务时，一般都需要通过执行程序才能实现财产处置和扣划，但是会增加债务人负担，也无谓增加了执行案件。为了解决这一困境，需要探索不进入执行程序而实现保全财产处置和划转的机制。①

（二）强化执前督促

在推进执源治理探索中，不少法院将执行通知前置作为一项举措，在判决中加入督促和威慑性的内容，对于促进自动履行和执源治理，具有重要作用。② 执行通知前置改革所展现出来的作用和价值，可以考虑从督促履行的角度予以构建。

1. 执前督促的方式

强化执前督促，是在进入执行程序以前开展一些必要的督促措施，责令被执行人自动履行。督促可以采用多种形式。首先，可以在执行依

---

① 一些法院已经在探索此类机制，但是在制度上配套不够。参见重庆市城口县人民法院：《创新“保全扣划”破两难“审执联动”兑百万》，载“重庆执行”微信公众号 2022 年 8 月 30 日。

② 参见邵长茂、周青松：《论执行通知制度之完善》，载《法律适用》2021 年第 1 期。

据中载明债务人应该及时履行生效法律文书的宣示性、威慑性词句，以达到督促被执行人积极履行义务，从源头减少执行案件。其次，可以在申请执行以后，执行立案以前，向债务人发出督促履行的文书，责令债务人主动履行义务。

2. 执前督促的案件范围

在信用卡等小额信贷批量类执行案件中，执前督促工作主要是解决债务人不愿意履行的问题。有一些债务人对执行程序的后果、措施不理解，不愿意自动履行义务。通过执前督促，则可以让债务人积极主动履行，避免进入执行程序从而产生负面后果。重点是把一些执行中的督促工作、查人找物工作提前到执前开展，探索以执前财产筛查和失联修复工作为手段，督促义务人回归到主动履行或者与银行协商履行的轨道上，既保护合法债权，也为有履行意愿和能力的义务人畅通履行渠道，防止无差别采取执行强制措施，激化矛盾、扩大失信限高惩戒面。

物业费、抚养费等民生类小标的案件大多是债务人由于疏忽、与物业公司的矛盾等因素没有积极履行义务，通过督促程序，可以促使被执行人履行义务。而且此类案件的债务履行具有长期性，并非一次性纠纷，通过督促履行，可以加强债务人诚信意识，自觉履行义务，从源头化解纠纷。而且，此类案件标的小，债务人通常也不会因此转移财产。

3. 执前督促的流程

执前督促工作内容包括向义务人发送执前督促履行通知书、开展失联义务人信息修复与执前和解工作、通过保全程序查询义务人财产情况、即时采取执行前保全措施等。执前督促过程中，发现无财产可供执行且符合相应情形的，法院向当事人出具无财产可供执行告知书，引导金融机构等当事人依据财产查询结果直接核销坏账，或采取市场运作方式实现债权目的；发现有财产可供执行的，或双方当事人达成和解协议且权利人要求执行立案的，法院进行执行立案并导入后续执行程序。

（三）分流执行案件

执行程序与破产程序都属于债务清理程序，破产属于债务的整体性或者概括性清偿，执行则属于个别性清偿。二者具有一定的共通性，既有竞争性，也有分野。[①] 执源治理，要从更为宏观的债务清理视角予以考虑。

1. 形成债务清理大格局

执源治理要让执行案件与破产案件发挥各自作用，让执行的归执行、破产的归破产。当前的主要问题是，破产的入口不畅通，大量本应该进入破产程序的案件，涌入了执行程序，执行程序承载了过多的负担。当务之急，在于合理分流执行与破产案件，并且优化执行案件与破产案件的衔接。要发挥执行程序的强制功能与破产程序的清算、重整功能，更好地实现市场主体“挽救”和加大“僵尸企业”的“出清”力度，逐步形成债务集中清理工作大格局。

2. 立案前分流执行与破产

从我国现有制度来看，仅有企业破产制度，而无个人破产制度。这就导致大量本应该通过破产制度解决的债务也不得不进入执行程序。应清晰地认识到，“执行不能”是中外民事执行的普遍现象，较大比例的执行不到位特别是自然人执行不能在所难免。长远来看，应尽快推行个人破产制度。[②]

当前，破产审判的专业性、专门化工作正在大力推进过程中，成立了一些破产法庭。要进一步简化破产程序，提升破产制度运行效率，加大破产制度在清理债务方面的作用。让资不抵债、执行不能等案件直接进入破产程序，从而更为彻底和公平地清理债务，减少执行程序的低效空转。

3. 立案后的分流与衔接

进入执行程序以后，也会出现需要转化为破产程序的情形。现有的执行转破产审查程序，为执行与破产程序的衔接提供了基础。但是实践

① 参见何欢：《债务清理上破产法与执行法的关系》，载《法学研究》2022 年第 3 期。

② 参见左卫民：《中国“执行难”应对模式的实证研究——基于区域经验的分析》，载《中外法学》2022 年第 6 期。

中，还存在衔接不够之处，需要进一步优化。比如，执行程序与破产程序在实现优先权和普通债权的功能上有所差异，就优先权而言，执行程序更为高效、快捷，能够迅速、及时地实现权利；就普通债权而言，破产程序则更为公平合理。因此，在执行转破产审查制度中，要兼顾优先权人与普通债权人的不同利益需求。

执行程序空转的类型化审视与多维消解

沈　如[*]　欧　平[**]　洪童寅[***]

内容摘要：诉讼中存在程序空转现象，而执行中同样存在，这也是“执源治理”的重要内容。执行程序空转运行本身合法但无社会效果，甚至产生负面效应，其主要包括三大类型：无可执行，即执行依据存在执行力缺陷，因执行依据不明、执行标的物客观障碍等导致无法执行；无须执行，即无诉诸强制执行的必要性，通过诉外或诉中、诉后非强制执行以外的方式即可实现目的；无效执行，即执行程序内耗式无效率运行，集中体现为程序派生与程序倒流严重。执行程序空转成因是多方面的，应从“法主体—法环境—法规范—法机制”四维角度引导执行法官实质化解纠纷、借助社会力量提升执行权能、增加裁判可执行性及规范执行救济程序、优化执行机制，消减执行空转现象。

关键词：执源治理　程序空转　无可执行　无须执行　无效执行

引言——执行程序空转的“无用功”现象

执行程序空转主要是指执行程序的运行背离了程序设置目的，不能

---

* 江苏省昆山市人民法院院长，法学硕士。

** 江苏省昆山市人民法院执行局副局长，法学硕士。

*** 江苏省昆山市人民法院执行局法官助理，法学硕士。

有效、高效兑现权利。① 执行程序空转本身合法但耗费执行法官大量时间，无社会效果甚至产生负面效应即“无用功”现象，占据了有限的执行资源，是“执源治理”的重要内容。归纳起来执行程序空转可分为三类，一是无可执行，即执行依据存在执行力缺陷，权利人申请执行无法达到目的；二是无须执行，即该类执行案件原本根本不需要通过执行程序解决，甚至根本不需要通过诉讼程序解决；三是无效执行，即该类执行程序运行属于无效率的消耗性执行，集中体现为程序衍生严重，执行过于形式化（见图1）。

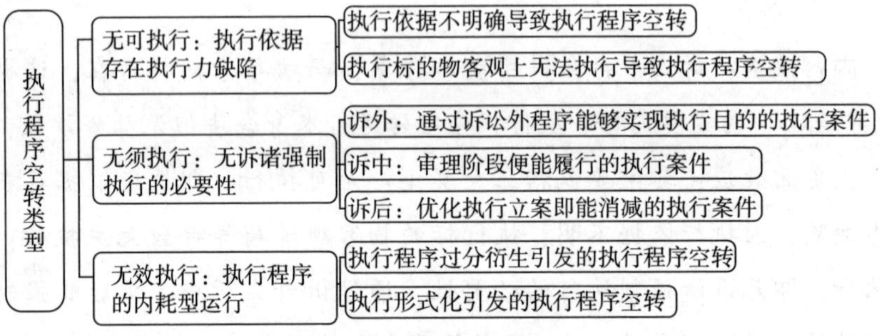

图1　执行程序空转类型

一、无可执行：执行依据存在执行力缺陷

执行力缺陷来自民事判决效力理论，是指民事判决不具有强制执行可能或者虽然可以强制执行但会导致强制执行效率低下。② 执行依据存在执行力缺陷使执行效率大打折扣，造成执行程序空转，同时严重影响权利人权益的实现以及生效法律文书的权威（见图2）。

① 《民事强制执行法（草案）》第1条即规定了保护当事人合法权益，系强制执行运行目的。第5条则明确了强制执行应及时、高效，此系程序运行的基本要求。

② 参见王建：《“审执分离”视野下的“审执统一”——浅谈民事判决执行力缺陷的救济》，载《山东审判》2016年第1期。

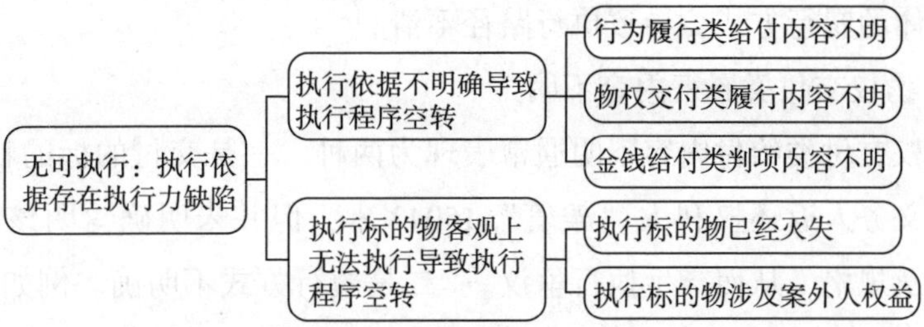

图 2　无可执行的情形

（一）执行依据不明确导致执行程序空转

执行行为的正当性来自生效的法律文书，而一旦法律文书所承载的执行依据内容不具体、不明确，从而无法对执行行为作出指引，执行将难以为继，严重影响执行效率。

1. 行为履行类给付内容不明

行为履行类给付内容不明导致执行程序空转已经成为执行顽疾。主要见于三类：一是探视权裁判不明导致难以执行。多数有关探望权的裁判文书中只载明了权利人有行使探视子女的权利，但是对探视的具体方式，比如时间、地点、次数，更倾向于交由原、被告双方自行协商。① 对于另一方当事人则通常以“应积极配合”来规定其协助义务。② 双方离婚本身大多存在矛盾，“自行协商”这类判项导致执行依据不明，使探望权类执行案件成为执行疑难案件。二是修理、修复类裁判不明。以排除妨害纠纷为例，原告以被告渗水为由，起诉要求修复至不渗水状态。部分裁判并未查实渗水原因，亦未形成具体修复方案或替代方案，直接判决修复至不渗水状态。③ 三是公司知情权、证照返还履行方式不明。在该类纠纷中，审理中未查明是否存在证照和账册以及具体保管人员，判项未

① 参见广东省云浮市新兴县人民法院（2019）粤 5321 民初 220 号民事判决书。
② 参见吉林省松原市宁江区人民法院（2022）吉 0702 民初 3642 号民事判决书。
③ 参见广东省云浮市新兴县人民法院（2019）粤 5321 民初 220 号民事判决书。

载明具体的履行方式，导致执行路径不清。[①]

2. 物权交付类履行内容不明

物权交付类给付内容不明通常表现为两种。一是交付的标的物不清。如判决义务人返还权利人“架管”15042米，但并未明确写明该架管具体型号及规格，从而产生执行争议。[②] 二是履行方式不明确。例如，判决A公司应向B公司返还排污设备，但是没有明确由A公司运给B公司，还是B公司自己去取，执行中产生争议。[③] 如果在审理阶段就明确了物权交付的履行方式和具体内容，在执行阶段就不存在执行障碍或者极有可能此类案件在裁判后就自动履行，不会进入执行阶段。

3. 金钱给付类判项内容不明

金钱给付类判项内容不明主要包括两类：一是民事判决金钱给付内容不明，如判决在欠付工程款范围内、继承范围内承担给付义务。该类判决由于欠付金额、继承范围不明确，导致在执行过程中难以准确执行。二是刑事涉财产判项不明。相比于民事案件对执行标的金额的严谨性，刑事退赔案件中对于执行标的金额的明确性有所不足。刑事判决书中的判项涉及退赔金额存在大量模糊性的表述，比如，“责令退赔10万余元”“违法所得3000余元予以追缴”。[④] 由于退赔金额不明确，执行法官无法在执行程序中具体执行。

（二）执行标的物客观上无法执行导致执行程序空转

执行标的物无法执行并非原审裁判存在漏洞或错误，亦非执行依据不明，而是审理法官未就执行标的物可执行性进行审查，为执行留下隐患。

① 参见江苏省昆山市人民法院（2023）诉0583民初2955民事判决书。

② 参见山东省泰安市中级人民法院（2022）鲁09执复102号执行裁定书。

③ 参见江苏省昆山市人民法院（2022）苏0583执异45号执行裁定书。

④ 参见四川省简阳市人民法院（2021）川0180刑初631号刑事判决书、湖南省长沙市天心区人民法院（2022）湘0103刑初251号刑事判决书。

1. 执行标的物已经灭失

在交付实物的执行案件中，执行标的物因为客观原因无法现实交付的情形并不少见，常因标的物已灭失或者去向不明等原因导致无法执行，最终只能裁定终结执行，告知当事人另行起诉，造成执行程序空转。比如，在王某某与丁某某返还原物纠纷案中，被告丁某某在原告王某某起诉前就通过中介将案涉标的物处置，该标的物在审理阶段就已经下落不明，但是法院仍旧判决返还原物。在执行过程中，由于标的物下落不明，且双方对折价赔偿事宜无法达成一致，法院只能终结执行，告知王某某另行起诉。该案件历经诉讼、执行、执行异议及复议，耗时五年之久，最终王某某仍然难以实现权益。①

2. 执行标的物涉及案外人权益

除了执行标的物已经灭失无法交付外，另一种无法执行的情况常见于执行标的物涉及案外人的权益。由于执行标的物与案外人权益相关联，当法院处置执行标的物时，势必影响案外人的利益。在执行过程中，执行法官经常会面临案外人的阻滞无法顺利执行或者因案外人提起执行异议而主动停止执行，造成执行期限畸长，权利人胜诉权难以及时兑现。比如，在返还土地类执行案件中，生效文书判决被告向原告返还土地，到执行阶段发现案涉土地上案外人种有大量树木，由于案外人拒绝移动树木，导致返还土地这一判项难以执行。②

二、无须执行：无诉诸强制执行的必要性

民事执行是确保胜诉权益得以实现的制度，但不是唯一的制度。从司法实践看，部分执行案件其实并无执行之必要，通过多元化解决纠纷机制和完善法院内部协作机制完全可以将该部分案件进行分流，以减轻法院的执行压力（见图3）。

---

① 参见山东省滨州市中级人民法院（2022）鲁16执复17号执行裁定书。

② 参见江苏省昆山市人民法院（2022）苏0583执5102号执行裁定书。

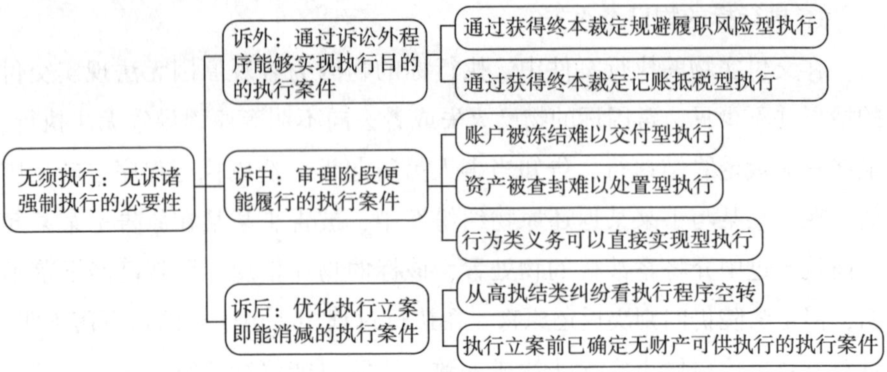

图 3　无须执行的情形

(一) 诉外：通过诉讼外程序能够实现执行目的

部分执行案件中债权人申请执行的目的并不是实现债权，而是希望通过执行程序获得被执行人无财产可供执行的证明。这导致本不需要进入执行的案件进行执行程序，造成执行程序空转。

1. 通过获得终本裁定规避履职风险型执行

以获得法院的终本文书作为判断是否尽职的判断标准，已然成风。较为典型的包括金融机构明知债务人缺乏清偿能力，仍需要提起诉讼并申请执行直至获得终本裁定。又如，尽管《社会保险基金先行支付暂行办法》第 6 条第 2 项规定了多种先行垫付的情形，但实践中社保经办机构只有在法院出具终本执行文书的情况下才同意先行垫付。[①]

2. 通过获得终本裁定记账抵税型执行

相比于其他执行案件债权人迫切实现债权的执行诉求，部分金融借款纠纷、保险追偿纠纷、小额借款执行案件中申请执行人的主要目的则

① 参见刘文华、白宁：《社会保险法治化政策研究专题 社会保险先行支付制度与实践》，载《中国劳动》2018 年第 9 期。

是得到那一纸“终本裁定”①。经调研发现，金融机构、保险机构、小贷公司作为申请执行人的纠纷案件的终本率要高于平均值，终本案件的审理天数则要少于平均值。② 此类案件终本速度如此之快的原因在于，申请执行人本身有能力对被执行人的财产状况进行初步了解，对于其是否有能力履行有了基本预判。申请执行人的动机只是“要一个交代”，③ 通过获取法院的终本文书应对企业内部的销账、考核等。

（二）诉中：审理阶段便能履行的执行案件

由于审判法官只关注确立原、被告的权利义务关系，而不关心胜诉权益兑现，导致权利人只能通过执行程序实现权益，造成执行程序空转。

1. 账户被冻结难以交付型执行

对于审理过程中已足额冻结争议标的额的案件，存在一种尴尬的现象，即款项在冻结的账户中，但义务人无法自行履行。而一旦进行执行程序会产生执行费，深受诟病。由此衍生出迟延履行期间的债务利息问题。对于债权人而言，法院虽足额保全，但自己的债权并未实际兑现，并不能免除债务人承担履行期间债务利息的责任。而债务人也无法动用该冻结账户内的资金用于履行债务，由此衍生出执行异议纠纷。④

2. 资产被查封难以处置型执行

部分资产处置类执行案件在审理阶段就已经保全了被执行人的资产，比如房产、设备等财产。该类案件中部分原、被告之间并无争议。原告

---

① 如五指山市人民法院 2022 年 7 月至 2023 年 2 月底，共受理贷后案件 124009 件，结案 87960 件，结案率 70.93%，平均结案周期为 17.9 天。据了解，该类诉讼和执行的重要目的在于获得债权凭证和终本裁定，以便抵扣税款。

② 如 2022 年某法院受理的金融机构借款、保险追偿的执行案件终本率分别为 53%和 51.7%，高于平均值 43.8%。两种类型案件的审理天数分别为 93 天和 89 天，低于终本案件平均审理天数 119 天。

③ 参见左卫民：《中国“执行难”应对模式的实证研究 基于区域经验的分析》，载《中外法学》2022 年第 6 期。

④ 如最高人民法院（2017）最高法执复 47 号执行裁定书、北京市第二中级人民法院（2022）京 02 执异 321 号执行裁定书，均是因为足额保全情况下，执行过程中是否还应当收取迟延履行债务利息这一争议所引发的执行异议纠纷。

希望能够尽快处置资产实现债权，但由于原告对被告缺乏足够信任，担心被告自行处置资产存在风险，故需要借用执行程序处置被告资产。被告则更希望能够尽快处置资产，一方面，能够尽早履行债务；另一方面，诉讼、执行期间的利息会不断计算，还会产生迟延履行金、执行费等额外费用。尽管原、被告双方都意欲尽快处置资产，但由于双方之间的不信任形成了“囚徒困境”，导致被告无法自行处置资产，产生大量非必要强制执行的案件。①

3. 行为类义务可以直接实现型执行

涉及解除网签、确权类案件等行为类执行案件，从司法实践来看，当事人持生效判决并不能直接完成变更，仍需要法院出具协助执行通知书送达主管机构。此类案件的执行并无实际障碍，细分为二：一是根本不需要法院出具文书，主管机构也应当办理，但是主管机构为了规避自身风险，要求法院出具文书方同意办理。如解除房屋买卖合同的裁判文书，权利人持该类文书应当可以办理解除网签手续，但主管部门要求法院出具协助执行通知书后方同意办理；二是法院可以直接出具相关文书办理。如作出确权判决后，需要办理过户手续，该类文书直接由法院出具协助执行通知书即可。

（三）诉后：优化执行立案即能消减的执行案件

1. 高执结类纠纷可以避免进入执行程序

笔者对某法院 2022 年、2023 年两年的物业服务合同纠纷执行案件进行调研发现，被执行人为业主的执行案件几乎都能以执行完毕结案，终本率仅为 4.1% 和 1.3%，远低于 43.8% 和 42% 的平均终本率。该类案件终本率之所以低与该类案件的性质不无关系，物业执行案件大多数为商品房业主和物业公司之间产生的纠纷，而业主至少有商品房作为财产可供执行，故一旦进入执行，被执行人往往会主动履行相应的义务。既然

① 笔者对某法院的员额执行法官进行访谈，执行法官表示至少有一半的被执行人希望自行处置其不动产还债，相当一部分被执行人表示若非法院已查封，案件不会进入执行程序。

物业纠纷类案件的执行如此顺利，那么是否有必要通过强制执行的方式迫使债务人履行义务，是否有可能通过前置程序将执行争议化解在执行前，从而避免此类无履行障碍的案件涌入执行程序，造成执行程序空转。与此类似的还有劳动争议类案件，执行到位率高，大多数案件同样无须进入执行程序。

2. 执行立案前已确定无财产可供执行的执行案件

多名债权人同时对某一公司申请执行的情形并不少见，对于这类批量案件，目前的做法是一份执行依据立一件执行案件，在每一件执行案件中对同一被执行人都采取重复的查控、调查措施。在现有执行资源紧缺的情况下，以最低的成本兑现生效法律文书的权益应是民事执行追求的目标。这种重复立案、查控的行为显然与强制执行效率原则背道而驰。此外，申请执行人早已有“无财产可供执行”的心理准备。其申请执行也并不期望能够通过公司债务人获得受偿，而是希望追究公司背后的股东或者实际控制人责任，其通过获取终本裁定后另诉被执行人股东或相关责任人。此类案件的执行在一定程度上并不符合执行的效率和经济性，也无法兑现债权人权益，在执行立案之时就引导进入破产程序更为合适。

三、无效执行：执行程序的内耗型运行

针对执行无效率问题，诸多法院出台了相关规范，并进行了专项治理。但从出台的规范性文件来看，主要围绕执行过程中消极执行、不能及时发款、终本不规范、集约化程度不高等问题展开。[①] 这些规范中部分内容属于工作态度、工作方式和工作效率问题，不属于严格意义上的执行程序空转。笔者认为，执行程序空转的无效率，主要是指程序内耗，执行程序形式化及执行程序过分衍生（见图4）。

---

① 如浙江省高院于2021年8月20日出台了《关于在执行程序中切实防止“程序空转”的若干意见》，江西省高院于2021年9月6日出台了《进一步规范全省法院执行工作的意见（试行）》，两规范着重规范了执行流程集约、压缩办案周期、提高查人找物的效率等问题。

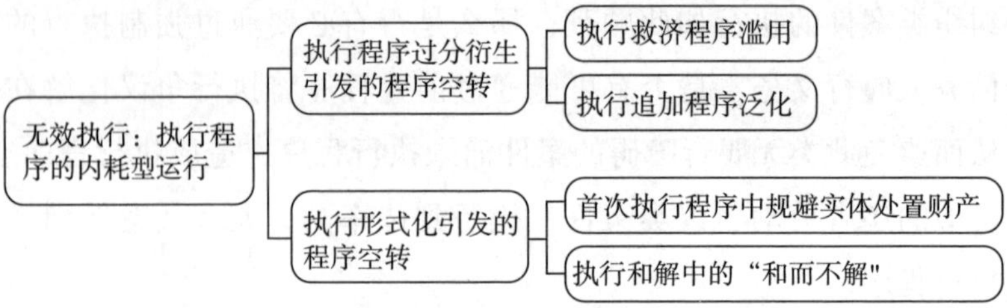

图 4　无效执行的情形

（一）执行程序过分衍生引发的执行程序空转

尽管执行程序衍生的案件数量占执行案件数量的比例较低，但相较于执结类或者无财产可供执行类案件，执行程序衍生的案件往往是牵扯执行法官精力以及阻滞胜诉者权利实现的重要案件类型。

1. 执行救济程序滥用

执行异议系当事人及案外人权利救济的重要方式，但实务中存在用执行异议拖延执行的情况，形成了“执行—执行异议—终本—执行异议之诉（复议）—执行异议之诉上诉—恢复执行”的消耗性执行流程，使执行异议程序从救济程序变为执行空转程序。其一，不区分当事人异议与案外人异议，一律中止执行。事实上，《民事诉讼法》第 267 条仅规定了案外人针对执行标的提出异议，可以中止执行。但实践中，个别执行法官为了规避执行风险，在被执行人提出执行异议的情况下也中止执行。其二，不能准确区分执行异议的性质与类型。如针对共有人提出被执行标的物系共有物不得执行的异议，不区分共有人对份额是否有异议，按照案外人异议处理中止执行。[①] 其三，过分依赖“审执分离”。对当事人、案外人提出的执行异议，个别执行法官不作审查，一律按照“审执分离”原则移送执行裁判部门进行审查，随即终结本次执行程序。

① 参见陈克：《代位析产纠纷中若干问题的探讨》，载《法律适用》2020 年第 5 期。

2. 执行追加程序泛化

执行程序中追加被执行人情形多样，追加一人公司股东和追加认缴出资的股东占比较高。实务中，因执行追加程序泛化导致执行程序空转主要体现在几个方面。其一，在审理程序中不将可能承担责任的当事人列为被告，而到执行程序中依权利人申请追加被执行人。被申请人对追加有异议，提出执行异议之诉。其二，执行程序中追加被执行人，在被执行人无法联系的情况下，缺乏有效的抗辩。此时，如法院追加被执行人，在处置追加被执行人财产后，容易引发执行监督程序与执行回转程序。如法院以被执行人无法联系为由不予追加，一方面与追加规则不符，容易引起申请执行人提起异议之诉，由此引发新一轮的程序衍生。其三，企业法人涉及多起被执行案件时，其股东出资未到位，容易引发系列执行追加和执行异议之诉，最终为了公平受偿将执行程序转入破产程序，形成“执行—执行追加—执行追加异议之诉—申请破产—破产公平清偿”的程序消耗。

(二) 执行形式化引发的执行程序空转

执行形式化则是因为法院内部基于考核以及案件量的压力，通过技术性手段达到结案的目的。这种结案方式实质上没有真正起到“案结事了”的效果。一个纠纷在不同程序中来回反复流转，引发执行程序空转。

1. 首次执行程序中规避实体处置财产

为了规避法定期限内结案率和结案天数的考核，执行法院在首次执行程序中有时会刻意规避对财产的处置，主要表现为以下两种方式：一是在查明财产的情况下先行终本后恢复执行。比如，有部分执行案件法院在首次执行阶段已经掌握了财产线索，但考虑到处置资产困难而可能导致法定期限内无法结案，于是便利用当事人同意终本规则，在首次执行程序中不处置该资产，而是采用先终本然后立即恢复这一方式，来应对法定期限内结案的要求。[①] 二是执行法院引导申请执行人撤回执行，后续再恢复执行。该现象同样是为了解决执行期限和规避处置财产耗时影响考核问题。以上两种方式人为地将首次执行案件导入恢复程序中处置，导致执行程序在首次执行案件与恢复案件中反复流转，造成执行程序空转。

2. 执行和解中的“和而不解”

执行和解作为解决“执行难”的重要手段，为执行资源有限的法院提供了一种结案的制度“出口”。[②] 然而，随着执行和解制度的广泛应用，反而出现“和而不解”的现象，造成办案难度不减反增。[③] 主要表现为：一是执行法官不加审查、未予提示风险地准许和解，由此产生了较高的恢复执行率。执行法官即使在已经控制足额财产的情况下，也通过执行和解形式结案。但是，这种结案方式并不能使纠纷得到彻底解决。二是法院过于积极地参与执行和解，导致执行和解异化成执行调解。相比于强制执行的阻力，促成双方达成执行和解能让法院减轻执行压力。因此，部分执行案件中执行法官会以被执行人无财产可供执行为由，游说申请执行人放弃部分权利与被执行人达成和解协议。但这种法院促成和解的行为虽然形式上符合“理性”，在结果上却“非理性”。[④] 被执行人不积极履行和解协议，申请执行人只能选择恢复执行。执行和解中的“和而不解”，使执行和解制度并不能真正实现案结事了，反而导致案件再次进入执行程序，造成执行程序空转。

四、四维消解：执行程序空转的制度性规制

执行程序空转现象的成因是多方面的，应多维治理，破解执行程序

① 有学者对此批评道，终结本次执行程序成为执行程序空转的“中转站”，并主张“终本废除论”。参见谷佳杰：《终结本次执行程序废除论》，载《中国政法大学学报》2023 年第 2 期。

② 参见于龙刚：《基层法院的执行生态与非均衡执行》，载《法学研究》2020 年第 3 期。

③ 参见陈杭平：《论民事“执行和解”制度以“复杂性”化简为视角》，载《中外法学》2018 年第 5 期。

④ 参见徐小飞：《执行和解中法院的职能和角色》，载《法律适用》2012 年第 10 期。

空转的碎片化治理困境，消减程序空转（见图5）。

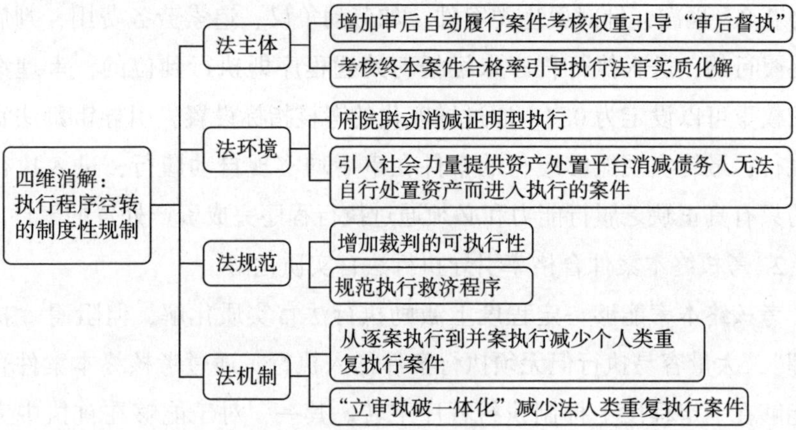

图5 执行程序空转的四维消解

（一）法主体之治：正向激励审判督促履行与逆向抑制执行内耗

满足于结案了事，而不是案结事了，使不少案件只是程序空转而非实质化解。[①] 执行程序空转的重要因素之一如是。审理法官不愿督促履行，执行法官追求结案，缺乏实质化解的动力。应通过差异化考核机制消减“审而不执”的应付式司法，提升“审理执行一件事”能动履职。

1. 增加审后自动履行案件考核权重引导“审后督执”

现行审判法官绩效考核主要围绕结案数量、发改率展开，考核指标缺乏对程序空转的关注，更缺乏引导审判法官督促履行。应通过考核机制引导审判法官审后督促履行，实现空转程序消减。具体来说：首先，针对调解案件，需要评判履行能力，合理确定履行方式和期限，减少调解案件执行率。对于调解结案且实际履行的权重可以设定为1；调解案件未履行进入执行程序的权重可以设定为0.9。其次，对于判决结案的案

① 参见郭雪、杨科雄：《新时代做好行政审判工作的若干思考》，载中华人民共和国最高人民法院行政审判庭编：《行政执法与行政审判》总第75集，中国法制出版社2019年版，第133页。

件，实际履行的权重可以设定为 1；判后进入执行未即履行的权重可以设定为 0.9。再次，针对民生类案件，如劳动争议、追索劳务费用，判后未督促履行的，进入执行程序未经任何处置程序即执行到位的，审理案件考核权重可以设定为 0.7。通过梯度化的考核指标设置，引导审判法官兼顾执行，最终实现能够履行的案件在审后均实现自动履行，进入执行程序的只有真正缺乏履行能力和必须通过执行程序完成资产处置的案件。

2. 考核终本案件合格率引导执行法官实质化解

考核终本率能够一定程度上激励执行法官实质化解，但阻碍“执源治理”，大量容易执行但无须执行案件涌入执行。通过考核终本案件合格率能够在一定程度上抑制执行程序空转。其一，对于能够在首执中完成资产处置的案件，不能违规终本，减抑先终本后恢复执行处置资产的行为，减少程序倒流案件。其二，对于执行异议案件，法院不能只要当事人或者案外人提出异议即终本。需要作初步审查，就执行异议有初步结论作出执行异议裁定后，才能终本。如此，能够督促执行法官加快执行异议审查，执行异议程序不过分迟缓。[①] 其三，强化终本合格率考核，对于前文所述的符合破产条件的案件，被执行人涉及多起执行案件时，法院将不再追加出资未到期的股东为被执行人，而是引导债权人申请被执行人破产，以此实现结案规范化。

（二）法环境之治：多元解纷分解非必要执行案件

1. 府院联动消减证明型执行

法院作为纠纷解决最后一道防线，从来都不应该是唯一的方式，甚至不应该是主要方式。无须执行案件涌入法院的重要原因之一是法院外部权能不足，解决纠纷方式单一。通过府院联动减少证明型执行是重要出路。具体来说，其一，通过府院联动划清各职能部门的分工与职责，

① 部分法院审执完全分离，执行异议案件亦由专门部门审查，规定执行异议作出裁定后才能终本，有利于推动执行法官及时移送执行异议审查材料。参见江苏省高级人民法院执行局、执行裁判庭联合课题组：《执行裁判权与执行实施权相分离改革路径探析——以江苏省三级法院审执分离改革试点为样本》，载《中国审判》2023 年第 5 期。

减少无须执行案件。如法院判决解除开发商与购房人之间合同，通过府院联动明确双方合同解除后，网签合同自然应当解除，遂可以减少执行案件。又如，按照公司章程规定，公司解散和注销经代表三分之二以上表决权的股东通过即可。但部分地区市场监督管理部门为了规避风险，要求全体股东一致通过方同意办理相关变更事宜或进行解散、注销。否则，需要向法院起诉获取证明股东会决议有效文件方给予办理。此种情形，亦可以通过府院联动明晰各方职责，减少执行程序空转。其二，通过府院联动拓宽证明型执行的解决路径。如前所述，为了证明自身已经履职或获取抵扣成本的证明文件，产生了大量的无须执行的空转案件。该类案件大可尝试通过第三方认证、应收方已经存在终本案件等方式确定企业坏账损失，减少以获得终本裁定为目的的执行。明晰履职规范性文件，可以大大减少银行等机构为了获取终本裁定证明风控部门已经完成履职的执行案件。

2. 引入社会力量提供资产处置平台消减债务人无法自行处置资产进入执行的案件

执行过程中，多数被执行人能够配合法院处置资产，且希望自行处置资产提升资产价值，最大限度实现债权人权益，但因为财产被查封导致无法自行处置。该类案件可以引入社会力量完成自行拍卖，比如在查封状态下，通过第三方拍卖平台，实现债务人自行拍卖或变卖，资金由拍卖平台监管，由法院解封后债务人自行完成过户，完成过户后，拍卖平台将拍卖款按照指示支付给债权人。通过该种模式，在诉前调解阶段或者审理阶段即可完成纠纷彻底化解，由此消减债务人无法自行处置资产而徒生的无须执行案件。

（三）法规范之治：通过法律规范明晰审执衔接要素

1. 增加裁判的可执行性

《民事强制执行法（草案）》第 14 条规定执行依据应当具有明确的权利义务主体和给付内容，并规定了判项不明的救济方式。但《民事强制执行法（草案）》无法就判项的具体要求作出规定。应通过多层阶方式提升裁判的可执行力。从法律层面来说，通过立法明确裁判需要具备可执行性。通过司法解释和指导意见就类型化案件的裁判内容作出具体要求。例如，对常引起争议的继续履行合同、漏水修复、选择性履行等诉请作出具体而明晰的要素要求。通过执行建议等反馈方式，将执行力缺陷裁判文书问题形成专项报告，通过专项通报方式引导审判法官在审理过程中兼备执行思维，充分考量作出裁判后执行问题。由此通过从法律到规范多层次方式提高裁判的可执行性。

2. 规范执行救济程序

执行程序作为高度效率化的程序，执行救济程序必须兼顾申请执行人的利益。执行救济程序被滥用或过度拖延，严重损害申请执行人的权利和法院的公信力。除传统的联合惩戒措施外，可以通过制度安排规范执行救济程序。

（1）设立案外人执行异议收费制度筛选恶意异议。现行法律规定被执行人提出执行异议不影响执行，而案外人提出执行异议需要中止执行。案外人就执行标的权属引起的争议，类似于民商事审判案件中的确权案件，对于案外人就执行标的提出的异议，可以参照类似民事案件收取诉讼费。这既符合诉讼费收取精神，也可以在一定程度上抑制滥用异议程序，平衡申请执行人与案外人权利。就执行异议费用承担问题，可以根据导致标的物外观与实质权利不一致的原因确定费用承担方。若异议人无过错，其执行异议成立的，执行异议审查费用退还异议人。

（2）构建滥用执行救济程序导致执行迟延赔偿制度。案外人恶意拖延执行可能导致申请执行人或被执行人权利受损。案外人利用执行异议拖延执行，如果是与被执行人串通，则可能导致申请执行人损失，处置被执行人财产最终不足以偿付债务，案外人应承担赔偿责任。案外人滥用程序导致被执行人权利受损的，同样应当承担赔偿责任，如案外人的承租权明显不能对抗执行，但其主张带租拍卖由此产生执行异议和异议之诉，在被执行人明确要求立即拍卖租赁物的情况下，因案外人滥用异议程序导致被执行人的债务利息和迟延利息持续计算，应赋予被执行人向案外人索赔的权利。

（四）法机制之治：优化立审执破联动模式

1. 从逐案执行到并案执行减少个人类重复执行案件

当个人涉及多起被执行案件时，反复的立案、查控与执行导致执行程序空转，消耗司法资源。应改变传统的一案一执行的模式，可建立并案执行模式。具体而言，针对个人作为被执行人的案件，对个人进行编号，涉及该个人的案件均体现在个人编号的案卷材料中，由同一承办人负责办理，实现集中执行，体现集中执行效果。该种处理模式类似于破产程序，针对债务人主体编立案号，涉及该主体项下案件均集中处理，新增案件亦纳入集中执行案件中管理，能够大大减少重复执行的程序，同时也实现公平清偿。通过该种模式的变更，新的债权主体申请执行仅需要在对个人执行案件中增加申请人主体即可，无须另外专门立案。在执行过程中，无须反复查控，在无财产可供执行时，统一出具无财产可供执行的文书即可，该文书上载明所有的申请执行人。在执行到财产时，涉及相关权利主体统一分配，实现公平清偿。在恢复执行时，亦作同样程序操作。通过该种处理方式，能够抑制程序内耗。

2. “立审执破一体化”减少法人类重复执行案件

就法人而言，因其不适用参与分配制度，为了维护公平清偿，同时减少空耗，对于资不抵债缺乏挽救可能的企业，应及时适用破产程序一揽子解决纠纷。[①] 在立案阶段、诉前调解、审理阶段和执行阶段，对于债权债务事实清楚、争议不大的法人主体作为被告的案件，可初步审查被告资产状况和履行能力，对于符合破产条件的，引导其直接进入破产程序。尤其针对被告法定代表人失联不再经营的企业，涉及多起审执案件的，应通过破产程序兼具审执的功能，概括完成债务审核和财产分配。

---

① 参见朱嵘：《浅议执源治理的重点与路径》，载《人民法院报》2023年7月5日。

最大限度压缩审理案件和执行案件，减少审执程序空转，实现执行空转程序出清。

五、结语

破解执行程序空转，是“执源治理”的应有之义，也是消减执行法官非必要时间耗费、优化执行的必要之策。执行程序空转现象可能存在于各个环节中，未引起理论界重视，却关乎权利人能否及时兑现胜诉利益，实属执行实务难题。本文对执行程序空转现象作了理论上的归纳，并从法律主体、法律规范、法律机制与法律环境四个维度提出相应的优化路径，以期为探索执行新格局有所裨益。

共治与强制：执源治理的应对思维和改善进路

——基于现有经验的考察

黄一帆* 刘国靓** 郭 真***

内容摘要：执行难本质上是一个社会治理问题，需要法院立足社会综合治理思维，从源头解决。本文正是基于执行难源头治理的思路，考察全国不同层级、区域的法院执源治理的实践情况，总结出协同执行机制、正向激励机制、执前化解机制、执行和解机制四种注重协同共治和纠纷化解的治理经验，指出现有执源治理实践存在缺乏统一模式、缺乏规范依据、缺乏联动刚性的不足，并针对问题立足四种应对思维，提出四个“着力于”的改善进路。

一、关注热点中的难点——执源治理的提出

（一）全社会关注的热点：切实解决执行难

人民法院强制执行工作是国家强制力保证法律全面、正确实施的重要方式，是实现司法正义的“最后一公里”，事关人民群众合法权益的实现，事关法律权威和司法公信的提升。从 1999 年探索民事执行体制改革

* 江西省吉安市中级人民法院法官助理。

** 江西省吉安市中级人民法院法官助理。

*** 江西省吉安市中级人民法院法官助理。

开始，执行难一直困扰着人民法院强制执行工作。党的十八届四中全会明确提出“切实解决执行难”的重大决策部署。为贯彻落实党中央切实解决执行难的重大决策部署，最高人民法院在2016年提出“用两到三年时间基本解决执行难问题”。三年时间，全国法院在民事执行制度建设、机制创新和科技应用上不断努力，执行工作取得瞩目成果，“基本解决执行难”阶段性目标也如期实现。2020年到2023年，全国法院每年受理执行案件平均数为986.4万件，执结906.05万件，执行到位金额为1.99万亿元，详见图1、图2。虽然总体执行案件数呈下降趋势，但2023年受理执行案件数同比增长61.8万件，增长率为6.59%，执行效果仍低于群众兑现权益的期待，仍需要我们为“切实解决执行难”不懈奋斗。

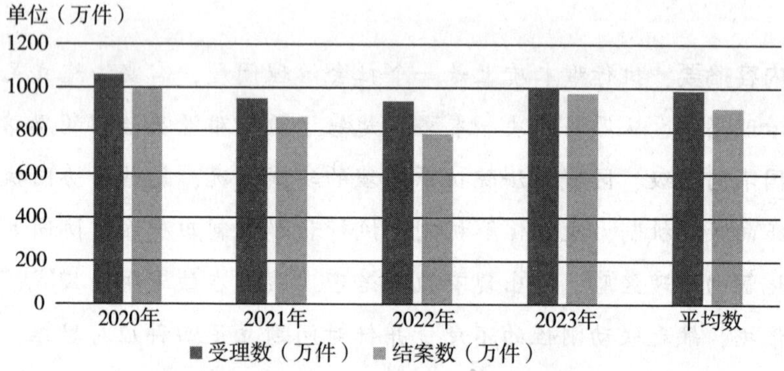

图1　2020年至2023年全国法院执行案件受理和结案情况

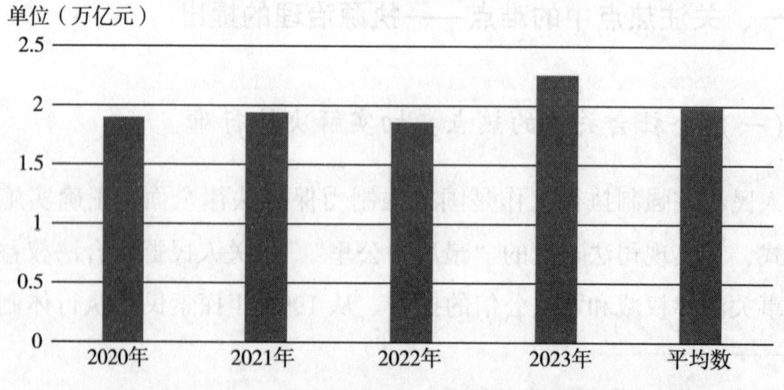

图2　2020年至2023年全国法院执行案件执行到位金额情况

（二）热点中的难点："末端治理"到"源头治理"

2019年6月11日，最高人民法院发布《人民法院执行工作纲要（2019—2023）》，提出把执行工作纳入国家治理体系和治理能力现代化总体框架，从源头综合治理执行难。同年7月14日，中央全面依法治国委员会印发《关于加强综合治理从源头切实解决执行难问题的意见》，明确从源头治理执行难。之后，江西、河北、河南、吉林等省全面依法治省委员会制定了贯彻落实意见或执行实施细则，结合本省实际，就实现执行难问题的综合治理、源头治理作出具体要求。2021年4月28日，中共中央、国务院印发《关于加强基层治理体系和治理能力现代化建设的意见》，提出建立健全基层治理体制机制，实现基层治理社会化、法治化、智能化、专业化。一系列的上层文件将执行工作纳入国家治理现代化建设的进程，从国家治理层面为解决执行难提供理论指引和方法指导。强制执行不止是法律问题①，还是国家治理体系和治理能力现代化建设的战略问题。因此，唯有执行工作与社会治理有机结合，紧握治理才能找准解决执行难的出路。这就意味着，解决执行难要从被动地在执行程序中拓展执行措施、强化惩戒力度等"末端治理"思路，转变为主动在源头化解矛盾纠纷的"源头治理"思路，尽可能使矛盾不发生、发生也不进入诉讼程序、进入诉讼程序不进入执行程序、进入执行程序也通过自动履行清偿债务，防止执行矛盾的产生、分化，从源头、整体、根本上解决执行难。但仅依靠人民法院的审判执行权力运行或改革，无法应对日益复杂的社会关系和矛盾纠纷，如何在人民法院有限的社会治理权能中推进执源治理工作是现在亟待解决的难题。

① 参见黄月婷：《治理视域下民事执行的衍变与重构》，载《乐山师范学院学报》2019年第11期。

二、现有治理回应——注重协同共治和纠纷化解的现有执源治理经验

要坚持问题导向，在当下人民法院在执源治理实践中总结有益经验、找出薄弱环节、寻找解决答案，才能有效完善执源治理机制，保证治理机制的科学性、普适性、可行性和持久性。为此，笔者通过考察全国不同地区、不同层级法院的实践样本，总结现有治理方式、思路及问题，为探索完善执行难源头治理机制找准方向。

（一）执源治理经验总结

1. 协同执行机制：扩大执源治理力量

（1）“执行三推送”机制。该机制是S省法院在执源治理探索中推出的举措，通过将无财产可供执行的案件信息推送给基层政府及其部门、综治中心、基层群众自治组织等基层治理单位，利用多主体力量，建立网格化、社会化协同执行机制，共同实现生效法律文书的执行。一是推送小标的、涉民生的案件，借助乡镇（街道办）及村委会（社区）等基层组织的社会治理职能，督促或协调辖区被执行人主动履行。二是借助网格员机制。执行干警分片建立包含有乡镇政法委员、街道社区主任、网格长、治保主任、楼栋长、村组长及热心群众参与的工作群，借助大数据技术，实现“点对点”找人找物、“面对面”矛盾调解、“片对片”法治宣传。三是推送“执行不能”案件中需要救助的申请执行人和被执行人信息。一方面，推送申请执行人信息给属地民政部门，对于可能符合救助条件的发出司法建议，借助司法救济和民政救济双重力量，缓和、化解执行不能造成的矛盾；另一方面，被执行人信息推送属地基层政府、群众自治组织，发挥政府、社会力量，帮助被执行人通过就业创业提高履行能力。

（2）“强制执行+基层治理”联动机制。S省H市N区人民法院主动融入当地党委领导下的联动大格局，推动全面依法治区委员会出台《关

于加强综合治理从源头切实解决执行难问题的意见》，推行驻庭执行机制，派驻执行团队进入法庭，深度对接法庭调解中心和基层治理“一中心四平台”。建立网格员协执机制，聘任网格员为执行联络员，利用智慧执行+微网格系统，发挥网格治理在送达、协查、督促履行方面的优势。H省S市Y区人民法院在争取区委、区政府支持下，将执行工作纳入全面依法治区的战略部署，通过建立执行工作网格化管理，健全执行联络员制度，形成网格化执行工作模式，促进基层治理与人民法院执行工作的良性互动。建立代表委员参与执行制度，主动邀请各级人大代表、政协委员参与执行、见证执行，形成全社会理解执行、尊重执行、协助执行的共识。J省Q市人民法院出台《“审务进基层，法官进网格”工作细则（试行）》，实现辖区内“法官进网格”全覆盖。在网格员工作室成立网格法治驿站，定期开展“争做法律明白人”普法活动，给网格员、人民调解员等进行法治培训指导，发挥网格员、平安法治志愿者等基层工作者在矛盾化解、纠纷调解上的前沿优势，推动矛盾化解在基层、纠纷解除在源头。

2. 正向激励机制：实现债务主动履行

（1）失信联合曝光和诚信履行激励机制。S省H市N区人民法院与宣传、发改、综合执法等部门健全失信曝光和诚信履行激励机制，联合打击被执行人失信行为，正向激励被执行人主动履行行为，在全社会宣传守法意识和契约精神。机制建立当年，累计曝光失信人员2600余人次，促使1389件案件主动履行，为683家企业和577名自然人进行信用修复，新收首执案件数同比下降5.8%。[1]

（2）出具自动履行证明书机制。S省S市B区人民法院出台《关于出具〈自动履行证明书〉的若干规定（试行）》，对自动履行证明书出具的条件、程序及激励措施等内容予以规范。依据该规定，除执行费用依法减免外，应自动履行义务人的请求或相关主体的征询，法院可就已

① 沈佩明：《健全“三化”机制 推进综合治理执行难》，载《人民法院报》2021年7月7日。

出具的自动履行证明书及履行情况向相关主体予以解释说明，以提高信用修复的有效性。除此之外，其他法院也在探索出具自动履行证明书的正向激励机制，见表1。2021年7月至2022年12月，S省S市B区人民法院共计发出自动履行证明书120份，发出自动履行证明书的案件执行标的到位率100%，执行到位金额400余万元，均为当事人主动履行。

表1　各地法院出具自动履行证明书的正向激励机制建设情况

样本法院	规范文件	机制定位	主要激励措施
J省N市中级人民法院	《关于推行被执行人信用保护及信用修复激励机制破解执行难问题的若干规定（试行）》	正向激励，信用修复	将当事人主动履行情况向相关信用信息平台推送、共享
Z省N市Z区人民法院	《督促当事人自动履行工作规范》	配套政策红利，实现正向激励	减免诉讼费、设立诉讼绿色通道、给予财政性资金扶持、向信用平台共享履行情况
H省W市H区人民法院	服务保障信用建设“七条意见”	正向激励	证明履行情况，恢复信用评价
S省W市G区人民法院	无	信用修复	将当事人主动履行情况向相关信用信息平台推送、共享
S省Y市Y区人民法院	无	正向激励，促进被执行人主动、被动履行	在行政审批、招投标、征信、投融资等方面证明当事人诚信守法情况

3. 执前化解机制：源头减少执行案件

（1）执前督促程序。H省C市T区人民法院设置具备“执前调”和“执前督”双重功能的执行立案前督促履行程序。在立案前，将符合条件的执行申请导入多元纠纷解决平台，由法院委派的特邀调解组织、调解员先行督促当事人自愿履行或达成和解，化解执行矛盾。对于主动履行完毕的，给当事人出具以“执调”案号作出的债务履行完毕证明书；对达成和解协议的当事人出具以“执调”案号作出的债务履行和解确认书，后续跟进督促履行，在履行完毕后，出具债务履行完毕证明书，对未履行的，立即转入强制执行程序。H省C市T区人民法院自2023年4月20日试行该程序以来，执前督促调解团队共审查案件827件，其中立执调711件，通过执调履行完毕96件，执行和解28件，通过该程序执行到位金额为1630.3万元。[①] S省C市Q区人民法院推出“AI智能化线上督促+公证督促员线下调解”执前督促机制。经申请执行人同意并签署同意适用“执前督促”程序告知书后，随即启动执前督促程序。督促成功自动履行的，由法院审查后出具自动履行完毕证明；督促不成的，将明确拒绝履行的记录在案，告知法律义务及后果，并立案转入执行程序，同时采取各类强制执行措施。“AI智能化线上督促平台”集智能外呼和失联修复两大功能于一体。执前督促程序启动后，由AI语音智能机器人进行智能外呼，即时确认被执行人身份及履行情况，自动修复被执行人联系方式，告知其拒绝履行生效法律文书的法律后果，并指引如何履行。“公证督促员线下调解”以C市公证处下属司法辅助中心参与诉前调解的公证调解员为班底，择优选拔调解经验丰富、法律专业扎实的调解员、公证员加入执行线下公证督促员队伍，由公证督促员负责执前督促、矛盾调解，确保参与执行前督促程序更加专业。

（2）立审执兼顾机制。S省H市N区人民法院出台《立审执全程兼顾操作指引》，立案阶段重点抓当事人有效送达地址，引导适用财产保全；审判调解阶段，注重履行担保条款的适用，鼓励当庭履行；执行立案阶段，积极适用执前督促程序，激励当事人主动履行；执行阶段，健全无清偿能力企业法人退出执行机制，破产审判团队提前介入移送破产程序，确保执转破有效衔接。Z省Q市Q区人民法院建立立案、审判阶段不执行裁判后果告知机制，让当事人明白不履行生效裁判的法律后果。

---

① 天心区人民法院：《什么是执行立案前督促履行程序?》，载https：//mp.weixin.qq.com/s/fS255GPoCSL2B2DYkkBhBQ，2023年6月27日访问。

对物业纠纷、劳动纠纷等批量案件，开展联合调解和示范性判决，从源头上减少批量案件进入诉讼和执行程序。

（3）执源治理中心。J省Q市人民法院联合镇政府等基层治理力量，成立诉源执源治理中心。借助该中心“前沿堡垒”作用，充分发挥人民法庭化解矛盾、调解纠纷的优势，将人民法院工作融入基层治理整体工作格局，积极与当地司法所、派出所、村委会等基层治理力量开展执源治理活动，在前端化解矛盾纠纷，基本形成“小事不出村、大事不出镇、矛盾不上交”的执源治理新格局。

（4）执前和解中心。S省C市W区人民法院立足一次性实质解纷理念，出台《执前和解工作规程》，搭建由人民法院、人民调解、人民公证、司法拍卖等多主体参与，集合执前和解、督促履行、资产快处、履行见证、普法宣传多种功能于一体的执前和解中心。执行和解中心上建有“三节点引导+全链条宣传”的机制，成立“执前引导员+调解组织+法院督调员”的团队，构建“专人负责、团队协作、一案一策、跟踪回访”的模式。案件进入执行程序前，由执前专员介入引导，靠前拓展执前督促和执前和解的应用场景。执行和解中心前接诉讼保全团队，可依保全情况，快速判断当事人履行能力，评估执前和解、督促可行性，后连速执团队，无应用执前和解、督促机制可能的案件快速进入执行团队，优化执行力量配置。该中心还通过视频、宣传手册、案例公布等方式，展示执前和解、执前履行在提升效率、减少诉累、化解矛盾、保护征信方面的独有优势。

（5）法庭直接执行。J省J市S县法院充分发挥法庭预防化解矛盾纠纷前沿防线作用，将“立审执”一体化理念向前覆盖到诉前调解，向后延伸至督促履行，从源头上减少执行案件增量，提高自动履行率。在立案阶段，坚持把非诉讼纠纷解决机制挺在前面，主动融入县域基层治理“红网格”，借助网格员力量排查化解矛盾纠纷、开展前置调解，避免纠纷扩大和矛盾激化。向当事人发放财产保全建议书，积极引导当事人采取诉讼保全措施，提高实际执结率。在审判阶段，将调解工作贯穿庭前、庭中、庭后各环节，促进案结事了。牢固树立执行前置理念，注重增强裁判文书可执行性，鼓励当庭履行。向当事人发放自动履行告知书，督促当事人主动履行。履行期限届满前，再次提醒当事人履行义务，降低生效裁判申请执行率。该院人民法庭直接执行工作机制入选“最高人民法院第五批新时代人民法庭建设典型案例”。

4. 执行和解机制：主动化解执行矛盾

（1）执行和解劝导机制。J省高级人民法院结合本地农村执行工作情况，从乡土社会学和执源治理理论出发，创新性地将新时代“枫桥经验”与执行和解制度相结合，形成涉农执行案件的“乡土精英”劝导调解机制和调解后自动履行生效裁判文书机制。

（2）推行执行调解员参与法院执行机制。J省J市中级人民法院联合市司法局出台《推行执行调解员参与法院执行工作的意见（试行）》，建立执行调解员参与法院执行的机制，配齐执行和解专业团队，提高执行和解成功率。该机制是从人民调解员、人民陪审员名册中吸纳社会力量参与法院执行案件的执行和解，见证法院执行，发挥执行调解员对当事人在社会公德、家庭美德、伦理道德上的感化作用，促使当事人主动履行义务，调和矛盾纠纷，从而形成社会力量参与执行、理解执行、支持执行的氛围。

（二）执源治理经验评价

1. 缺乏统一模式，各地法院各自为战

包括协同执行机制、正向激励机制、执前化解机制、执行和解机制等未有全国统一的模式，相关的程序、适用条件、配套措施不一，甚至名称也无法统一。这导致执行难源头治理水平参差不齐，不同地区当事人可采取的执行矛盾化解措施也不一，影响了司法保护、司法执行的统一性，更影响了执源治理的水平，有碍切实解决执行难的实现。

2. 缺乏规范依据，相关程序模糊不清

从制度层面看，执行源头治理措施的依据大多是执行法院自己出台或是联合当地党委、政府及部门出台的规范性文件，国家级或是省级层面的法律法规或是其他规范性文件几乎没有，甚至许多治理措施仅处于实践探索阶段，没有规范依据。规范依据的缺失，高位阶文件的缺位，容易导致各地执行难源头治理处于失准状态，影响执法、司法的统一，不利于规范、系统建设执源治理机制。比如，关于出具自动履行证明书的机制，各地法院对出具的条件、程序、内容及相关激励措施未形成统一认识，导致当事人在不同法院“自觉”履行产生的后果不一，极大影响了当事人的履行积极性和司法的权威性。

3. 缺乏联动力度，协同执行刚性不足

从样本考察情况看，现阶段协同执行机制重视不足、力度不够，协同联动基本处于文件协同状态，未真正、深入协同治理、联合破解执行难。一是网格员等基层治理力量参与积极性不强、参与度不够、约束性不高，导致社会治理力量供给执行源头治理不足；二是协同执行内容多是送达文书、查人找物等程序辅助行为，没有真正发挥基层治理力量在矛盾纠纷源头化解方面的优势；三是现阶段协同执行目的更多的是提高执行效率，并非源头、协同治理执行矛盾。

三、治理改造升级——立足协同、源头、实质化解矛盾的执源治理思维的再发力

切实解决执行难重在抓前端、治未病，关键在建立执源治理“一盘棋”，要在现有协同执源共治和诉源纠纷化解的实践基础上，进一步明确执源治理思路，创新完善执源治理工作，不断优化执源治理水平。

（一）应对思路

1. 协同执行机制强化共治合力

协同执行机制是人民法院在执源治理理念下，同其他社会治理力量构建法治、德治、自治的共建共治的协同治理模式。具体而言，就是执行程序中，以人民法院为主导，充分发挥社会协同治理经验、模式及力

量的优势，将某一特定地区党委、法院、政府各职能部门、城镇与农村基层自治组织、媒体、金融机构等社会力量进行资源统合，形成合力，保障执源治理的有效性，从源头上、根本上共同化解“执行难”痼疾。例如“强制执行+基层治理”机制，就是实现法院执行资源和基层治理资源链接、整合①，利用网格员等基层治理力量来自本地、服务本地，熟悉辖区风土人情、社情民意，查人找物、纠纷调解等方面的先天优势，实现人员和财产的有效查控、生效文书的有效执行和执行矛盾的有效化解。

2. 正向激励机制引导矛盾自解

正向激励机制是法院贯彻善意文明执行理念的举措，将“诚信激励”与“失信惩戒”并重，通过在执行程序中设置诚信认同措施，辅以配套激励手段，以法律认同、利弊权衡、情感交流等综合引导当事人主动履行，最终实现积极的执行结果，避免矛盾纠纷的激化和司法资源的浪费。正向激励机制是现阶段法院坚持执源治理、善意文明执行最主要的手段，将诚信激励理念贯穿执行，有助于当事人自觉履行义务，有利于矛盾纠纷的自我化解，避免执行工作由社会公平正义的“保护盾”变为社会矛盾纠纷的“激发器”。

3. 执前化解机制实现案件减量

执前化解机制包括执前督促、执前和解、立审执兼顾等机制，通过执行难治理力量靠前发力、源头发力，尽可能使当事人自觉履行或达成和解，将纠纷矛盾化解在执行程序前，从源头减少执行案件数量，使执行资源能更集中在疑难复杂的执行案件中。一方面，执前化解机制不收取执行费、不录入执行系统、不影响征信，降低当事人履行成本；另一方面，执行案件的减少也降低执行成本、提高执行效力，提升执行资源配置的空间。

4. 创新执行流程能动兑现权益

一是做到分案施策，优化执行资源配置。一方面，要建立执行案件

① 参见邓蔚：《执行社会化理念的确立及展开》，载《求索》2019年第4期。

繁简分流机制。执行繁简分流是执行体制机制大系统中的重要内容，也是深化执行改革、健全解决执行难长效机制建设的要求。建立机制的核心是探索科学统一的“繁简”标准。本文认为能够体现难易和繁简的是执行措施，采取的执行措施少即为简，反之即为繁。因此，执行繁简分流体系的关键因素就是执行措施，通过执行措施这一关键点形成了执行繁简分流“事”“案”结合的系统性标准。另一方面，要深化执行流程集约化改革。执行流程集约化改革可以让执行法官从事务性工作中解脱出来，专注于案件执行。同时又能将权力分散在不同的流程，降低廉政风险。故深化执行流程集约化改革应聚焦“分权”和“集约”两个目标。

二是发挥执行和解，实质化解执行矛盾。我国现阶段当事人之间的矛盾大多来自“熟人社会”，矛盾多处于可调和的状态，如不在执行中注重矛盾的调和，一味依照执行依据不择不扣地执行，将激化、分化矛盾，无法实现积极的执行结果。正如费孝通先生的观点，“熟人社会”中，矛盾的处理秉持“无讼”观念，少有外来力量干预，排斥“陌生人”介入，司法制度若无法有效建立秩序，将产生特殊副作用，破坏原有社会生活秩序。[①] 因此，在“熟人社会”的大环境下积极增加执行和解的适用力度和效果显得非常重要。执行和解，对于当事人而言，可以缓解矛盾，降低履行成本，中止或终结执行[②]，减少负面影响；对于法院而言，可以节约执行资源，清理执行积案。特别是执行调解员等主体的参与，凭借其熟悉一地的乡土人情、了解社情民意，有着丰富的群众工作经验、热心于纠纷化解工作，及其特有的亲和力优势[③]，发挥执行和解机制在社会公德、家庭美德、伦理道德上对当事人的感化作用，既能促使当事人自觉履行或达成和解，也能调和矛盾纠纷，实现源头化解执行难。

---

① 参见费孝通：《乡土中国》，上海人民出版社 2013 年版，第 55 页。

② 参见雷运龙：《民事执行和解制度的理论基础》，载《政法论坛》2010 年第 6 期。

③ 参见郭星华、任建通：《基层纠纷社会治理的探索——从“枫桥经验”引发的思考》，载《山东社会科学》2015 年第 1 期。

（二）改善进路

1. 着力于协同执行：保障社会力量参与实现执源共治

主动融入基层社会治理格局，打造协同治理体系。要争取党委、政府支持，建立党委领导、人大监督、政府支持、法院主办、部门配合、社会参与的执源治理体系，从上至下将切实解决执行难纳入依法治国战略布局中。一要从中央到地方出台建立健全协同执行源头治理的文件，提高思想认识，统一工作目标。并明确参与协同执行的主体、内容、方式、主体职责等，并将参与协同执行与相关部门、人员考核挂钩，让其他部门、人员参与协同执行有法可依、有法必依，增强协同执行机制的刚性。二要建立信息互通共享机制。例如J省法院“执行三推送”机制，将需要引入社会治理力量的案件信息有依据、有程序、有效率地与基层治理主体共享，保证协同执行机制的信息基础。三要建立执源治理中心。各部门有效进驻，合作办公，为辖区群众提供执行法律宣传、矛盾纠纷调解、执行法律援助、执行和解、执行程序见证等服务，综合运用各主体手段，如法院强制执行手段、派出所执法措施、网格员调解经验等，督促当事人履行或达成和解，对拒不履行义务的被执行人进行联合惩戒，实现协同执行机制的持续性、有效性运行。四要将非诉解纷方式靠前。在协同执行机制中建立“社会调解在前、法院诉讼在后、执行程序断后”的递进式矛盾纠纷调解处理体系，推行基层自治组织、基层政府、法院递进式的解纷程序。属地性强的交给人民调解员、网格员等主体化解，专业性强的交给行业组织化解，影响重大的联合化解，无法化解的引入执行程序，实现执前化解、自动履行、执行兜底的执源治理效果。

2. 着力于正向激励：增强履约证明效果引导自觉履行

建立统一出具自动履行证明书的机制。一要统一关于出具自动履行证明书的依据。建议最高人民法院在已有实践基础上，出台关于出具自动履行证明书的内部规范性文件，统一名称、格式、主体、条件、程序、配套激励措施、救济途径等，统一、规范全国各法院出具自动履行证明书的行为。二要在法院内外部拓展配套激励机制。在法院内部，可以探索对符合开具自动履行证明书的当事人，在其申请的情况下，减免执行费。可以建立自动履行信息库，实现法院内部甚至外部的共享，为当事人进行信用修复等提供信息便利。在法院外部，通过建立联合信用修复机制，拓展履行补充说明等配套措施，强化自动履行证明书的认可度，让自动履行证明书成为政府部门、金融机构等主体认可的信用评价依据，增加主动履行对当事人的吸引力。

3. 着力于执前化解：增加执行前端谋划实现减量增效

（1）统一完善执前督促和执前和解机制。一要让执前督促和执前和解有法可依。现阶段大部分执前督促和执前和解的实施依据来源于执行法院内部，对当事人来说权威性不足，对于该机制的适用主动性不高，所以应出台全国统一的规范执前督促和执前和解机制的法律文件。通过全国统一的文件，规范执前督促和执前和解机制的适用条件、具体程序、适用效果等，提高执前督促和执前和解的权威性，增加执前督促和执前和解机制的适用。二要将执前督促和执前和解机制与出具自动履行证明书机制相衔接。对于主动履行完毕的，给当事人出具自动履行证明书，对达成和解协议并履行完毕的当事人，出具自动履行证明书，对没有按时足额履行和解协议的，立即转入强制执行程序。三要建立执行督促和执前和解中心。选聘人民调解员、人民陪审员等主体进驻，配合执行员，实现常态化督促履行和执行和解。借助固定场所，多样化宣传执前督促和执前和解机制的有益之处，引导当事人主动履行。

（2）加强立审执“一盘棋”执源治理机制。执行是法院的最后一道工作，也是各种利益、各种权利冲突的最后关口，执行的效果会影响法院之前的立案、审判工作，同样，立案、审判工作也会影响执行工作的最终效果。因此要畅通立审执“一盘棋”执源治理机制，从源头减少执行案件。一要前移执行战线。强化案件一体化思维，在诉前、立案、审判中强化执行思维，树立更多案件自觉履行、更少案件进入执行的价值取向，加强源头化解执行案件。二要加强财产保全适用。在立案、审理阶段设置财产保全措施告知机制，主动告知财产保全的相关规定、必要性及申请流程等，提高财产保全适用率，达到“以保促调”“以保促执”的效果。三要完善判后督促履行和执行不能告知程序。在立案、审判阶段充分告知不履行义务的不利法律后果和主动履行义务的益处。判决生效后，承办法官通过书面履行告知书，引导当事人自觉履行。同时，也要对当事人进行执行不能风险提示，让无法执行到位的案件不进入诉讼程序和执行程序。四要强化执行与破产程序的衔接。设置可以适用破产程序的执行案件的识别程序，及时整理出该类案件，及时移送破产审查，消化无法执行到位的积案。五要优化审判质效考核。为确保立审执“一盘棋”执源治理工作的有效落实，可以在审判质效考核中设置“民事裁判申请执行率”“调解案件进入执行程序占比”和“民事案件申请保全率”三项考核指标，以考核为推手，促进审判人员切实将工作思路上的“审执分离”转变为“审执相融”，关注矛盾纠纷的实质化解和裁判文书的主动履行，保障从源头减少执行案件。

（3）推进人民法庭直接执行。一是积极争取党委政法委的支持。加强乡镇、各政法成员单位的协作联动，推进人民法庭直接执行机制建设，明确各责任单位的目标任务、主要措施、工作要求等。充分发挥乡镇综治中心的统一管理职能作用，将法庭参与执行工作深度融入基层社会网格化治理体系，调动村干部、民警、综治网格员、人民调解员、乡贤参与法庭执行工作。二是规范法庭执行办案流程。制定法庭办理执行案件工作方案和流程，采取“立审执”一体化办案模式，促进诉前、诉中、诉后、执前、执行、执后整个诉讼程序和环节的有效衔接，有效发挥派出法庭“人缘广、地域熟”的独特优势，做实执前督促履行、执前和解等工作，实现矛盾纠纷“一站式”化解。三是加强法庭执行工作管理。人民法庭开展执行工作可以根据实际情况设立专门执行团队或组建“法庭+执行局”办案团队，法庭执行工作接受基层人民法院执行指挥中心统一管理、统一指挥、统一调度，案件纳入执行案件管理平台，执行案款纳入“一案一账号”管理系统。四是健全法庭执行工作考核机制。人民法庭办理的执行案件进行分类登记造册，加大对执前和解、标的到位率、自动履行率的考核力度。将各乡镇、各政法成员单位执行联动情况纳入平安建设、综治考评内容，确保执行协作联动运行顺畅。

4. 着力于执行流程创新：提升能动执行质量实质化解纠纷

（1）建立分类分级执行程序。一是要通过繁简分流机制实现“过滤式”立案。有和解和主动履行意愿的进入执前督促程序。无和解可能的进入执行程序，在立案阶段即统一提起案件初步财产查询，根据反馈结果，将足额执行到位案件、无财产可供执行案件分配到速执组，标的额大且疑难复杂的执行案件分配至精执组，将财产需要变价处置的案件分配到财产处置组。二是要通过深化流程集约化改革实现“类型化”归集。一方面，将文书制作发送、网络查控、传统查控等事务性、程序性工作进行集约，交由专业辅助团队办理，变零碎作业为集中批量作业，提升工作效率；另一方面，对关键环节进行分权分解，实现监督制约。对执行财产处置和执行案款收发流程，要进行分权制约，相关事项可分别交由案件承办团队以外的执行干警予以办理，这样既对权力集中的环节进行了有效分解，又能兼顾执行程序效率。

（2）完善执行和解机制。一要引入社会力量参与、见证执行和解。各地法院可以结合本地实际情况，建立社会力量参与、见证执行和解的机制，引入一些熟悉当地风土人情、掌握有效矛盾调解手段的主体，发挥他们在情感认同、道德感化上的优势，提高执行和解成功率。二要设置执行和解协议履行监督程序。加强对执行和解协议的见证，有效衔接进入债权公证，对拒不履行和解协议的及时进入或恢复执行，并提高执行措施效率和加大惩戒力度。三要设置执行和解中心，各执行和解工作力量入驻办公，保障和解工作开展。四要与正向激励机制相衔接，为履行完毕执行和解协议的当事人及时出具自动履行证明书，为其恢复信用，最大化发挥执行和解机制促进“自觉”履行的作用。

【调研与实证】

上海法院关于推进涉众型非法集资案件执行的探索与实践

汤兵生* 朱一心** 操 政***

近年来，涉众型非法集资案件集中爆发，主要涉及 P2P 网络借贷、理财产品、私募基金等领域，具体类型为集资诈骗和非法吸收公众存款。该类案件因被害人数众多、需追缴金额巨大、财产情况复杂、权属异议频发，给法院执行工作带来巨大挑战。目前，上海法院除高院及金融、海事、知产、铁路运输等专门法院外，其余 18 家法院均有案件，其中已进入执行阶段的非法集资平台共有 378 个，涉及受损群众达百万人，申请执行标的上千亿元。为有效维护经济社会稳定，最大限度帮助受损群众挽回损失，上海法院坚持高位推动，创新“一会五专班”工作机制，加强内外联动，深化数字赋能，走出了一条有效推进涉众型非法集资案件执行的新路径。截至 2023 年 6 月 31 日，上海法院在该类案件中已完成超 10 万件财产的处置工作，执行到位金额达到 110 亿元，共确认 575554 名受损群众信息，发放案款 88.74 亿余元，357543 名受损群众得到受偿，相关实践荣获 2022 年度上海市法治为民办实事活动市级优秀项目。

---

* 上海市高级人民法院审委会委员、二级高级法官。
** 上海市第一中级人民法院执行局局长。
*** 上海市高级人民法院执行局三级法官助理。

一、确立例会制度：强化协同破解难题

涉众型非法集资案件执行涉及面广，任务繁重，其中很多工作需要跨部门协作，比如大量争议财产的权属异议审查问题，往往涉及刑事与民商事法律交叉，需要不同业务条线共同参与研判；大量人员的比对确认和案款发还工作，传统人力模式难以为继，需要信息部门提供技术支持和保障；而抓紧追赃挽损的同时，持续做好信访稳定工作，更需要立审执不同环节乃至公检法不同部门的协同配合。

为有效凝聚工作合力，加强各部门协调联动，上海法院将推进涉众型非法集资案件执行工作作为“一把手”工程，确立例会制度，即要求院领导每两周组织执行局、刑庭、立案庭等有关部门召开一次例会，对案件办理过程中遇到的疑难复杂问题进行集中会商，从院级层面合力推进解决，确保发现问题及时研判、及时推进、及时解决。2021 年至今，上海高院共召开专题例会十余次，会议意见先后形成了《涉众型非法集资类案办案要件指南》《上海市高级人民法院关于非法集资犯罪案件涉财产部分审判执行工作指引》《当前非法集资犯罪案件涉财产部分审判执行若干问题解答（试行）》等规范性文件，为全市法院办理涉众型非法集资案件提供了有效遵循。

辖区各法院有效落实“一把手”责任，以例会制度为抓手，进一步统筹工作力量，明确各部门职责，凝聚工作合力，有效推进相关疑难问题处理。在此，特别提及三个问题，虽然目前没有明确法律规定，但经例会论证在上海范围已经形成一致操作意见。

一是关于遗漏被害人的处理问题。由于涉众型非法集资案件往往采用多平台、跨地域、线上线下方式同步吸收资金，案发时部分人员数据未及时归集到案，容易出现遗漏部分被害人的情形。对于遗漏人员所涉金额不影响定罪量刑基本事实的，应当合理安排路径予以及时平等保护。执行部门在将相关人员信息和受损事实移交原审判部门审查确认后，可一并纳入发赃范围；若遗漏人员所涉金额对定罪量刑产生重大影响的，

则应重新启动刑事审查程序处理。

二是关于业务员退赔责任认定及违法所得追缴问题。此类非法集资平台开展犯罪行为往往由大量业务员具体实施，如上海一中院受理的一起案件中涉及业务员就达 6 万人。对于已纳入刑事追诉的业务员，一律责令其对犯罪集团造成的所有损失承担退赔义务，会产生严重罪责刑失调，不利于此类人员回归社会。为确保刑事处罚的公平性，应当根据犯罪人员的不同层级确定相应的赔偿责任，即除涉案平台的实际控制人、高层管理者、主要策划者、非法利益主要支配者等应当对全部损失数额承担连带赔偿责任外，对于一般中层管理者和业务员等，可按照个人实际违法所得或造成损失的相应倍数认定其所应承担的退赔责任。原则上，业务员按 1~2 倍承担，中层管理者按 2~3 倍承担。同时，由于有的业务员入职时间短，对自身违法行为认识不足，且造成的损害较小，有的基本将其吸收的资金全额退出，依据相关政策与法律，对此类业务员可以不纳入刑事追诉，但根据任何人不得因其不法行为而获益的基本法律精神，此类业务员从平台所领取的工资、奖金、佣金及提成等收入仍应予以追缴，以切实维护广大受损群众权益。

三是关于业务员申请退赔问题。实践中还存在一些业务员声称本人或代替他人投入大量资金，主张作为被害人参与发赃。对此，应当认识到，此类业务员虽是犯罪行为的实施者，但因受到更高层级的欺骗，逐渐成为了平台"吸血"对象，由参与者转变为受害者。由于其主观存在过错，损失部分应劣后于普通受损群众获偿；当然，如果确有证据证明业务员代他人投入的，则应将隐名被害人纳入发赃范围。

二、建立信访维稳专班：有效沟通安抚民心

涉众型非法集资案件办理流程长，受损群众普遍长期信访，信访诉求往往集中反映政府部门监管滞后、办案机关打击不力、追赃比例低；数量众多的不同案件受损群众易形成同频共振的效应，且同一案件不同诉求群体间也易引起冲突、对抗，处置稍有不慎，极易产生个人极端行

为和群体性事件。执行作为流程最后一环，面临着极大信访维稳工作压力。对此，上海相关受理法院均成立专班，负责此类案件办理过程中的信访维稳工作，通过“线上+线下”多渠道，积极回应群众诉求，做好释法明理。具体做法有：

一是畅通线上信访通道。上海法院在立案阶段即开通留言板、公告栏等信息平台，方便全国各地群众反映诉求；每日安排专人梳理留言板留言，对共性问题通过平台公告集中回复，对个性问题单独联系进行解答，适时发布案件进展情况；同时，主动与“受损人微信群”群主建立专线联系，开通被害人智能服务热线电话，设置专人负责实时接听、答复。这些举措有效减少了线下集体信访的发生，稳定了群众对案件办理的预期。

二是定期开展线下接访。由于受损群众人数众多，开展线下接访需积极争取地区党委政法委支持，安排专门场所作为被害人集中接待点，定期接待受损群众代表，通报案件进展情况，充分答疑解惑。必要时可协调公安机关、检察机关开展联合接访，确保沟通的连续性、有效性，也避免影响法院正常办公秩序。

三、建立财产处置专班：高效变现确保价值

此类案件涉案财产极多，包括房产、车辆、飞机、土地、矿产、首饰珠宝、工艺品等多种类型，遍布全国各地，处置工作量极大；很多财产鉴定估价难、价值波动大、变现周期长，需要依靠专业力量才能实现价值最大化变现。对此，上海法院普遍成立财产处置专班，主要负责涉案财物的续行查控、先行处置、评估拍卖等工作。有效做法包括以下几点。

（一）确立财产清单移送机制

对在案查控的财物采取清单移交的方式，明确公安、检察机关移交清单规则，要求需写明财产名称、种类、数量、权属状态、措施文号、

时间期限、登记机关、存放地方、保管人等详细信息。目前，上海法院在办执行案件均要求随案移送信息完整翔实的“财产清单”，有效促进了财产查控、移送、审查、续控、处置等工作紧密衔接，规范有序开展。

（二）积极适用先行处置制度

对不宜长期保存、易贬值或者市场价格波动大的财产，或者有效期即将届满的票据等，及时移送执行部门先行处置，确保价值最大化。上海二中院在一起案件审理过程中，积极适用先行处置，拍卖机动车87辆、游艇2艘，执行到位1.2亿余元，有效确保财产价值不贬损。

（三）根据财产特性采取不同变价模式

对价值较低或者数量较大的，协调拍卖辅助机构、拍卖平台开展理货、保管、物流配送等合作新模式，进一步提升处置效率、降低成本。对于种类较多的动产，根据财产特性分别采取批量、拆零或组合形式进行拍卖，以提升拍品成交价。如价值较大的名表、玉石等贵重物品，采取拆零单件拍卖，让普通百姓也可以参与竞拍；如橱柜等成品家具，则组合成套拍卖。上海一中院在一起案件执行中，对近5万件工艺品采用批量与单件方式处置，并与京东网、淘宝网合作，由京东、淘宝工作人员承担理货归类、物流配送等辅助工作，节省大量司法资源与费用，实现拍卖成交率、溢价率双提升。

（四）积极探索特殊类型财产处置方式

如针对正在租赁运营中的境外航空器执行，由于受到合同约束，如强制退出则需赔偿较大违约损失，上海法院采取由境外公司代为运营，积极协调外交部门及时归集运营收益的模式，实现财产有效变现；对于一些“烂尾”工程项目，则积极协调当地政府引入第三方投资，促成项目完工，再行变现。上海长宁法院在一起非吸案执行中通过代为运营的方式，妥善处理了一架由国外航空公司租赁运营的空客A330飞机，实现飞机租金定期到账。

四、建立异议审查专班：畅通救济促进公正

此类集资平台往往将吸收的大量资金以各种名目进行对外投资，包括购买未上市股权、投入政府 PPP 基建项目、开展境外飞行器租赁业务等，资金去向复杂，退出难度极大，且一般采取“资金池”模式操作，非法集资资金与合法资金高度混同，难以有效区别、界定。由于审判阶段往往偏重定罪量刑，以致在执行阶段仍存在大量财产权属不清、大额资金去向不明，案外人异议频发，给追赃挽损造成较大阻碍。因此，有必要协调刑事审判法官与民商事审判法官组成工作专班，专门负责查明定性、权属判断工作，通过进一步明确救济程序，切实保障相关主体合法权益。在现行规则基础上，上海法院创新做法如下。

第一，细化权属异议审查认定机制。一是针对执行过程中发现被执行人、案外人名下新的财产可能系赃款赃物的，明确由原审判部门负责对相关财产进行定性，确定追缴范围，并作出专项裁定。二是针对执行中对案外人就已查控的涉案财产提出权属异议的，明确由原审判部门负责审查，可予以补正的出具补正裁定，不能补正的导入审判监督程序处理。

第二，探索被执行人与案外人共有财产的处置机制。具体区分两种情形：一是对于共有财产全部或部分系赃款赃物的，执行局可以直接处置，并按刑事裁判认定的比例执行赃款赃物对应的份额；二是对于被执行人与案外人共有的合法财产，共有份额明确，其他共有人不愿意或者无法购买被执行人的份额的，可进行整体处置，再从变价款中执行被执行人的份额部分，其余部分发还给案外共有人。

五、建立债权清收专班：多措并举挽回损失

涉众型非法集资案件中，集资平台吸收的资金，除用于借新还旧、投资和个人挥霍外，常常用于对外放贷（开展 P2P 业务）。平台“爆雷”

后，都有较大数量的到期债权，有的案件高达数十万笔，涉及金额占全部损失金额比重较大，实际清收效果影响此类案件的退赔比例，亟须重视。由于借款人数众多，分布较广，逐个催收、提起诉讼进程缓慢，效率低下，极大占用司法资源。对此，上海法院建立了债权清收专班，创新清收方式，多措并举开展清收工作。

一是开发债务人案款自助履行平台。该平台通过建立债务人身份信息和债务金额数据库，采用人脸识别、信息比对自动核验债务人身份信息，以短信、执行公告等形式督促债务人及时履行还款义务，并提供线上付款、异议渠道，从而有效解决了有自愿还款意向的债务人在平台“爆雷”后无法还款的问题。目前，该平台主要在上海一中院试点运行，成功清收了 2127 笔小额债务（3 万元以下），金额共计 500 余万元。

二是探索通过刑事追缴模式进行清收。法院发布对外债权清收公告，督促债务人自觉履行还款义务。对于拒不履行，且对外放贷债权债务关系清晰的，由法院作出刑事裁定向债务人追缴，并根据刑事裁定追加债务人为被执行人，开展线上集中查询、扣划，适时采取失信限高措施。刑事追缴范围一般限于本金，但有证据证明存在孳息的，可一并纳入追缴范围。刑事追缴模式有效提升了清收强制性，倒逼借款人主动履行还款义务。其中上海一中院通过该模式对大额债权（3 万元以上）予以清收，目前已立案执行 11 件，执行到位 4000 余万元，取得了较好的效果。

六、建立案款发还专班：及时兑现胜诉权益

案款发还是整个案件流程的最后环节。由于受损人员数量众多，采取传统现场登记、邮寄书面材料、逐一录入账户、依次发还等信息核对和案款发还模式，不但耗时费力，而且效率低下，必须向信息化要生产力，运用互联网和区块链技术实现自动核对人员信息、批量化案款发还。对此，上海法院于 2021 年便研发上线了刑事案款核发平台。该系统采用人脸识别、银行卡自动校验等技术开展受损人员信息收集、核验，信息确认无误后，按照法院设定的分配方案比例，由银行后台操作将案款统

一发放至受偿人员登记的账户中，实现无纸化自动集中发放，有效提升了涉众型案件案款发放工作的高效便利性与安全可靠性。受损群众足不出户，即可在线了解案件进展、确认投资信息、获得退赔款项，实现最大限度的便利与快捷。截至目前，上海法院在该平台共上线案件 124 件(一个集资平台统计为一个案件)。辖区内各法院均配足配强执行力量，组建工作专班，确立了一项机制、一项原则，有效推进案款发放。

一是确立受损人员信息清单移送机制。加强与公安、检察机关的协调配合，强化各机关在不同阶段收集、制作受损人员信息清单的工作职责，不断补齐受损人员姓名、身份证号码、受损金额及收款银行卡卡号等关键信息，并通过接续努力，使之尽量完整准确，有效提升执行阶段发赃退赔效率。

二是确立“最大限度、最快速度”发放原则。对于判决生效后在案款项较多的，人员信息、受损金额能够基本确定的，即可启动发放工作；对部分人员信息不全或对受损金额存有异议的，按比例予以预留，待相关情况确认后再进行发放。

涉众型非法集资案件执行工作任务繁重，执行效果关系广大群众切身利益，关系公平正义最终实现，关系社会和谐稳定。人民法院职责所在，理应担当作为、攻坚克难。面对众多翘首以盼的受损群众，上海法院将始终坚持“以人民为中心”的发展理念，着力破解执行难题，进一步推进追赃挽损工作，努力提升案件执行质量、效率和效果，切实增强每一位受损群众司法获得感！

源头解决涉金融案件执行难研究

——以福建法院涉商业银行民事执行案件为研究样本

福建省高级人民法院执行局课题组*

内容摘要：受国内外多重因素叠加影响，近年来，福建法院涉金融执行案件受理数年均约6.5万件，占执行案件总数比重超20%，而涉商业银行执行案件数占涉金融执行案件总数比高达87.11%，但执行完毕案件占比、实际执行到位率低、结案平均用时长等问题仍比较突出。有鉴于此，要从源头解决涉商业银行案件执行难，需上述各方主体共同发力。商业银行要对信贷风险实行闭环管理，提升涉诉涉执债权的挽损能力，建立灵活的让利协商机制。金融监管机构要加强信贷风险的有效监管。社会各界要加大对执行工作的支持力度，共建诚信社会。人民法院应当改进涉商业银行案件执行工作，建立健全不同于普通执行案件的特色执行机制；加大小标的额案件执行力度；引入大宗拍品贷款服务和保证保险机制，破解大宗财产处置难题，提高财产处置效率；健全完善“前端措施穷尽、中端质量监控、末端案件续管”的终本、终结案件管理机制，严防违规终本、终结。共同守护金融安全，牢牢守住不发生系统性金融风险的底线。

---

* 课题指导：福建省高级人民法院党组成员、副院长王孔坚。课题负责：现任莆田市中级人民法院党组书记、代院长，时任福建省高级人民法院执行局局长谢志洪。课题组成员：福建省高级人民法院执行局副局长李显先、周晓芳，执行局法官助理叶聿傺。执笔人：叶聿傺。

关键词： 金融案件　商业银行案件　执行难　源头治理

一、引言

习近平总书记在2023年中央金融工作会议中强调："金融是国民经济的血脉，是国家核心竞争力的重要组成部分，要加快建设金融强国，全面加强金融监管，完善金融体制，优化金融服务，防范化解风险，坚定不移走中国特色金融发展之路，推动我国金融高质量发展，为以中国式现代化全面推进强国建设、民族复兴伟业提供有力支撑。"① 近年来，受国内新冠疫情多点散发和复杂的国际环境等因素影响，中国经济下行压力较大，加之货币政策适度宽松等因素叠加，造成金融领域大量矛盾纠纷涌现。福建法院涉金融执行案件受理数占全部执行案件受理数高达21.41%。习近平总书记指出，"金融活，经济活；金融稳，经济稳"。② 金融是国家宏观调控的重要抓手，事关国家经济发展大局，涉金融案件的执行成效，事关信贷资金安全、事关金融机构的经营风险和国家金融安全、经济稳定。有鉴于此，根据有关部署，省法院执行局以2019年至2022年涉银行、证券、保险、信托等金融纠纷执行案件为主要研究对象，采用走访、座谈、数据分析等多种调研方式开展源头解决涉金融案件执行难专题调研。在研究过程中，发现各地涉商业银行执行案件占全部金融执行案件的比重均超过70%，部分地区甚至超过90%。鉴于金融执行案件所涉类型众多、特点各异，问题、成因及解决对策均有所不同，难以一应俱全，故本文主要以金融执行案件中最具有代表性的涉商业银行执行案件为研究对象，形成本篇调研报告。

二、涉金融案件执行的现状与特点分析

据统计，2019—2022年，全省法院共受理各类涉金融执行案件25.84

① 参见2023年10月31日习近平总书记在中央金融工作会议上的讲话。

② 参见2017年4月25日习近平总书记在中共中央政治局就维护国家金融安全第四十次集体学习会议上的讲话。

万件，结案 24.88 万件，结案率 96.28%，实际执结案件 12.71 万件，实际执结率 51.09%；申请执行标的额 3674.63 亿元，执行到位金额 1099.15 亿元，执行到位率 29.91%。

2019—2021 年案件受理数逐年上升，2022 年略有下降。2019—2022 年全省法院受理各类涉金融首次申请执行（以下简称首执）案件分别为 5.06 万件、5.56 万件、7.69 万件、7.43 万件，占同期首执案受理总数的比重分别为 19.45%、20.13%、23.72%、23.82%（见图 1）。2020—2021 年涉金融执行案件受理数同比分别增长 9.88%、38.31%，2022 年同比下降 3.38%。

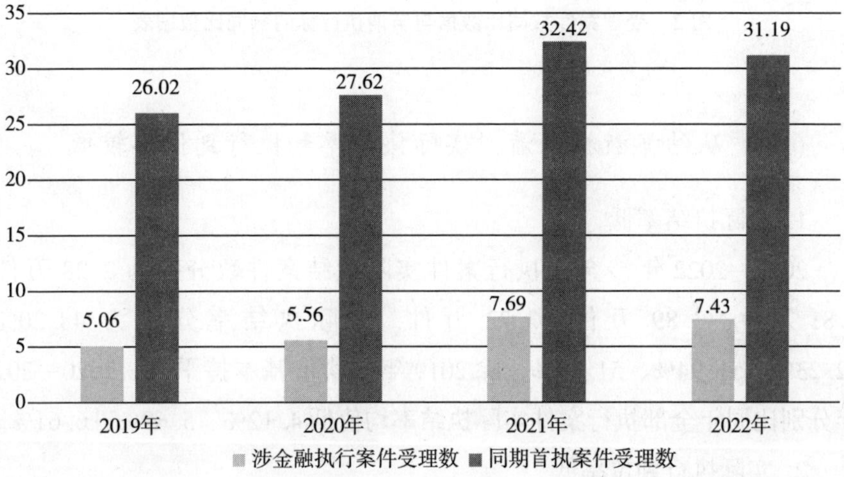

图 1　涉金融执行案件受理数与同期执行案件受理总数（单位：万件）

2019—2021 年申请标的额逐年下降，2022 年略有回升。2019—2022 年全省涉金融执行案件申请执行标的总额分别为 988.31 亿元、791.35 亿元、637.16 亿元、687.91 亿元，占同年申请执行标的总额的比重分别为 34.26%、34.58%、29.78%、32.30%。2020—2021 年申请执行标的额分别同比下降 19.93%、19.48%，2022 年同比增长 7.97%（见图 2）。

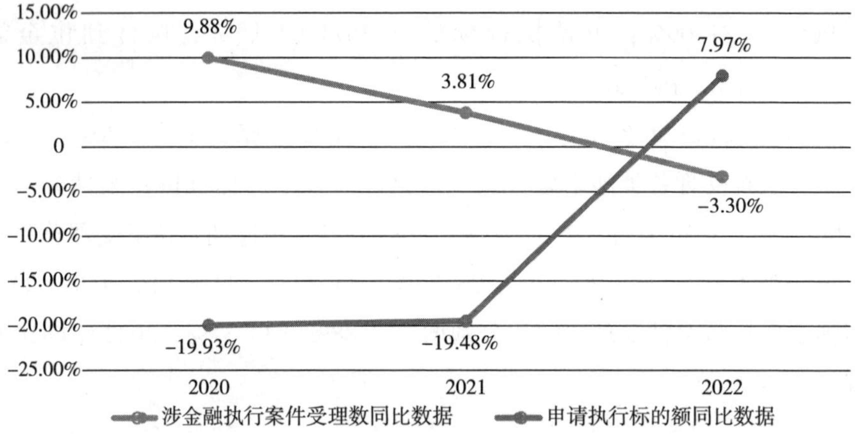

图 2　受理案件数同比数据与申请执行标的额同比数据表

(一) 从结案数据来看，实际执结率和执行到位率较低

1. 实际执结率低

2019—2022 年涉金融执行案件实际执结案件数分别为 2.28 万件、2.81 万件、3.89 万件、3.72 万件，实际执结率分别为 48.20%、52.23%、51.94%、51.45%，除 2019 年与均值基本持平外，2020—2022 年分别比同年全部执行案件实际执结率均值低 4.12%、5.69%、6.61%。

2. 实际执行到位率低

2019—2022 年涉金融执行案件实际执行到位金额为 257.79 亿元、318.7 亿元、243.95 亿元、287.72 亿元，实际执行到位率分别为 23.67%、35.46%、29.15%、32.65%，分别比同年全部执行案件实际执行到位率均值低 7.63%、7.26%、9.73%、6.44%（见图 3）。

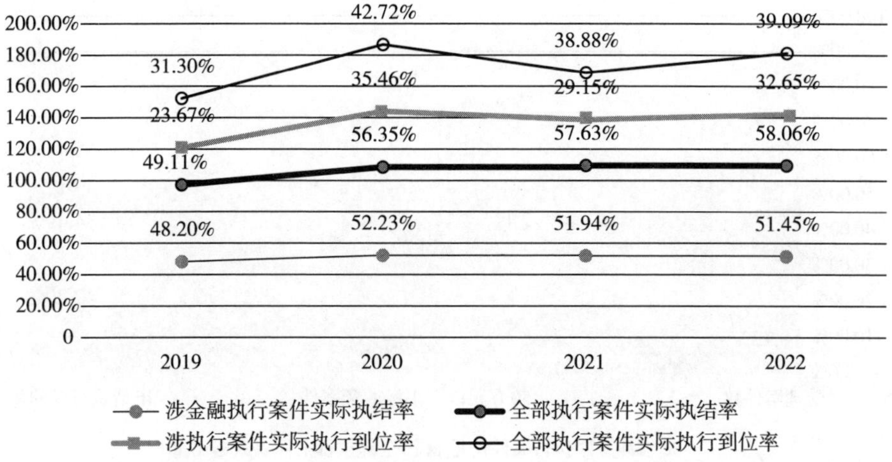

图3 涉商业银行执行案件实际执结率与实际执行到位率与同期均值对比

（二）涉商业银行首次执行案件所占比重大且特点突出

2019—2022年，全省法院受理的涉商业银行执行案件22.51万件，占涉金融执行案件受理总数的87.11%。除具备涉金融执行案件共性外，涉商业银行执行案件还有其特性，呈“四大”“四低”“一长”特点。

1. “四大”

一是受理案件量大。涉商业银行执行案件不仅占涉金融执行案件比重达87.11%，占同期全部首执案件的比重亦高达18.72%。二是小标的额案件占比大。申请执行标的额在50万元以下的案件有16.85万件，占同期涉商业银行执行案件总数的74.86%，其中10万元以下的案件有11.41万件，占比50.69%。三是申请执行标的总额大。涉商业银行案件申请执行标的额为3104.74亿元，占同期涉金融执行案件的84.49%，占同期全部执行案件的申请标的总额的42.20%（见图4）。四是终本率、终结率高。涉商业银行执行案件终本率、终结率分别为43.20%、42.79%，分别高出执行案件均值1.98%、23.17%。

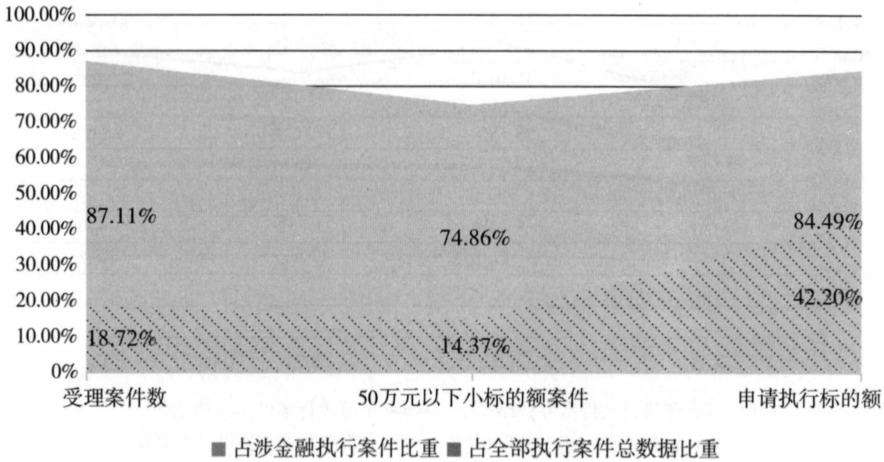

图 4 涉商业银行执行案件受理案件数、小标的额案件、申请执行标的额占涉金融执行案件、全部执行案件的比重

2. “四低”

一是执行完毕率低。涉商业银行执行案件执行完毕率仅为 13.04%，比 38.03%的均值低 24.99%。二是实际执行到位率较低。商业银行作为有较为完善的风险防控体系的企业法人，首执案件实际执行到位率仅为 40.88%，仅比均值高出 4.36%。三是保全率低。涉商业银行案件执行立案前仅 1.75 万件采取了财产保全措施，占比 7.77%，比 41.80%的均值低了 34.03%（见图 5）。四是设置担保物权案件比例低。仅 3.89 万件设置担保物权，占比仅为 17.28%。

3. “一长”

结案平均用时长。2019 年至 2022 年执行案件结案平均用时为 75.82 天/件，而涉商业银行执行案件同期结案平均用时 89.3 天/件，高出均值 13.48 天/件。

同时，从申请主体特征上看，商业银行具备一定的资源和纠纷化解能力。商业银行绝大多数为国有、集体独资或国有股份制企业，与其他自然人的显著不同在于，其有雄厚的财力、物力基础，有一定规模的专

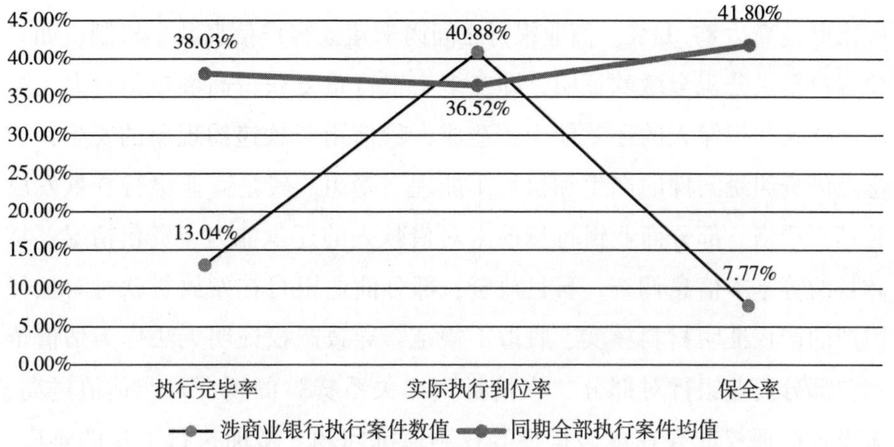

图 5　涉商业银行执行案件与同期全部执行案件数据对比

业队伍和较为完备的风控体系，申请执行的案件量大，且长期稳定的大量涌入执行程序，其有资源、有能力参与源头上实质性化解一大部分矛盾纠纷，减少对司法资源依存度。

三、涉商业银行执行案件执行难的原因剖析

基于涉商业银行执行案件所占比重大，本文从涉商业银行执行案件为切入点，分析涉商业银行案件执行难的原因主要有以下几点。

（一）商业银行信贷纠纷源头治理不到位

1. 信贷管理制度存在漏洞

一是商业银行贷款发放结构不合理。商业银行以追求经营利润为目标，不可避免地以利益最大化为开展信贷业务的主要原则，往往将信贷资金集中发放在房地产、采矿业等受政策影响较大的领域导致贷款结构不合理。加之风险评估机制不完善，一旦政策转向，大量的金融借款合同纠纷案件进入法院。二是小额信用贷款评级授信不够科学。近年来，信用卡纠纷、银行卡纠纷执行案件受理数同比增幅越来越大，信用贷款

纠纷占涉商业银行案件的比重越来越高，特别是50万元以下的执行案件占比更是高达87.11%。商业银行之间尚未建立客户信息共享机制，如只要客户提供公积金缴款证明，即在多个银行重复获得高额授信，大大超出借款人和担保人的还款能力，造成大量信用贷款违约现象的发生，为金融借贷纠纷案件的产生和执行不能埋下隐患。三是商业银行贷款发放管理不严格。部分商业银行贷前未对借款人的还款能力、资信情况、贷款目的等基本信息调查，盲目放贷；部分商业银行在发放贷款时对抵押财产的产权证明材料核实、收取不规范，导致产权证明无法作为估值依据；部分商业银行对部分“人情贷”“关系贷”的抵押财产估值过高、未设置抵押权或存在虚假抵押等权利瑕疵问题，增加执行工作的难度，影响执行效率。四是对贷款资金使用及流向缺乏有效跟踪管理。部分商业银行对贷出资金疏于管理，致使有的专项贷款被挪作他用，或被转借他人，增加信贷经营和国有资产流失风险。

2. 财产保全力度不够

全省涉执行案件保全率低固然有大量小标的额纯信用贷款、财产线索不清等原因，但全省执行案件的平均保全率达41.80%，作为有专门风控部门的商业银行其执行案件保全率竟低于全省执行案件的均值26.64%，也从侧面反映出商业银行对诉前财产保全重视程度不够的问题。一旦案件进入诉讼程序，有意逃废金融债务的被告为避免财产被处置，往往在接到民事起诉状后第一时间转移、隐匿有价值的财产，更是加剧执行难。

3. 协助执行工作力度不够

从2019年9月开始，福建银保监局在全国率先成立覆盖省市两级的9家银行业保险业消费者权益保护服务中心（以下简称银行保险消保中心），聘请专兼职调解人员；人行福州中支在全省范围内共建立了54家金融纠纷调解组织；厦门法院与厦门银保监局、人行厦门市中支等6家单位在全国率先成立了厦门金融司法协同中心；福州中院联合福建银保监局，依托省银行保险消保中心成立“福州金融纠纷联动化解中心”统一平台等多个平台；泉州法院专门成立金融纠纷一体化调处中心等。但上述制度创新主要作用在金融纠纷的诉前化解上，而未把职能作用的触角延伸至金融纠纷案件的判后执前及执行全流程，未能在执前纠纷实质化解和协助执行法院做好执前督促履行工作、参与执行和解、执行材料送达等工作中起到应有的作用，造成一定程度的资源浪费。

4. 对申请执行案件管理不到位

除申请金额较大的涉商业银行执行案件外，商业银行怠于持续跟踪申请人贷后是否有新增财产，过分依赖法院执行部门的强制执行手段，往往一申请了之。加之部分执行工作人员对涉金融执行案件重视度不够，认为涉商业银行执行案件体量大、无法逐一精细办理，在缺乏申请人的有效监督的情况下，往往在点对点、总对总查控后，对无财产可供执行的案件，通过与申请银行沟通作终本处理，现场调查少。

5. 债权回收方式单一加剧执行难

商业银行一般只接受货币受偿，被处置财产流拍后，商业银行往往不愿以物抵债，导致财产处置周期长、大宗财产难以彻底处置完毕，增加了涉案资产损毁、灭失或价值贬值的风险，陷入有可供执行财产却无法受偿的执行僵局。

6. 管理制度僵化导致无法让利或让利空间小

商业银行，特别是大型国有商业银行的管理更具制度化、规范化，在防止利益输送和国有资产被侵吞、窃取的同时，也一定程度上造成了经营管理体制僵化。部分决策者顾虑审计责任或其他追责问责事由，宁愿让在诉讼、执行程序的债权成为呆坏账也不愿让渡部分实体权利以达成调解或执行和解，造成无论在诉讼阶段还是在执行阶段，无论是债务的本金、利息还是还款方式、还款期限等，通过协商解决的可能性都极低。加之部分商业银行领导集体决策的效率低下，又加剧了诉讼代表人在诉讼、执行过程中缺乏调解、协商的灵活性和变通性，易错过债权实现的最佳时机，增加债权成为呆坏账的风险，增大执行难度。

（二）社会综合治理机制不够健全

1. 金融监管机构方监管不严

金融监管机构对贷款发放、资产处置、债权回收等监管力度不够。根据《中国银行保险监督管理委员会职能配置、内设机构和人员编制规定》，各级银保监会（现该职能划归金融监督管理局，以下简称金融监管局）不仅对金融机构的经营行为负有监管职责，还负有风险与合规评估、依法查处违法违规行为，建立银行业和保险业风险监控、评价和预警体系，跟踪分析、监测、预测银行业和保险业运行状况等职责。现实中，部分金融监管局对各商业银行的经营行为缺乏有效预警、监管和指导，致使部分地区金融不良贷款率攀升，大量案件涌入法院，加剧执行难。

2. 执行联动工作有待进一步深化

联合惩戒机制未能长期稳定发挥作用。金融案件执行工作既需要申请执行人积极提供被执行人的财产线索，更需要公安、自然资源、住建、发改、银行、基层组织和新闻媒体等各部门的大力配合。虽然我省已建立了70余家党政部门参与的执行联动机制，但制度优势未能完全凸显。部分联动单位的支持和参与执行联动工作的认识不足、积极性不高，特别在基本解决执行难攻坚战后，对执行工作的支持力度有所减弱，联而不动，未能形成有效的综合治理合力。如因奖励机制无法长期执行等因素导致各级公安机关在配合执行法院查人找物，协助法院稳控、拘留、拘传被执行人等工作上的积极性大大降低，一些经实践检验行之有效的联动执行手段未能长期稳定地发挥应有作用。同时，因参与执行的激励机制、激励措施有限，社会力量主动参与执行的积极性还有待提高。

3. 社会诚信体系尚未真正建立，被执行人自动履行率低

据《福建省高级人民法院执行局关于2019—2021年福建法院执源治理工作分析报告》显示，2019年至2021年全省法院民事案件当事人自动履行率分别为50.01%、46.27%、43.27%，连续三年排名全国倒数第一，这从侧面反映出我省加强社会诚信体系建设的现实紧迫性。这固然有受

全球经济下行影响，导致低收入人群增多，债务偿付能力降低，造成执行不能的案件大幅增加等客观原因。但主因在于：一是部分履行义务人诚信意识淡薄，守约履约观念淡薄。当消极履行、抗拒执行的“收益”大于其付出“成本”时，在利益最大化的驱动下，被执行人往往宁愿选择违约，以各种手段规避执行、逃避执行，致使案件陷入执行僵局，甚至有些企业在成立之初，就钻法律的空子，规避执行，加剧执行难问题。二是诚信社会宣传力度不够，银行等金融机构作为直接利益相关方，未能投入足够的人力、物力、财力参与诚信意识宣传，其他社会各方也普遍认为诚信宣传是人民法院的工作职责，在没有法院参与的情况下，鲜有社会力量主动独立开展诚信宣传工作。

（三）涉商业银行案件执行工作有待进一步改进

1. 案多人少矛盾突出

据 2022 年 1 月份统计数据，全省法院共有执行干警 1629 名，其中员额法官、执行员仅 691 名。2019 年至 2022 年，员额法官及执行员年人均收案 451. 01 件，年人均结案 447. 39 件，按 250 个工作日计算，人均结案 1. 79 件/工作日，工作强度之大，可见一斑。加之新时代对执行信息化、规范化和执行公开提出了更高要求，不断增长的办案任务与有限司法资源之间的矛盾日益突出，执行干警常年处于超负荷状态，影响包括涉金融案件在内的整体执行工作的效率。

2. 执源治理联动力量不足

诉讼和非诉纠纷解决程序促进自动履行的激励机制不健全，未能实质化解涉商业银行案件的矛盾纠纷，无法起到前端“分流洪峰”的作用，致使大量案件无序涌入执行程序，加剧人案矛盾，执行人员大量的精力被牵制在烦琐的重复流程中，有限的执行资源未能发挥最大效用，这也在一定程度上加剧了涉商业银行案件的执行难。当事人、社会力量甚至法院的审判部门对执源治理工作的参与积极性不高、支持力度小，执源治理过度依赖执行部门，在执行人员已然超负荷运转的情况下，仍要分流一部分人员抓执源治理工作，即使执源案件数量有所下降，在“跷跷板”效应下，势必对执行质效造成一定冲击。

3. 繁简分流机制不健全

涉商业银行执行案件数量多、占比大且源源不断涌入法院。其中小标额案件占比高达90%以上，且有大量确属无可供执行财产或仅有少量现金存款的案件，若不加以科学分流，均按照普通执行案件办案流程处理，势必导致有限的执行资源陷入大量无意义的重复工作的泥淖中，既无效果也浪费时间精力，还影响整体执行效率。然而，绝大多数市县法院没有对金融执行案件特别是涉商业执行案件进行繁简分流，或繁简分流程序设计不科学。加之涉商业银行执行专业化团队建设力度不够，难以有针对性地开展精细化、专业化执行。

4. 审执衔接机制不够完善

一方面，部分执行工作人员缺乏主动与审判部门对接，积极前移执行工作关口的意识；另一方面，部分从事审判工作的人员未能切实践行“有利于执行”的理念，缺乏为更高效开展执行工作创造条件的积极性，造成“各自为政”的现象，没能凝聚起司法工作的合力。如审执部门未能充分配合，在审判阶段同时让涉商业银行案件被告签署执行程序的送达地址确认书，在送达裁判文书时未能同时附上不履行生效裁判确定义务的法律后果告知材料等。

5. 财产处置效率低，执行周期长

涉商业银行执行案件同期结案平均用时89.3天/件，高出均值13.48天/件。送达难是导致执行周期长的重要原因之一。当执行人为逃避执行而隐匿时，执行立案、执行实施行为、执行标的评估价值、网络司法拍卖等在多个不同执行阶段需送达的实体、程序文书，就须公告送达，仅公告送达上述文书占用时间就在3个月以上，严重影响执行效率，尤其是存在多个被执行人的案件，受影响时间还要更长。财产处置难是导致执行周期长的另一主因。涉商业银行纠纷案件抵押物相对复杂，对被执行人的财产变现周期较长。如房产、土地、厂房、机器设备等实物，由于标的价值较大或者专业性强，网拍成交率较低，尤其是首次拍卖成交率较低，可能因此导致财产价值减损，若企业正在生产经营，强制清场阻力大，且被执行人同一财产被多家法院查封时，各地法院执行进度不一，影响财产处置效率。

6. 实际执行到位率较低

首执案件实际执行到位率仅为38.47%，仅比全省均值高出2.79%，对于风控系统相对完善的公司法人而言，商业银行的执行到位率不尽如人意。其原因在于：执行法院现场财产调查力量明显不足，再加之网络查控系统的覆盖面不够全面等，造成可处置财产少或无可处置财产，影响执行到位率；无财产抵押的纯信用贷款纠纷执行案件占比大，纯信用贷款纠纷案件的被执行人往往经济条件一般，对个人征信的重视程度不高，履行能力和履行执行义务的自觉性、主动性均较低，故该类案件执行到位率较低。

7. 终本、终结案件管理不规范

涉商业银行执行案件终本率、终结率分别为43.20%、42.79%，分别高出执行案件均值1.98%、23.17%。终本、终结案件评查反映，“未穷尽查控措施终本”“带财产终本”“多次终本”“违规终结”等现象仍不同程度存在。涉商业银行案件量大，在结案周期的末期，特别是年底，执行法院迫于质效考核压力，往往会与商业银行申请人沟通，将部分未穷尽查控措施或不符合终本要求的涉商业银行执行案件先作终本结案处理，或与被执行人达成长期和解为由以终结执行方式结案，待下一个周期再恢复执行。商业银行因有大量执行案件在法院，往往选择配合法院对选定案件申请终本、终结，待下一步考评周期开始后再向执行法院申请恢复执行。

四、源头解决涉商业银行案件执行难的路径建议

（一）强化涉商业银行纠纷的源头管控

1. 进一步强化“贷前调查、贷中审查、贷后跟踪”的信贷风险全链条闭环管理机制

一要加强贷前资信调查。充分核实借款人的申请资料，主动补充调查核实相关借款人的实际借款用途、借款人的财产状况、财产坐落、是否具有权属争议、是否具有排除或阻却执行的事由等，充分客观评估借款企业的债务清偿能力，科学预判抵押、质押财产变现价值，以便于发生纠纷后向法院提供财产线索的同时，减少债权实现风险。二要规范信贷管理。要做好信贷资金流向的统筹布局工作，在资金安全性、效益性和流动性之间寻找最佳平衡点，防止贷款集中发放在高风险领域。要科学评估信用贷款的授信额度，进一步完善贷款审批、发放手续，防止为追求业绩而盲目放贷导致本息回收不能等问题。要与其他商业银行建立借款人金融借款信息共享机制，防止多个银行重复高额授信，挤压信贷“泡沫”。三要强化贷后跟踪监督。在贷款发放后，要加强信贷资金流向监管，对未依法依规使用资金的，要及时采取诉前财产保全等方式止损。同时要不定期跟踪访查借款人的财产变化和经营状况，评估是否存在影响借款人可能违约的情形，并及时采取相应的措施。完善信贷人员教育培训、业绩考评和奖惩机制，探索贷款审批发放终身负责制，减少信贷风险的各种人为因素，从源头上减少涉商业银行执行案件的发生。

2. 提升对不良金融放贷债权的挽损能力

一要科学催收。要加大现场外访催收力度，加强与债务人及其同住亲属、邻居的沟通，争取各方支持债务催收和财产调查工作。及时全面固定催收证据，对构成信用卡诈骗、贷款诈骗等犯罪的，依法及时向司法机关移送犯罪线索，强化震慑作用，促使债务人自动清偿借款。二要加大诉讼财产保全力度。用好用活执前各阶段的财产保全制度，特别是

要加大诉前财产保全力度，防止可供执行财产被转移、隐匿，造成执行不能。三要强化与法院配合联动。商业银行应建立专门联络员制度，指派专人加强执行案件的跟踪管理，实时跟踪被执行人的财产损益情况，及时向执行法院提供被执行人的财产信息，定期了解在执案件的进展情况，跟踪终本案件后续处置，协助财产调查等。

3. 建立健全债务人清偿债务激励机制

一要建立健全诉讼成本奖励机制。即当事人在自愿协商解决且愿意当即付清的前提下，商业银行可以让渡诉讼成本利益给债务人。于商业银行而言，可以在不造成资产价值减损的前提下，免去烦琐而漫长的司法追索程序而获得清偿，提高债权价值实现效率；于债务人而言，既不减损权利又可以获得实质的好处，有助于提高其尽早清偿债务的积极性，打破商业银行与债务人之间互不退让的“零和博弈”，同时减轻法院的诉讼和执行压力，最终实现双赢多赢共赢。二要建立健全涉商业银行诉讼调解和执行和解机制，科学评估债权等级，对拟通过民事诉讼和执行程序解决的债权进行科学评估，分为可足额实现债权、可实现部分债权及债务人无财产可供执行案件三大类。三要建立调解权限动态授予、及时应调、快速审批的灵活让利机制，按照三大类案件的性质决定是否让利以及让利的幅度，探索附条件让利机制，并给予代理人让利幅度内的自决权，提高调解、和解效率。

4. 建立抵债物的信托机制

商业银行要破除唯现金的债权实现制度桎梏，拓宽债权实现的形式。对多次流拍导致无法变现的动产或不动产，在债务人没有其他可供执行的财产的前提下，可以流拍物抵债，商业银行可将接收的抵债物交由信托机构按规定条件和范围，占有、管理、使用信托财产，收取相应的收益，减少损失。防止无法变现财产案件长期陷入执行僵局，造成债权长期无法实现的窘境。

（二）深化构建解决涉商业银行案件执行难的大格局

1. 金融监管机构要加强商业银行信贷合规经营监管

各人行支行、各级金融监管局应充分履职，强化对商业银行金融放贷业务经营行为的监管责任，建立健全各商业银行的客户信息共享共用机制，防止多个不同商业银行对同一借款人的相同信用凭据进行多轮次高额度贷款。定期开展风险与合规评估，完善金融信贷风险监控、评价和预警体系，定期跟踪分析、检测、预测银行业的运行状况，防止各商业银行为抢夺客户而无视风险进行无序竞争，牢牢守住不发生系统性金融风险的底线。

2. 健全查人找物的执行联动机制

完善与公安机关、市场监督管理部门、不动产管理等部门的查人找物联动机制，与公安机关建立执行“点对点”24小时热线，协作精准定位被执行人下落、财产信息等。加强与电信企业联动协作，对变更联系方式致使执行法院无法与其取得联系的被执行人，查询其最新联系方式，破解被执行人联系难、查找难的问题。推动综治平台与人民法院执行指挥、办案平台互联互通，争取基层力量支持，推动协助执行工作纳入基层网格化管理范围，发动“两代表一委员”、村级组织、乡贤、基层综治网格员等协助查人找物、督促履行，促进基层治理与人民法院执行工作的良性互动。广泛发动社会群众参与执行，常态化开展失信曝光工作，提高曝光频次，引导商业银行加大涉商业银行案件的执行悬赏力度，提高举报线索的悬赏金额。引导、鼓励申请执行人积极提供被执行人拒不执行判决裁定犯罪线索，政法各部门建立健全打击拒执犯罪工作的协调配合机制，严厉制裁拒执犯罪行为。推进构建当事人刑事自诉为主的诉讼模式，形成全社会共同“治赖”的工作合力。

3. 加强社会诚信体系建设

进一步深化失信被执行人联合惩戒机制，按照“横向到边、纵向到底”的要求，推动完善“一处失信、处处受限”的信用监督、警示和惩戒体系。严厉打击恶意逃废金融债务的行为，综合运用行政、刑事、民事和金融手段进行打击整治，强化高压震慑作用。商业银行、金融监管局、人行、人民法院、司法局等部门要加大人财物的投入，提高社会征信、信用制度的普及教育，广泛宣传涉金融债权案件专项执行行动的做法、成效，发挥典型案例的导向作用，进一步完善社会信用体系，培塑全民守信的良好风气。

（三）改进涉商业银行案件执行工作

1. 建立健全涉商业银行案件特色执行机制

一要深化涉商业银行案件繁简分流机制。对50万元以下的小标的额案件，要深化团队化执行工作法，将分段集约与繁简分流深度结合，做到“繁简分流、简案快执、繁案精执”。执行立案阶段引导提供财产线索，详细甄别，做好分类标记；立案后全面“过筛”有否可供执行财产，分别分流至不同团队处理，确无财产可供执行案件分流至终本团队作终本处理，并做好后续跟踪管理，有财产处置案件根据财产处置难易程度分别分流至简案快执组或繁案精执组。二要建立涉商业银行案件执前督促履行程序前置机制。将小标的额债务人的自动履行联动督促，作为执行立案的先决条件和必经程序，以实现案件的分流、减量。引入各地消保中心调解队伍和金融机构清收工作人员进驻执行服务中心，与执行人员共同做好涉商业银行执行案件执前督促履行。三要探索涉商业银行集中管辖制度。在金融案件较为集中的法院，设立金融法庭、金融案件执行团队。福州、泉州、莆田等地城区面积大，人口和案件相对集中，区际联系紧密且交通方便，可借鉴“厦门市金融司法协同中心”模式，将市区所有金融案件集中至金融机构所在地最多的法院进行集中执行，以金融案件专业化执行促涉商业银行案件执行工作向更快、更优、更精、更强方向发展。四要健全完善涉商业银行案件立审执衔接工作机制。建立健全“立保同步、保执对接”工作机制，立案、审判部门要加强诉前、诉讼阶段财产保全提示和指引工作，执行部门要做好强制措施的类型及其后果等提示和宣传工作，最大限度确保有财可执。此外，要在原有的送达地址确认书的基础上，增设执行程序送达地址确认条款，破解被执行人逃避执行导致送达不能问题，提高送达效率。五要健全涉商业银行案件“执转破”机制。充分利用破产程序的灵活变价规则，经债权人会议表决后变更破产财产变价方案，合理设置起拍价，实现破产财产高效处置和财产价值实现最大化。对确有挽救可能的企业依法启动破产重整程序。完善无清偿能力且无挽救可能的企业通过破产清算等退出市场。六要构建与金融监管部门常态化联动机制。与金融管理部门定期互通案件信息，针对不同时期风险特点和案件多发情况，及时进行风险提示。发挥司法建议制度作用，对执行办案中发现的行业性、系统性风险，及时向金融市场主体发出司法建议，帮助堵塞风险漏洞，力争取得“办理一案，治理一片”的效果。

2. 加大小标的额案件的执行力度

以涉商业银行小标的额执行案件的“一次性有效执行”为目标，突出效率导向，构建符合小标的额案件特点的执行新模式，成立小标的额案件快速执行组，设置有别于大标的额案件的执行团队、办案流程、结案时长和绩效考评制度等。突出强制性特征，依法规范用足、用活、用尽执行强制措施，及时查控、处置被执行人财产，特别是微信、支付宝等移动支付账户，倒逼涉商业银行案件被执行人自动履行执行义务。定期开展“涉商业银行案件专项执行行动”，清理小标的额执行积案，提升小标的额案件的执行到位率。

3. 提高财产调查处置效率

建设一支信息化运用能力强、有财产线索情报收集能力的正规化、专业化、职业化的财产调查队伍，探索线下查人找物以社会购买服务的方式作为补充的制度，全面调查收集被执行人的财产信息。深化线上线下查控措施深度融合，健全支持律师调查制度，拓宽财产调查渠道。提高涉执财产处置效率，对符合财产处置条件的，及时启动财产拍卖程序，选取信息化程度高、创新意识强的网拍辅助机构合作，创新拍品信息展示、VR看样、拍品宣传、人员引流等，减轻执行人员的工作量，提升网拍财产的处置效率，提高拍品成交率和溢价率。引导金融机构利用自身的资源优势，主动与抵押人沟通协调资产处置预案，尽可能减少抵押物被占有使用而引发当事人滥用执行异议权利，恶意拖延执行问题。协调金融机构建立健全大宗司法拍卖财产贷款服务机制，在破解竞买人一次性付款难题的同时，缩短拍卖贷款审批时限，拓宽拍卖贷款主体，将可贷范围扩展至不动产、动产和其他财产性权利。引入保证保险机制，与保险公司合作，在拍卖时增设“一键贷款”按钮，竞买人自愿购买个人贷款保证保险，银行贷款审批通过后，保险公司即为此次贷款的担保人，解决银行放款时限长的问题。推动首封未处置财产限时启动变价程序，对优先权、普通债权轮候查封财产处置权案件，要求末位轮候查封的执行法院主动商请首封或其他查封在前的法院启动处置程序，或由共同上级提级或指定处置，解决轮候查封财产处置迟滞问题。

4. 加强终本、终结案件管理

健全完善“前端措施穷尽、中端质量监控、末端案件续管”的终本案件管理机制。穷尽前端措施，负有案件质量管理责任的院局领导，要严格把关终本、终结案件是否符合法定条件和程序。做好中端质量监控，探索建立专门终本团队，对终本、终结案件实行集约管理、集中办理，紧盯季末、年终，防止用终本案件冲抵结案数等虚假结案问题发生。做到末端案件续管，跟踪查询被执行人的财产变动情况，拓宽被执行人财产线索的收集渠道，及时进行查冻扣新增财产，依法依规及时处置。上级法院执行局要落实“三统一”管理要求，加大终本、终结案件抽查力度、提高抽检频次，建立健全“执行法院自查、易院交叉评查、上级法院复查”的终本、终结案件评查制度。强化评查结果的应用，制定切实有效措施，堵塞违规终本漏洞，对在评查过程中发现的违法违纪线索启动“一案双查”，依法严肃问责相关责任领导和责任人，以责任追究倒逼终本、终结案件规范管理。

关于安徽全省法院执行信访工作情况的调研报告

安徽省高级人民法院执行局课题组*

为深入分析研判引发执行信访的深层次问题和原因，研究提出有效的解决方法和施治措施，撬动前端办案质量和提升信访化解效能，执行局通过书面调研，统计分析，赴合肥、安庆、阜阳、滁州等地法院实地调研座谈等方式，深入了解执行信访的基本情况、形成原因，并提出相关对策建议，现将调研情况报告如下。

一、执行信访的基本情况和特点

（一）信访数量及变化趋势

1. 信访数量逐年增多，2023 年同比下降

2020 年至 2022 年全省法院信访数量分别为 631 件、3316 件、3521 件，信访数量连续三年增多。2023 年 1 月至 5 月全省法院执行信访数量为 959 件，与去年同期 1796 相比，信访数量同比下降，具体情况见图 1（其中 2023 年信访量和案件量按照相应趋势推算所得）。

---

* 课题组组长：安徽省高级人民法院执行局局长毛剑。课题组成员：安徽省高级人民法院执行局副局长潘华武；安徽省高级人民法院执行局二级调研员薛李；安徽省高级人民法院执行局四级高级法官助理王玉志；安徽省高级人民法院执行局一级法官助理陆良虎。

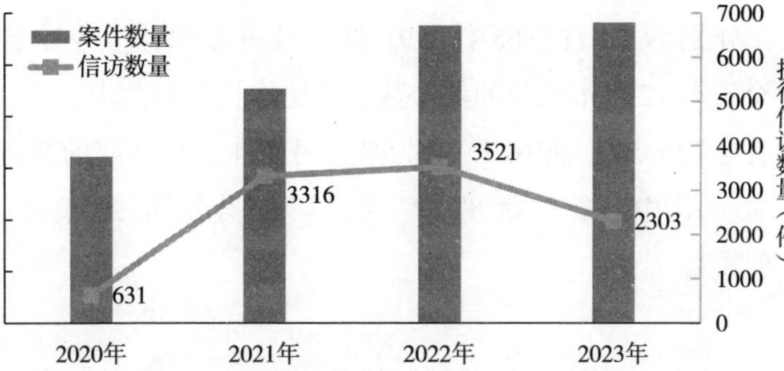

图 1　2020 年至 2022 年全省法院执行信访数量情况

2. 信访量增速与案件增速呈正相关关系

2020 年至 2022 年全省法院执行案件数量分别为 323373 件、454533 件、577594 件，信访数量分别为 631 件、3316 件、3521 件，案件增长的同时，信访量随之增长，具体情况见图 2；2022 年省高院执行局持续开展“保稳定、解愁盼、促规范”执行信访化解年活动、执行信访化解百日攻坚活动等，虽然案件量同比增长 27. 1%，但信访量同比增长 6. 2%，信访增长趋势趋缓。

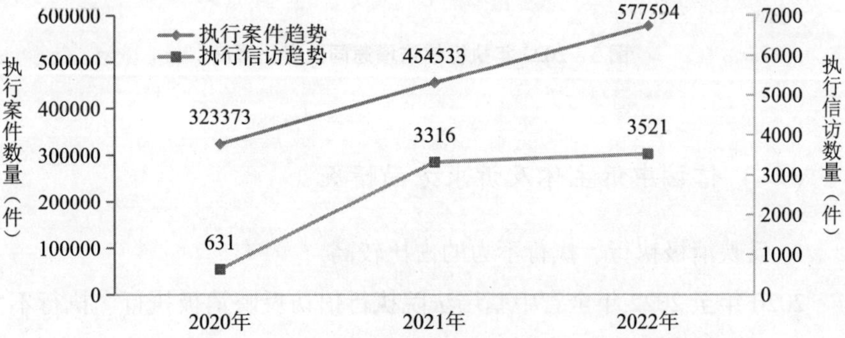

图 2　2020 年至 2022 年全省法院执行案件和信访趋势情况

3. 各市之间差异大，部分法院信访数量下降

一方面，数量差异大，如 2022 年度执行信访数量较多的市有合肥、

滁州、安庆，分别为 448 件、353 件、337 件，数量较少的市有黄山、池州、淮北，分别为 54 件、65 件、91 件。另一方面，增速差异大，如 2022 年度全省有 12 个市法院的信访数量同比增长，如黄山、池州、淮南的增幅分别为 145.5%、80.6%、43.5%，另有 4 个市法院的执行信访数量同比下降，其中合肥、宿州、亳州的降幅分别为 24.6%、17.7%、15.6%，见图 3。

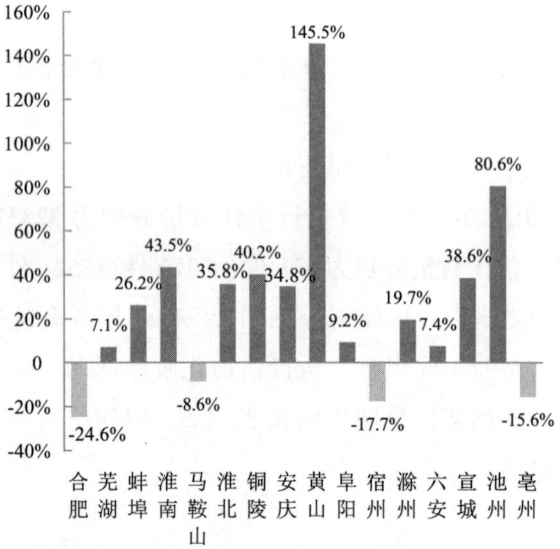

图 3　2022 年执行信访增速同比变化幅度

（二）信访申诉主体及诉求方面情况

1. 反映消极执行、执行不力的占比较高

2020 年至 2022 年全省中基层法院执行信访反映消极执行、执行不力等要求加大执行力度的诉求占比分别为 75.4%、73.6%、71.5%，该诉求占比高且多为申请执行人提出。

2. 反映执行不规范、执行错误的有所增加

2020 年至 2022 年全省中基层法院执行信访反映执行不规范、执行错

误等并要求纠正违法违规行为的诉求占比分别为6.8%、8.2%、8.3%，该诉求多为被执行人、案外人提出。

3. 反映执行作风不正、执行不廉的占比低

2020年至2022年全省中基层法院执行信访反映作风不正、执行不廉并要求惩处的诉求占比分别为3.7%、3.8%、4.4%，该诉求各方当事人均有提出。

4. 其他类型诉求复杂多样

2020年至2022年全省中基层法院执行信访其他诉求占比分别为14.1%、14.4%、15.8%。信访申诉主体有申请执行人、被执行人、案外人及利害关系人、竞买人等，信访诉求类型复杂多样，如申请执行人提出追加被执行人、追究被执行人拒执罪、请求司法救助等；被执行人或案外人认为执转破程序错误、请求国家赔偿、不服判决拒执罪等。具体情况见图4。

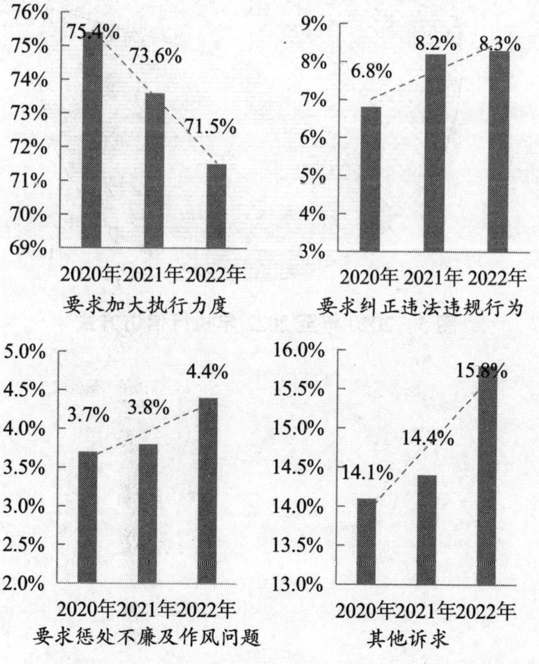

图4　2020年至2022年全省中基层法院执行信访诉求变化趋势情况

（三）信访方式及矛盾复杂情况

1. 来访来信仍为主要方式

根据最高人民法院执行申诉信访平台数据统计，2020 年至 2022 年全省法院执行信访中群众来访占 41.9%，群众来信占 20.8%，网上信访、领导批办、立案庭转办等其他方式占 37.3%；2023 年 1 月至 5 月全省法院执行信访中群众来访占 51.6%，群众来信占 16.1%，网上信访、领导批办、立案庭转办等其他方式占 32.3%。2023 年 1 月至 5 月的群众来访占比同 2020 年至 2022 年相比有所上升（见图 5、图 6）。

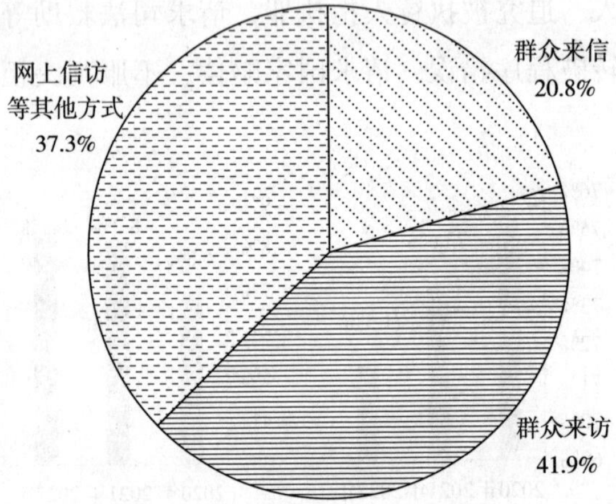

图 5　2020 年至 2022 年执行信访方式

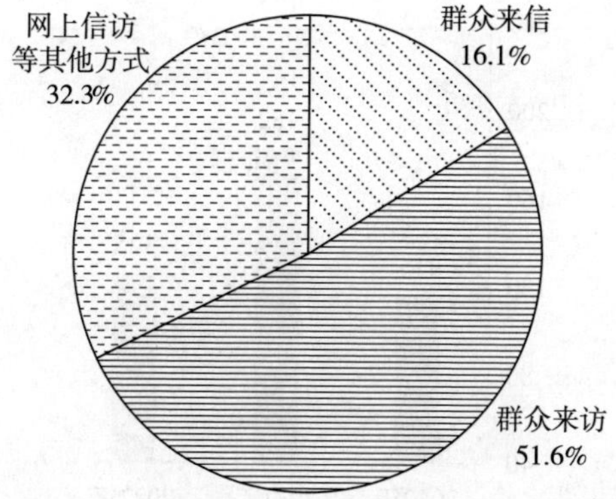

图 6　2023 年 1 月至 5 月执行信访方式

2. 赴省访数量有所增多，最高人民法院交办信访事项数量保持平稳

2020 年至 2022 年赴省访数量分别为 283 件、318 件、430 件，赴省访连续三年呈增长趋势，2023 年 1 月至 5 月赴省访数量为 166 件，赴省访数量增长趋势得到有效控制。2020 年至 2022 年最高人民法院通过执行信访申诉平台交办的信访数量分别为 115 件、182 件、125 件，2023 年 1 月至 5 月交办的信访数量为 113 件，与去年同期相比交办数量增多，原因为 2023 年最高人民法院开展涉执信访积案清理工作，向全国各地法院集中交办了一批信访积案（见图 7、图 8）。

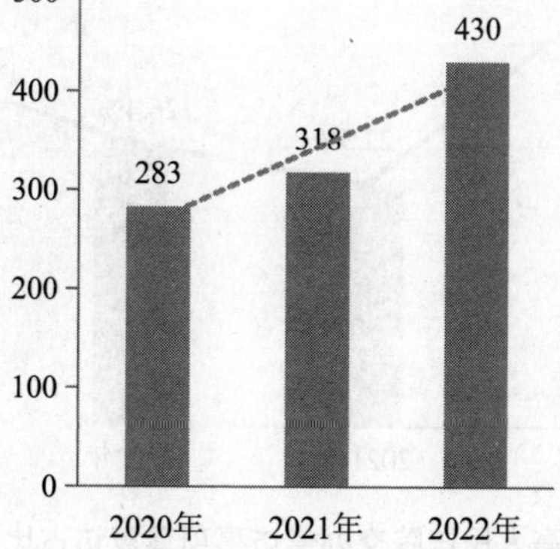

图 7　2020 年至 2022 年赴省访数量（单位：件）

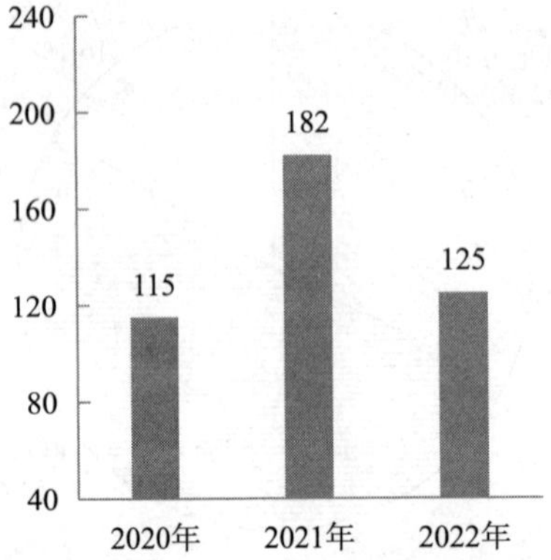

图8　2020年至2022年最高人民法院交办信访数量（单位：件）

3. 重复访问题突出

2020年至2022年最高人民法院交办信访案件中的重复访数量分别为46件、41件、37件，占比分别为40.0%、22.5%、26.4%，2023年1月至5月重复访案件数量为38件，占比为33.6%，其中有5件重复访案件登记超过9次。有些“执行不能”案件申请执行人反复申诉、多头信访，信访实质性化解难，有些信访案件具备终结条件，但执行信访终结工作面临终结渠道不畅、终结标准不明确等有关问题（见图9）。

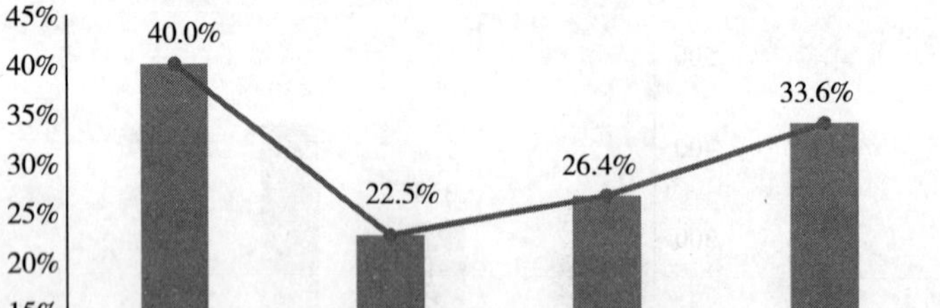

图9　最高人民法院交办信访事项重复访占比变化趋势

（四）信访事项涉及执行流程节点情况

1. 涉及的流程节点多

同涉诉信访反映判决“不公”相比，涉执信访事项反映的流程节点更多，从调研情况看，执行信访事项涉及执行立案、财产保全、财产查控、失信惩戒、财产处置、案款发放、送达、结案等多个流程节点，以及有关执行裁决等。

2. 涉及财产查控、财产处置环节的事项占比高

2020年至2022年全省中基层法院执行信访涉及财产查控环节的事项占比分别为25.6%、22.2%、24.3%，涉及财产处置环节的事项占比分别为22.8%、24.4%、23.8%，其他环节事项占比见表1。

表1　2020年至2022年全省中基层法院执行信访涉及执行流程占比

年份	立案执行	财产保全	财产查控	限高纳失	财产处置	案款发放	标的物交付	案件结案	文书送达	执行裁决	其他
2020	4.0%	2.5%	25.6%	4.3%	22.8%	3.0%	1.7%	2.2%	2.5%	1.5%	30.0%
2021	4.5%	2.2%	22.2%	3.8%	24.4%	3.6%	2.3%	2.4%	1.8%	1.8%	31.0%
2022	5.1%	2.2%	24.3%	4.6%	23.8%	3.5%	2.3%	1.7%	1.4%	2.0%	29.1%

3. 涉及财产查控、财产处置环节的信访矛盾突出

财产查控、财产处置涉及群体多，强制措施触及双方当事人、案外人及利害关系人、竞买人等实体权益，与其他环节相比信访矛盾突出，如信访反映对案外人财产、第三人到期债权错误采取查控措施，反映评估参考价与实际相差大、拍卖成交后标的物未及时交付等。

二、执行信访成因分析

执行信访成因复杂，有法院内部和外部方面问题，也有当事人认识方面问题，问题根源的主要方面在法院前端办案，如“执行不能”、执行

不规范、执行作风问题、执行不够公开等，次要方面在后端信访化解，如接访即办不及时、化解机制不健全等。

（一）“执行不能”引起申请执行人信访的问题较为突出

“执行不能”是指被执行人无财产可供执行、无履行能力或财产无法处置，即便人民法院穷尽执行措施，申请执行人权利也难以实现。一是“执行不能”案件基数大、新增多。2020 年至 2022 年，全省法院终本案件数量分别为 143143 件、182058 件、173204 件，终本库案件总数分别为 442152 件、624210 件、797414 件，穷尽执行措施后依法终本的“执行不能”案件基数大，新增数量多。二是“执行不能”案件终本后信访风险高。调研过程中，各法院认为申请执行人在法院执行过程中信访的数量相对较少，案件在终本后申请执行人或其家属对结果不满意而信访的较多，同时从前述调研统计数据看，申请执行人要求加大执行力度的占比高，说明“执行不能”案件在终本后发生信访的风险较高。三是“执行不能”案件实质性化解难。“执行不能”案件因被执行人无财产可供执行或丧失履行能力、查控财产不具备处置条件，甚至有些被执行人下落不明，虽然人民法院穷尽执行措施，但“执行不能”客观上影响人民群众合法权益的兑现，加之部分群众法律意识、风险意识欠缺，“执行不能”案件没有得到社会和人民群众的理解，使此类信访案件多为程序性办结，实质性化解难。

（二）“执行难”引发申请执行人信访，并制约信访实质性化解

一是规避执行引起的信访问题突出。当前，被执行人规避执行的方式不断翻新，隐匿、转移、低价处分、假离婚、假诉讼、假破产等规避方式层出不穷，有的被执行人在诉前、诉讼环节就着手转移财产，有的被执行人长期在外地隐藏行踪，人民法院对被执行人恶意转移财产或“失踪”行为尚不能采取有效措施予以规制。二是财产处置难制约信访矛

盾化解。2020年至2022年全省法院网络司法拍卖的标的物成交量为26465件，流拍量为9602件，悔拍量为1117件。因标的物存有瑕疵、标的物权属和权利负担不清、税费不明等问题，人民群众对参与网络司法拍卖存有疑虑，影响竞买的信心和热情。有的法院询价评估系统使用不熟练，如未优先使用免费、用时短的大数据网络询价，而直接适用费用高、耗时久的委托评估，影响了财产处置效率；有的房产拍卖成交后迟迟未能交付引发竞买人信访，财产处置困难影响了胜诉当事人权益兑现。三是立审执破协调配合有待加强。诉讼立案未及时告知申请人采取财产保全措施，被执行人提前转移财产，执行阶段引发信访；判决、调解主文表达歧义或判决结果无法执行，引发当事人或案外人在执行期间信访，如刑事涉财产执行案件中因裁判文书对财产权属未作准确的认定，执行程序中针对财产应否处置，被执行人、受害人、案外人都有可能信访；"执转破"衔接工作机制、告知和征询程序不够健全，当事人常以破产程序错误为由信访。四是外部协作联动机制有待完善。法院同公安机关虽建立查控协作机制，但实践中常有协助查询信息、临控信息反馈不及时的情况，因无法及时查找被执行人常引发申请执行人信访。打击拒执罪力度不够，2021年至2022年全省法院移送追究刑事责任335人、330人，判决拒执罪的仅106人、108人，在打击拒执犯罪上，认定尺度和标准不一，工作衔接上仍有不畅，追究拒执罪的力度不强，引起一些申请执行人信访。

（三）执行领域的顽瘴痼疾引发各方当事人信访

一是作风问题引发信访。有些执行人员不作为、慢作为，对待人民群众态度冷漠，工作方式简单粗暴；有些缺乏担当意识，不愿与当事人沟通，面对困难矛盾一躲了之；有些存在官僚式、衙门式作风和"关门办案"的现象，比如不接电话、找不到人、事无回音等，容易引起当事人不满、质疑从而产生信访。二是执行不规范引发信访。有的录入被执行企业法人信息时未核对，造成错误地限制高消费；有的执行事项不经合议，以独任方式违规作出以物抵债、终结执行裁定等；有的送达不严谨，执行通知书、财产报告令等未向当事人送达；有的未调查核实财产权属及价值，错误查控案外人财产、超标的查封被执行人财产；有的违规询价评估致使参考价脱离实际，有的案件终本前未穷尽措施、未约谈当事人；等等。三是执行不廉引发信访。根据“一案双查”的调查核实情况，执行人员违反中央八项规定精神，以及一些司法腐败现象仍时有发生，执行不廉、严重违法违纪情况主要表现为收受当事人礼品财物、接受当事人的宴请、私车接送等，执行不廉容易引起各方当事人对司法公正产生质疑，信访矛盾较为突出。四是业务能力不足引发信访。有的执行人员不注重学习和实务总结，不及时补充和更新业务知识，业务能力不足，仅凭“经验”办案，对于疑难复杂案件不敢作为、不善作为，致使案件搁置或在实体上、程序上出现瑕疵，引发当事人信访。有的执行人员“机械办案”，未能有效防范执行工作中潜在的信访风险，统筹法律效果与社会效果能力不足。

（四）执行沟通机制不完善容易导致群众质疑和误解，并引发各方当事人信访

一是执行普法宣传力度不够。有些执行人员在执行立案时未告知相关风险，对执行普法宣传重视不够，在执行过程中开展普法宣传的相对较少。申请执行人法律意识、风险意识普遍欠缺，多数不能理解执行方面法律和司法解释，不能客观对待执行结果，其对诉讼风险、权利和义务，以及办案流程缺乏清晰的认识，对执行期望值高，在案件终本后容易产生心理落差而引发信访。二是执行公开力度不够。当前全省法院的执行公开方式均为程序性公开，只公开完成节点的名称，未公开完成结果和具体内容。申请执行人在提交申请后，对于立案执行、财产查控、财产处置等重要环节的信息不能及时知晓，申请执行人容易产生担忧、不满情绪，甚至是质疑、误解等情况。

（五）执行信访化解工作成效有待提高

一是对信访工作重视不够、方法不多。有的执行人员负责初信初访时对信访人诉求重视不够，甚至是敷衍处理，“有信必复”落实不严，引发当事人求助无门和对抗心理，产生抵触情绪，改变信访渠道并向上级法院反映，从而导致“来信”变为“来访”、“初访”变为“重访”、“逐级访”变为“越级进京访”。有些执行人员为民服务宗旨意识不强、缺乏换位思考的意识，面对疑难复杂信访事项时有抵触或畏难情绪；不能认真思考解决的办法，一些问题迟迟得不到解决，导致当事人反复信访、长期信访。二是有些群众在信访观念上有偏差。有些申请执行人偏执地认为“执行不能”就是执行人员不作为，有些被执行人对善意文明执行理解有倾向性偏差，过分强调自身权利而忽视义务；有些当事人抱着“小闹小解决、大闹大解决、不闹不解决”的错误态度，反复申诉、多头信访，在敏感时期赴省、进京信访并以此要挟向法院施压，致使有的法院无原则地迁就信访人，按照信访人意图办案，甚至出现明显错误办案的情形；少数当事人诉求不合理或合理诉求解决到位后，仍长期反复无理缠访闹访，通过重复访、越级访等方式以期获得不当利益。三是工作机制有待完善。有的信访事项既有执行问题，又有审判文书质量问题，需要共同承担化解责任，有的信访事项单独靠法院一家难以化解，需要协调联动其他单位共同合力化解。有的法院执行听证时存在专业人才紧缺，需要增加土地测量、特殊标的物评估等技术专家，需要建立健全执行听证员库。有的法院执行信访工作考核不够系统科学，激励指引作用发挥不明显。有的信访事项经最高人民法院核销，或经复查、听证、评查后并无瑕疵，亟须建立健全执行信访终结工作机制。

三、对策建议

涉执信访是反映执行工作的“晴雨表”和评价质效的“风向标”，撬动提升办案质量和妥善化解涉执信访事项，对维护社会和谐稳定、提升司法公信力、夯实党的执政根基等具有重要意义。执行信访工作是一项复杂的系统工程，要始终坚持以习近平法治思想为指引，围绕“公正与效率”主题，树立能动司法的理念，聚焦源头治理、强化实质化解，综合施策、标本兼治，不断提升人民群众获得感和满意度。

（一）着力推动“执行不能”信访案件化解

一是加大“执行不能”宣传，争取申请执行人理解。执行过程中向申请执行人宣讲“执行不能”，促进申请执行人认识“执行不能”的原因、现状以及后续工作，引导申请执行人有合理的预期并正确地看待执行结果；运用新媒体宣传相关典型案例，争取社会和人民群众对“执行不能”的理解。二是完善“执行不能”公示制度，取得各方认同。定期发布“执行不能”终本案件，将被执行人财产查询过程、查询结果以及对执行不能案件的认定及时告知当事人，并对处理各环节进行公示，置于当事人和社会公众的监督下，取得当事人和社会各界的认同。三是加大“执行不能”司法救助力度，扩展救助渠道。尽量缩短司法救助用时，对于符合救助条件的当事人应当第一时间审核；救助资金有困难的，积极向党委政法委汇报，争取当地党委、政府协调落实有关帮扶政策；完善社会救助制度，联合民政部门开展民政救助机制建设，联合保险单位加强执行救助保险制度建设，探索建立执行救助基金等。四是探索“执行不能”退出机制，畅通依法退出路径。相对日益增多的纠纷和司法需求来说，司法资源已成为“稀缺资源”，执行权的及时退出是为了保障当事人权益和合理有效配置司法资源的平衡。人民法院穷尽执行措施后，通过开展“执行不能”公示、给予符合条件的申请执行人司法救助、加大推进“执转破”工作、推动开展个人破产制度试点等，不断探索“执行不能”退出机制，进一步畅通“执行不能”案件依法退出路径。

（二）着力破解“执行难”突出问题

一是大力推进“执行110”中心建设，提升查人找物能力。持续推动全省法院“执行110”中心的实体化建设，加强人员、设备、经费保障，优化应急接处警工作机制。探索“执行110”区域联动，加强与公安110联动，依靠人民群众举报及时出警，全天候快速精准打击逃避执行行为。落实“执行110”中心邀请信访人随行见证，减少当事人的对立、不满情绪，降低信访风险隐患。二是营造良好的网拍环境，提高财产处置工作质效。组织开展询价评估系统使用的培训、检查，提高系统使用的规范化、信息化水平。加强对拍卖辅助机构名单库的管理，规范费用收取标准，提高拍卖辅助工作水平。将网络司法拍卖工作纳入司法巡查、检查考核范畴，切实减少公告瑕疵、缩短标的物交付时间，消除公众对瑕疵和交付方面的担心；加大典型案例宣传，增强群众参与的信心和热情，营造良好的网拍环境，不断提高拍卖成交率和溢价率。三是加强内部协作，拓展外部联动。加强同内部立案、审判、破产等业务部门的协作，提高审判文书质量，确保判决内容具体、明确、具备可执行性；完善“执转破”移送，诉讼费、财产刑移送执行工作机制。深化构建与省公安厅查人找物等执行协作信息反馈机制，推动实现车辆线上布控；加大对拒执行为犯罪构成研究，在省内“公检法”形成打击统一标准。

（三）着力强化执行监督管理

执行程序节点多，法律规定较为原则，自由裁量空间大，必须强化监督管理抓作风、促规范、遏制司法腐败，提高业务能力。一是每年常态化开展执行作风整治。聚焦执行环节突出问题，加大对执行案件评查力度，深挖各类执行作风问题，集中开展作风问题整治专项行动，纠正执行环节中不作为、乱作为等损害当事人权益的现象，切实改进执行工作作风。二是强化“三统一”管理，提高规范化水平。通过质效考核、平安建设考核、约谈等手段压实各级法院在“案、事、人”方面管理职责。一要着重规范执行立案，杜绝有案不立、拖延立案、拆分立案等违规行为。二要着重规范强制措施，杜绝超标的、超范围、超时限查封，严查违规询价评估和网络司法拍卖行为，去除权力寻租空间。三要着重规范案款发放，落实“一案一账户”管理制度，加强案款发放的监管，对无理由超期发放的要问责追责。四要着重规范结案标准，严查违规终本、虚假终结情况。五要坚持刀刃向内，通过“一案双查”、约谈、发布反面警示案例等手段，坚决查处消极执行、乱执行等违法违纪及司法腐败。三是提升业务能力，加强工作保障。持续推进执行队伍正规化、专业化、职业化建设，提升综合能力素质。首先要加强执行队伍建设，优化队伍结构和梯次配备，选调年富力强、业务过硬、作风过硬的人员充实到执行岗位。其次要把执行队伍司法综合能力建设摆在更为突出的位置，加强执行法官的培养、培训，夯实理论功底，锤炼实务本领，提升政治素质和司法能力。最后要健全依法履职保护机制，营造良好的执行办案环境，完善依法履职免责、容错纠错、不实举报澄清等制度机制，坚持准确追责与必要保护相统一，为办案人员履职尽责提供坚强组织和制度保证。

（四）着力构建开放、透明的阳光执行机制

一是开展普法宣传和见证执行活动。把执行过程变成普法过程，落实执前释法、执中释明、终本答疑制度，向当事人告知执行法律风险、权利和义务，宣讲法律和司法政策，增强当事人的法律意识和风险意识，引导当事人正确看待执行结果。对信访矛盾突出的，建立健全邀请申请执行人见证执行机制，减少对立情绪，避免引发误解，在开展执行专项行动中，积极邀请代表委员、检察人员、人民监督员等见证执行。运用抖音等新媒体开展执行法律知识直播、发布典型案例，解答网友疑问，普及执行法律知识，获得社会各界和人民群众的理解和支持。二是拓宽执行公开范围。坚持依法公开、主动公开、全面公开、实质公开原则，结合当前执行办案系统 25 个流程节点，综合考虑当事人重点关注的执行内容以及规范执行行为需要，推动执行立案、财产查控、财产处置、惩戒措施、案款发放、案件结案等流程节点的全面公开。

（五）着力建立健全执行信访工作机制

一是完善综合化解工作机制。在综合运用执转破、司法救助、“一案

双查”等“八个一批”分类化解措施基础上，加强与立案、审判、破产等部门协调配合，建立健全首访联动、首访评查、首接首办工作机制，切实控制执行信访增量。注重从法理之外、情理之中拓宽化解思路，从“跳出信访解决信访”的角度，积极借助外部资源力量，合力化解执行信访积案。二是建立执行信访听证员专库。除邀请代表委员、检察人员、人民监督员、律师外，还需要邀请执行领域业务专家等长期担任执行信访听证员，搭建三级法院执行信访听证员专库，逐步完善执行信访听证程序，通过共同释法说理，让公平正义可见可感，努力实现当事人“事心双解”。三是优化执行信访工作考核指标体系。结合信访涉及的执行案件性质，加强执行条线“案访比”“案件比”的质效分析管理、态势监测、问题研判、督促整改的同时，进一步健全对法官执行办案涉信访事项的考核，强化“案访比”评价法官所有承办案件的质效、信访风险化解情况，推动提升执行前端办案质效；强化“案件比”评价法官在个案办理所衍生的执行异议、复议、监督等情况，减少案生案及避免新的信访事项。四是建立健全执行信访终结工作机制。出台《安徽省高级人民法院涉诉信访依法终结工作实施办法》，建立权责清晰、运行高效的执行信访终结工作机制，努力将执行信访终结案件的办理变成解决问题、释法明理、教育疏导、困难帮扶的过程，切实畅通执行信访出口。

【最高人民法院入库案例选登】

四川某工业公司与福建某投资公司执行监督案

——原执行依据通过再审程序撤销，执行法院即应作出执行回转裁定，而无须考虑其他实体法的规定

【裁判要旨】

原执行依据通过再审程序被撤销的，执行法院即应根据原被执行人的申请依法作出执行回转裁定。当事人以专利法第47条“宣告专利权无效的决定，对在宣告专利权无效前人民法院作出并已执行的专利侵权的判决……不具有追溯力”的规定为由，主张不应执行回转的，实质上系对再审裁判不服，应通过审判监督程序解决，而不能由执行机构审查和判断，否则即构成以执代审的错误。

【关键词】

执行　执行监督　执行回转　专利权无效　追溯力

【基本案情】

福建某投资公司与四川某工业公司侵害实用新型专利权纠纷一案，福建省福州市中级人民法院（以下简称福州中院）于2016年3月17日作出（2015）榕民初字第1348号民事判决：（1）被告四川某工业公司、福州某商业公司应于本判决生效后立即停止侵害福建某投资公司实用新

型专利“拖把的伸缩杆旋转锁定结构”的行为并销毁库存的侵权产品；(2) 四川某工业公司应于本判决生效之日起十五日内赔偿福建某投资公司经济损失15万元；(3) 驳回福建某投资公司的其他诉讼请求。四川某工业公司不服一审判决提起上诉，福建省高级人民法院（以下简称福建高院）于2016年12月28日作出（2016）闽民终881号民事判决：驳回上诉，维持原判。据此，福建某投资公司于2017年3月6日向福州中院申请强制执行，四川某工业公司于2017年4月11日主动履行执行款及执行费共计人民币152165元，该院将执行款15万元发放给福建某投资公司。其间，利害关系人赵某某于2016年6月3日提出涉案专利的无效宣告请求。经审查，国家知识产权局专利复审委员会于2017年1月16日作出第31197号决定，宣告福建某投资公司案涉专利权的权利要求1、3项无效。四川某工业公司不服上述一、二审判决，向最高人民法院申请再审，最高人民法院于2017年12月29日作出（2017）最高法民申876号民事裁定：(1) 指令福建高院再审本案；(2) 再审期间，中止原判决的执行。福建高院于2018年6月27日作出（2018）闽民再172号民事裁定：(1) 撤销（2016）闽民终881号民事判决和（2015）榕民初字第1348号民事判决；(2) 驳回福建某投资公司的起诉。四川某工业公司于2018年8月21日申请执行回转，福州中院于2019年1月25日作出（2018）闽01执1641号执行裁定：福建某投资公司向四川某工业公司返还执行款15万元。

福建某投资公司不服，向福州中院提出执行异议。福州中院认为，根据专利法第47条“宣告专利权无效的决定，对在宣告专利权无效前人民法院作出并已执行的专利侵权的判决，不具有追溯力”的规定，福建某投资公司的异议理由成立。福州中院于2019年4月16日作出（2019）闽01执异152号执行裁定：撤销（2018）闽01执1641号执行裁定。四川某工业公司不服，向福建高院申请复议。福建高院于2019年8月18日作出（2019）闽执复94号执行裁定：驳回四川某工业公司的复议申请，维持福州中院作出的（2019）闽01执异152号执行裁定。四川某工业公司不服，向最高人民法院申请执行监督。最高人民法院于 2020 年 6 月 29 日作出（2020）最高法执监 78 号执行裁定：（1）撤销福建高院（2019）闽执复 94 号执行裁定；（2）撤销福州中院（2019）闽 01 执异 152 号执行裁定；（3）维持福州中院（2018）闽 01 执 1641 号执行裁定。

【裁判理由】

法院生效裁判认为，民事诉讼法第 233 条规定，执行完毕后，据以执行的判决、裁定和其他法律文书确有错误，被人民法院撤销的，对已被执行的财产，人民法院应当作出裁定，责令取得财产的人返还；拒不返还的，强制执行。本案中，福建高院于 2018 年 6 月 27 日作出（2018）闽民再 172 号民事裁定，认定福建某投资公司在本案中主张保护的是涉案专利权利要求第 1 项，因该权利要求第 1 项被国家知识产权局专利复审委员会宣告无效，导致福建某投资公司据以起诉的权利基础自始不存在，福建高院决定先行裁定驳回福建某投资公司的起诉。如果福建某投资公司将来提供证据证明上述无效宣告决定书被司法判决撤销，福建某投资公司可以另行起诉，据此裁定：（1）撤销（2016）闽民终 881 号民事判决和（2015）榕民初字第 1348 号民事判决；（2）驳回福建某投资公司的起诉。因本案原执行依据已被撤销，且福建某投资公司对四川某工业公司侵权损害赔偿的诉讼请求亦被驳回，福州中院据此作出（2018）闽 01 执 1641 号执行裁定，责令福建某投资公司向四川某工业公司返还执行款 15 万元，符合上述民事诉讼法关于执行回转的规定。此外，关于宣告专利权无效的决定是否对相关专利侵权的判决具有追溯力的问题，应在实体审理阶段由审判部门审查认定，而不能在执行程序中解决。本案中，若当事人认为本案符合专利法第 47 条规定的情形，不应以宣告专利权无效的决定否定原审判决的效力，应通过审判监督程序解决。

【关联索引】

《中华人民共和国民事诉讼法》第 240 条（本案适用的是 2017 年修

正的《中华人民共和国民事诉讼法》第 233 条)

《中华人民共和国专利法》第 47 条

执行异议：福建省福州市中级人民法院（2019）闽 01 执异 152 号执行裁定（2019 年 4 月 16 日）

执行复议：福建省高级人民法院（2019）闽执复 94 号（2019 年 8 月 18 日）

执行监督：最高人民法院（2020）最高法执监 78 号（2020 年 6 月 29 日）

常某与某投资基金执行监督案

——仲裁委员会作出仲裁裁决后又出具说明对裁决事项进行解释，若两者文义明显不符，则执行法院不能径行以该说明的内容作为执行依据

【裁判要旨】

对仲裁裁决书中的文字、计算错误或者仲裁庭已经裁决但在裁决书中遗漏的事项，当事人可以要求仲裁庭予以补正，但应遵循较为严格的程序要求。当仲裁委员会针对裁决事项出具的说明与裁决书主文内容在文义上明显不一致时，执行法院应通过书面告知仲裁庭进行说明，或者向仲裁委员会调阅仲裁案卷等方式查明该说明是否系依法定程序作出、是否具有法律效力等事实，否则不能径行将该说明作为执行依据进行执行。

【关键词】

执行　执行监督　执行依据　仲裁裁决　说明

【基本案情】

北京仲裁委员会于 2018 年 5 月 29 日作出（2018）京仲裁字第 1015 号裁决书，裁决："常某将某投资基金持有的某能源公司 27%的股权予以回购，回购价款计算方式为：股权收购价格 = 5250 万元×（1+6%×n）×［27%/（36%+60%）］，其中 n=（交割日至全部回购价款支付完毕日期间

的天数）/365 日，暂计算至 2018 年 5 月 29 日为 1751.57 万元”。后又于 2019 年 3 月 5 日出具关于（2018）京仲裁字第 1015 号《北京仲裁委员会裁决书》的说明（以下简称《仲裁说明》）认为：“该 27%的股权对应‘回购价款’即为常某应向某投资基金转让 27%增量股权的替代措施，而非作为回购某投资基金存量股权的回购价款。若将本案回购标的认定为某投资基金已持有的目标公司的‘存量股权’，则仲裁裁决执行后，某投资基金仅持有 60%+9%-27%=42%的目标公司股权，进而丧失了目标公司控股股东的地位，该等结果有违对赌条款填补损失功能的初衷。”另外，在北京仲裁委员会作出《仲裁说明》前，某投资基金曾以仲裁裁决改变了某投资基金的仲裁请求，裁决内容超出了某投资基金的申请范围等理由在北京市第四中级人民法院提起撤销仲裁裁决，后被裁定驳回。

因某能源公司、常某未履行（2018）京仲裁字第 1015 号裁决书，某投资基金申请执行，河南省郑州市中级人民法院（以下简称郑州中院）于 2019 年 3 月 25 日立案执行后，认为某投资基金提交的两份执行依据，内容互相矛盾，给付内容不明确，不符合人民法院应当依法立案执行的条件。《仲裁说明》明显改变了裁决书中的裁决内容，变更了当事人的权利负担，应不属于可以补正或者说明的情形。郑州中院于 2019 年 4 月 3 日作出（2019）豫 01 执 541 号执行裁定，驳回某投资基金的执行申请。某投资基金不服，向河南省高级人民法院（以下简称河南高院）申请复议，河南高院认为仲裁机构可以通过说明的形式对裁决主文中未表述清楚的部分进行进一步明确。本案中《仲裁说明》对裁决书主文的内容解释与说明，与仲裁裁决内容不存在矛盾。郑州中院未探究分析投资协议的性质、具体条款的约定及仲裁裁决书的具体内容，驳回某投资基金执行申请不当，应予纠正。河南高院于 2019 年 6 月 27 日作出（2019）豫执复 140 号执行裁定：撤销郑州中院（2019）豫 01 执 541 号执行裁定。常某不服，向最高人民法院申请执行监督。最高人民法院于 2020 年 12 月 18 日作出（2020）最高法执监 82 号执行裁定：（1）撤销河南高院（2019）豫执复 140 号执行裁定；（2）撤销郑州中院（2019）豫 01 执 541 号执行裁定；（3）本案由郑州中院重新审查。

【裁判理由】

法院生效裁判认为，根据仲裁法第 56 条关于“对裁决书中的文字、计算错误或者仲裁庭已经裁决但在裁决书中遗漏的事项，仲裁庭应当补正；当事人自收到裁决书之日起三十日内，可以请求仲裁庭补正”的规定，仲裁裁决事项表达不清的，当事人可以要求仲裁庭解释或补正，但应遵循较为严格的程序要求。本案中，裁决书主文第二项载明，常某将某投资基金持有的某能源公司 27%的股权予以回购，并确定了回购价款的计算方式；根据《仲裁说明》，某投资基金无须从其已持有的某能源公司 60%股权中额外转让 27%股权给常某，但常某应向某投资基金支付该部分股权补偿所对应的回购价款。可见，裁决书与《仲裁说明》关于 27%股权范围的认定在字面意思上存在明显区别，且《仲裁说明》仅加盖了“北京仲裁委员会办理案件专用章”，其是否经过法定程序作出以及是否具有法律效力等基本事实，河南高院和郑州中院并未查清。对此，应由郑州中院根据《最高人民法院关于人民法院办理仲裁裁决执行案件若干问题的规定》第 4 条的规定，书面告知仲裁庭对裁决书和《仲裁说明》的关系进行说明，或者向北京仲裁委员会调阅仲裁案卷查明相关事实，并在此基础上确定裁决书主文第二项能否执行以及如何执行。

【关联索引】

《中华人民共和国仲裁法》第 56 条

《最高人民法院关于人民法院办理仲裁裁决执行案件若干问题的规定》第 9 条、第 18 条

执行异议：河南省郑州市中级人民法院（2019）豫 01 执 541 号执行裁定（2019 年 4 月 3 日）

执行复议：河南省高级人民法院（2019）豫执复 140 号执行裁定（2019 年 6 月 27 日）

执行监督：最高人民法院（2020）最高法执监 82 号（2020 年 12 月 18 日）

【地方法院案例与解析】

“带租拍卖”中租金归属的确认

——彭某某申请执行监督案

张　君*　李　锋**

【裁判要旨】

拍卖财产上原有的租赁权及其他用益物权，不因拍卖而消灭，租赁合同对买受人仍具有约束力。当事人无须重新签订租赁合同，买受人对原租赁合同的权利义务概括承受，承继原出租人的权利和义务。

拍卖公告中明示拍卖财产上附属租赁关系但未明确拍卖成交后的租金等归属的，买受人取得拍卖财产所有权时，虽因租赁关系的存续事实对拍卖财产仅能实现间接占有，但并不妨碍其作为所有权人依法享有收取包括租金收益权在内的排他性物权。

【基本案情】

河南省新乡市卫滨区人民法院在办理彭某某申请执行廖某某一案中，对被执行人廖某某与共有人王某某名下位于河南省郑州市郑东新区商鼎路×号×单元×层×号的房屋进行司法拍卖。拍卖公告中载明：房产有租赁，租期到2021年12月份。竞买人竞得后无法及时交接，待租赁期满后

* 河南省高级人民法院执行裁决庭四级高级法官。
** 河南省高级人民法院执行实施监督庭四级调研员。

才可交接，请详细了解后谨慎购买。2021 年 2 月 13 日张某某竞买成功。2021 年 4 月 13 日，该院作出（2020）豫 0703 执恢 113 号执行裁定，解除案涉房产的查封并过户至张某某名下。2021 年 4 月 15 日，该院作出（2020）豫 0703 执恢 113 号之一执行裁定，强制解除案涉房产预售商品房抵押权预告登记。

因河南省新乡市卫滨区人民法院自 2020 年 10 月 27 日起要求涉案房产承租人协助将到期租金交付该院。房屋拍卖成交后，河南省新乡市卫滨区人民法院于 2021 年 6 月 16 日又提取案涉房产租金 2. 85 万元。张某某对此不服，以其于 2021 年 2 月 13 日通过司法拍卖竞得案涉房产且已取得不动产权证为由，对该院扣留、提取租金的执行行为提出异议，请求中止对涉案房产自 2021 年 2 月 13 日之后租金的执行，并确认该日期之后的房产租金归其所有。

申请执行人彭某某申诉称：《中华人民共和国民法典》（以下简称民法典）第 630 条的规定，标的物在交付之前产生的孳息，归出卖人所有；交付之后产生的孳息，归买受人所有。但是当事人另有约定的除外。本案中拍卖公告已经明确案涉房产是带租拍卖，租赁截止日期是 2021 年 12 月份，案涉房产须待租赁到期后方可交付，故交付前的房租仍归出卖人所有，由河南省新乡市卫滨区人民法院提取。

【审判】

河南省新乡市卫滨区人民法院于 2021 年 9 月 16 日作出（2021）豫 0703 执异 88 号执行裁定，驳回张某某的异议请求。

河南省新乡市中级人民法院于 2021 年 12 月 9 日作出（2021）豫 07 执复 301 号执行裁定，撤销河南省新乡市卫滨区人民法院（2021）豫 0703 执异 88 号执行裁定，张某某要求河南省新乡市卫滨区人民法院中止对河南省郑州市郑东新区商鼎路×号×单元×层×号的房屋自 2021 年 4 月 13 日之后租金执行的异议请求成立，驳回张某某的其他异议请求。

河南省高级人民法院于 2022 年 3 月 30 日作出（2021）豫执监 352 号

执行裁定，驳回彭某某的申诉请求。

河南省高级人民法院认为：

第一，《最高人民法院关于适用〈中华人民共和国民事诉讼法〉的解释》第493条规定：拍卖成交或者依法定程序裁定以物抵债的，标的物所有权自拍卖成交裁定或者抵债裁定送达买受人或者接受抵债物的债权人时转移。河南省新乡市卫滨区人民法院于2021年4月13日作出执行裁定，将案涉房产过户至张某某名下。依照上述法律规定，拍卖成交裁定送达张某某时，案涉房产即归张某某所有。张某某基于案涉房产所有权享有占有、使用、收益、处分的权利，收益权包括享有收取房产租金的权利。

第二，拍卖公告中明示该房产附有租赁，张某某参与竞拍，表明愿意对原租赁合同的权利义务概括承受。法院作出拍卖成交裁定后，张某某与承租人无需另行订立租赁合同，其在取得房产所有权时就与承租人产生了租赁合同关系，承继原出租人的权利和义务。故张某某有收取剩余租金的权利。

第三，拍卖公告中只明确了拍卖房产附有租赁的期限，但并未明确限制竞拍人在拍卖成交后收取剩余租金。在该房产有剩余租金尚未收取的情况下，若剥夺竞拍人拍卖成交后的租金收益权，则没有事实依据。本案是因网络司法拍卖产生的租金归属问题，而民法典第630条是平等民事主体之间关于买卖合同标的物孳息归属的规定，故本案的拍卖不能适用该规定。河南省新乡市中级人民法院认定张某某有权收取拍卖成交裁定送达之后的租金，并无不当。

【评析】

本案的争议焦点是执行法院“带租拍卖”案涉房产应如何认定成交后租金归属的问题。

一、司法拍卖中的物权变动

物权变动模式因财产形态的不同而有所区别。根据民法典第224条规定："动产物权的设立和转让，自交付时发生效力，但是法律另有规定的除外。"即动产物权的变动除法律另有规定外以交付为原则。而依据该法第 209 条第 1 款规定："不动产物权的设立、变更、转让和消灭，经依法登记，发生效力；未经登记，不发生效力，但是法律另有规定的除外。"即不动产物权变动除法律另有规定外以登记为原则。民法典第 229 条至第 231 条规定了不动产未经登记即可发生物权变动的情形。其中第 229 条规定："因人民法院、仲裁机构的法律文书或者人民政府的征收决定等，导致物权设立、变更、转让或者消灭的，自法律文书或者征收决定等生效时发生效力。"根据《最高人民法院关于适用〈中华人民共和国民法典〉物权编的解释（一）》第 7 条规定，因人民法院法律文书导致物权设立、变更、转让或者消灭的法律文书包括人民法院在分割共有不动产或者动产等案件中作出并依法生效的改变原有物权关系的判决书、裁决书、调解书，以及人民法院在执行程序中作出的拍卖成交裁定书、变卖成交裁定书、以物抵债裁定书。根据《最高人民法院关于适用〈中华人民共和国民事诉讼法〉的解释》第 493 条规定，拍卖成交或者依法定程序裁定以物抵债的，标的物所有权自拍卖成交裁定或者抵债裁定送达买受人或者接受抵债物的债权人时转移。据此，无论是动产还是不动产，拍卖成交后，标的物的所有权自拍卖成交裁定或者抵债裁定送达买受人或者接受抵债物的债权人时即发生转移。

本案拍卖的案涉不动产，张某某于 2021 年 2 月 13 日竞买成功，河南省新乡市卫滨区人民法院于 2021 年 4 月 13 日作出成交裁定时，张某某即取得案涉不动产的所有权。

二、拍卖标的物的移交与占有

根据《最高人民法院关于人民法院民事执行中拍卖、变卖财产的规定》（以下简称《拍卖规定》）第 27 条前段规定："人民法院裁定拍卖成交或者以流拍的财产抵债后，除有依法不能移交的情形外，应当于裁定送达后十五日内，将拍卖的财产移交买受人或者承受人。"这里所说的

"移交"，是指将标的物实际交由买受人或承受人控制。而根据《最高人民法院关于人民法院网络司法拍卖若干问题的规定》第6条第7项之规定，拍卖成交后，人民法院不仅要作出拍卖成交裁定，还要办理财产交付和出具财产权证照转移协助执行通知书。对于动产，执行法院应直接交付给买受人；对于不动产，既要向不动产管理机关出具办理过户登记的协助执行通知书的同时，还要将该不动产交付买受人控制。对于不动产的交付方法，法律和司法解释均没有作出明确规定，但从有关司法解释的规定来看，要区分拍卖不动产尤其是房屋是否有人占有。如果无人占有，只要将房门钥匙交给买受人，办理交接手续即可视为交付；如果被执行人或第三人占有拍卖财产应当移交而拒不移交的，执行法院就要依《拍卖规定》第27条之规定强制解除其占有。

本案中，拍卖公告已明确拍卖房产附有租赁关系的事实。根据民法典第726条之规定，承租人享有优先购买权，执行法院在拍卖前应依《拍卖规定》第11条通知优先购买权人参与竞买。无论承租人是否参与竞买，均可确定承租人知悉案涉房屋拍卖的事实。根据"买卖不破租赁"的法理，承租人以外的人竞买成功后，并不影响租赁关系的存在，即承租人虽占有拍卖房屋，但属于合法占有、有权占有，故人民法院不能强制解除其占有。因此，本案张某某在收到河南省新乡市卫滨区人民法院的拍卖成交裁定后，即成为案涉房屋的所有权人并概括继受了原房屋租赁合同的权利义务。此时，由于案涉房屋并不需要解除承租人的占有而交付给张某某，承租人为直接占有人、张某某为间接占有人。张某某就可以凭河南省新乡市卫滨区人民法院的拍卖成交裁定书行使所有权。

三、拍卖标的物法定孳息的归属

在买卖合同履行过程中常常出现孳息归属的问题，人民法院在执行中拍卖动产或不动产亦会涉及到这个问题，本案即为实例。孳息是指由原物所生的物或收益，即民事主体通过合法的途径而取得的物质利益。孳息分为天然孳息和法定孳息两种。天然孳息通常指物依自然规律产生的收益，如树木的果实、牲畜的幼畜等。法定孳息则是指依民事法律关系产生的收益，如利息、租金等。根据民法典第 630 条规定："标的物在交付之前产生的孳息，归出卖人所有；交付之后产生的孳息，归买受人所有。但是，当事人另有约定的除外。"据此，对于买卖合同中孳息的归属，我国法律采取"交付主义"规则，即除当事人另有约定外，孳息的归属随标的物的交付而转移。对于动产而言，由于动产所有权自标的物交付时起转移，故标的物孳息的归属与标的物所有权的转移基本一致。对于不动产而言，由于我国法律规定了不动产物权变动以登记为准，即便是民法典第 229 条至第 231 条规定的未经登记即可发生物权变动的情形，亦会出现交付行为与所有权转移时间不一致的情形，对此情形下孳息的归属，民法典规定以交付为准。

本案中，产生争议的主要原因是拍卖公告未对拍卖成交后租金的归属予以明确，进而引发了是否应适用民法典第 630 条及如何认定司法拍卖中交付问题的争议。

首先，司法拍卖作为一种强制执行措施，是人民法院利用法律赋予的公权力，剥夺被执行人的财产所有权再通过拍卖这一形式转让给买受人的公法上的行为，不受被执行人的意志所左右。法定孳息是当事人依民事法律关系产生的收益，是因使用利益产生的收益，且与原物是可分的。在拍卖成交裁定送达买受人前，被执行人仍是房屋的所有权人，有权以其间接占有人的身份收取租金。但自人民法院拍卖成交裁定生效之日起，被执行人即丧失了租赁物所有权，其与承租人之间的租赁法律关系归于消灭，收取租金当然也失去了合法的根据。

其次，人民法院在拍卖公告中明示拍卖房屋存在租赁权，意在表明买受人要承受房屋租赁合同继续履行而不得要求人民法院解除承租人占有的义务。人民法院拍卖成交裁定后，买受人便概括继受了房屋租赁合同的全部权利义务。根据权利义务相一致的原则，买受人自应享有根据房屋租赁合同收取租金的权利。

再次，如前所述，"带租拍卖"由于并不需要解除承租人对房屋的占有，承租人也知悉房屋拍卖的事实，故人民法院的拍卖成交裁定生效后，买受人已概括继受房屋租赁合同的权利义务，此种继受关系可视为已房屋交付，承租人为直接占有人、买受人为间接占有人，间接占有人当然可依租赁法律关系享有使用利益而产生的收益。本案中，河南省新乡市卫滨区人民法院向张某某送达拍卖成交裁定书后，张某某就成为间接占有人，有权收取案涉租金。

因此，司法拍卖中孳息的归属，应依其性质和产生的原因进行判断。天然孳息因是母物的出产物，应适用“播种者收获”的生产原则，以交付和占有作为判断其归属的依据。法定孳息因是使用利益产生的收益，并不以直接占有为前提，故应当根据当事人之间的法律关系进行判断，间接占有人可依法取得该孳息。而对于司法拍卖的移交或交付亦应作符合规范意旨的解释，不应将其局限于实际占有或现场控制。在“带租拍卖”中，买受人取得租赁物所有权的，即成立间接占有，应视为已完成交付，法定孳息当然应归属于买受人。根据程序法与实体法相一致的原则，程序法作为“权利保障法”，程序法的规定原则上不能与实体法的规定相冲突。但程序法亦有其自身的独立性，可以作为单独判断的依据。因此，司法拍卖作为公法行为除应遵循实体法的相关规定外，应体现其自身的独立价值。

综上所述，本案中买受人张某某自收到河南省新乡市卫滨区人民法院拍卖成交裁定就成为案涉房屋的合法所有权人，并因其继受原房屋租赁合同的权利义务而与承租人形成租赁法律关系，成为间接占有人，应视为河南省新乡市卫滨区人民法院已完成交付，故其有权收取剩余租赁期限内的租金。申请执行人彭某某认为租金收取应以租赁期限届满为分界点，限制或剥夺买受人在成交后的租金收益权，显然缺乏事实和法律依据。

异议人未能提供直接权利证据不具有案外人主体资格

——李某与某信托公司执行异议审查案

任静远*

【裁判要旨】

金融强制执行案件具有标的大、财产种类多、变现周期长、社会关注度高等特点，异议人如缺乏相应的证据即以案外人身份对执行标的提出异议，并在异议被驳回后进入执行异议之诉，在客观上将会产生延迟甚至阻碍执行的后果。本案的审理表明，为实现案外人和申请执行人的权利平衡，应对异议人所主张的案外人身份进行审查，如异议人未能提供初步证据证明其对执行标的享有直接的合法权利，则不应认定异议人具有案外人身份，应适用《最高人民法院关于人民法院办理执行异议和复议案件若干问题的规定》第 2 条裁定驳回其异议申请，异议人如不服可向上级法院申请复议，而非通过执行异议之诉进行救济。本案系上海金融法院首起以异议人不具有案外人主体资格为由裁定驳回其异议申请的案例。

---

* 上海金融法院审判团队队长，法学博士、三级高级法官。

【案号】

一审：上海金融法院（2022）沪 74 执异 80 号

【基本案情】

异议人：李某。

申请执行人：某信托公司。

上海金融法院在审理（2020）沪 74 民初 1154 号其他合同纠纷案件中，经主持调解，原告某信托公司与被告万某公司、赵某平、李某某、赵某萱、银某公司等达成调解协议，确认被告赵某平、万某公司等拖欠原告某信托公司回购基本款人民币 9 亿元，以及相应的回购溢价款及违约金等内容。调解协议同时约定，若被告万某公司未按时、足额履行民事调解书约定的付款义务，某信托公司有权就该公司出质的 4000 万股某上市公司股票行使质权；有权就被告赵某平出质的 3642489 股某上市公司股票行使质权，有权就银某公司出质的 30382340 股某上市公司股票行使质权等。

上述民事调解书出具后，因各被告未能履行义务，基于某信托公司申请，上海金融法院作出（2021）沪 74 执 833 号之一执行裁定。833 号之一执行裁定书主要内容为："……二、变价被执行人万某公司持有的某上市公司 4000 万股股票（无限售流通股，证券代码：600599）。三、变价被执行人银某公司持有的某上市公司 30382340 股股票（无限售流通股，证券代码：600599）。四、变价被执行人赵某平持有的某上市公司 3642489 股股票（证券性质：无限售流通股，证券代码：600599）。"后本院作出拍卖公告，将万某公司持有的 4000 万股某上市公司股票予以拍卖。李某对本院上述 833 号之一执行裁定不服，向本院提出执行异议。

李某提出执行异议称，申请立即停止对 833 号之一执行裁定的执行行为。事实及理由：被执行人赵某平系某上市公司的实控人，银湖网及熊猫金库系两个被公安机关立案的 P2P 平台，上述两个 P2P 平台的实控人赵某平曾承诺用其所持有和间接控制的某上市公司股票赔偿投资者损失。执行案件中各方恶意隐瞒信息，恶意处分某上市公司股票，侵害了P2P平台受害者的权利。某上市公司与涉案的P2P平台具有相应的控制链路，在某上市公司已对上交所作出回复的情况下，应当遵守承诺，履行对P2P平台受害者的赔付义务。在P2P平台已经被北京市公安机关立案调查的情况下，不应拍卖某上市公司股票，否则侵害了异议人和其他受害者的权利。

为支持其异议主张，李某向上海金融法院提交署名为赵某平，签署日期为2019年4月8日的承诺函复印件，该承诺函主要内容为："本人承诺银湖网的出借人所出借的本金和利息如果产生逾期和坏账本人承担无限连带责任，按照银湖网出借人债权处理建议……本承诺函属于银湖网出借人债权处理建议的组成部分，除此之外的场景，本承诺函无效。"李某并提供了加盖"银湖网络科技有限公司"公章的附件二资产证明复印件，该复印件主要内容是证明赵某平名下拥有某上市公司45%股份，可收回用于收购安徽某银行股权的资金、北京市房山区有关仓库用地和建筑物以及其他应收款等内容。

被申请人某信托公司辩称，本案所涉及的某上市公司股票已经于2016年6月基于质押合同质押给该信托公司，并且办理了出质登记，某信托公司享有质权。自2016年始，某上市公司均在年报中披露有关股票质押事实，均可通过公开途径查询，异议人李某参与P2P平台产品系在2018年，晚于申请执行人质权设立时间。对涉案P2P平台予以刑事立案的公安机关至今并未以任何形式要求某信托公司停止或者暂停处置涉案股票。赵某平和他人无权将已经质押给某信托公司的股票承诺用于清偿其他债务，该承诺无效。综上，异议人李某的请求难以成立，请求驳回李某的执行异议申请。

【审判】

上海金融法院经审理认为，本案中，异议人李某认为，被执行人赵某平作出承诺，用其自身财产为涉案P2P平台受害人赔偿损失，上市公司熊猫金控曾承诺解决P2P平台受害者遗留问题，且其系涉案P2P平台受害人，故对作为拍卖标的的某上市公司股票享有权利，要求停止（2021）沪74执833号案件执行。

异议人李某并未举证证明，其对833号之一执行裁定所指向的执行标的具有相应的登记等权利凭证，也无生效裁判文书确定李某对执行标的享有权利，故从权利外观角度而言，异议人难以证明其对执行标的享有权利，进而有权排除强制执行。异议人李某所提出的某上市公司实控人赵某平所出具的承诺函为复印件，仅为债权处理建议的组成部分，并非正式的清偿债权承诺，且涉案的某上市公司股票早在2016年即为某信托公司设定了质权。异议人称，某上市公司向上交所就处理P2P平台受害者损失问题作出过承诺，也不足以排除强制执行。

综上分析，异议人李某并未提出其对执行标的物享有权利的初步证据，难以认定其系民事诉讼法第234条所界定的案外人。据此，根据《最高人民法院关于人民法院办理执行异议和复议案件若干问题的规定》（以下简称《执异复议规定》）第2条第1款规定，上海金融法院作出（2022）沪74执异80号执行裁定，裁定驳回异议人李某的异议申请。

一审裁定作出后，李某并未在法定期限内向上级法院申请复议，一审执行裁定已经生效。

【评析】

一、异议人李某主张以案外人而非利害关系人身份提出异议

根据民事诉讼法（2021年修正，下同）第232条及第234条的规定，当事人或利害关系人有权对执行行为提出异议，案外人有权基于执行标的提出执行异议。在执行异议主体中，“当事人”这一概念指申请执行人或者被执行人，界定清晰不存在争议。而可对执行行为提出异议的“利害关系人”这一概念，《执异复议规定》第5条规定采用“列举+兜底”

的方式确定了相应的范围。根据该规定，利害关系人主要包括认为执行行为违法，妨碍其轮候查封、扣押、冻结债权受偿的他案债权人，认为拍卖措施违法妨碍其参与公平竞价的参与人，认为拍卖或者以物抵债行为违法侵害其优先购买权，以及认为协助执行事项违法的协执义务人之外，还包括认为其他合法权利受到侵犯的主体。有观点认为，“其他合法权益”受到侵犯，主要是指除上述四种情况之外且不构成标的异议的情形，如包括申请参与债权分配的主体等，或根据案件中的具体情况予以分析认定。[①] 而执行异议案件中的“案外人”则指当事人之外，对执行标的物主张所有权等实体权利的公民、法人和其他组织。它并非字面意思所体现的“执行案件当事人以外的主体”，而是特指对执行标的主张所有权等权利，以排除案件强制执行的主体。从救济方式而言，利害关系人不服执行异议裁定，可以向上一级法院申请复议；而案外人不服执行异议裁定，则有权提起执行异议之诉，或者通过审判监督程序进一步寻求救济。

在本案中，异议人李某的主体身份应当是其他利害关系人还是案外人，对其身份进行识别，是进而判断后续审理方式的前提。本案中，根据异议人的请求事项以及相应的事实和理由，异议人认为自身系银湖网P2P平台的投资者受害人，该P2P平台的实际控制人赵某平已经作出承诺，将用该实际控制人自身所持有的某上市公司股票用于清偿包括异议人李某在内的P2P平台投资者的损失。故李某认为，其对即将被执行的某上市公司股票享有实体权利，该实体权利足以排除人民法院强制执行，其进而有权提起执行异议申请。从李某所主张的事实和理由而言，其真实意图系以案外人身份提出执行异议申请。

二、对案外人主体资格进行审查的理论依据

《执异复议规定》第2条规定了应当对异议申请人的资格进行审查，

① 参见江必新、刘贵祥主编：《最高人民法院关于人民法院办理执行异议和复议案件若干问题规定理解与适用》，人民法院出版社2015年版，第78页。

如经审查异议人不符合相应的主体身份，应当裁定驳回申请。[①] 但是，对于申请人是否符合案外人的主体资格应当审查到何种程度，司法解释并未详尽说明。同时，鉴于金融执行案件的特殊性，在此类案件中，对异议人主体资格审查标准应当细化到何种程度，也有待于进一步明确。

笔者认为，在金融执行异议案件中对是否符合案外人异议主体资格进行审查，应当依据《执异复议规定》的具体条文，结合金融执行案件的特点，并结合执行异议的法理原则进行分析，准确界定案外人的主体范围，进而实现异议人的合法权利与申请执行人权利的同等保护。

（一）对异议人主体资格进行审查的法律依据

《执异复议规定》第2条第1款规定，如果执行异议不符合受理条件的，裁定不予受理；立案后发现不符合受理条件的，裁定驳回申请。根据上述条文，对于执行异议案件的立案，应从形式和实质两方面进行审查。形式审查主要集中在所提交的材料、委托手续是否齐备，实质审查主要集中在异议人的主体资格、是否属于异议的事项、是否符合提起异议的期限，以及受理法院是否具有管辖权等方面。[②] 如在立案阶段发现不应当予以受理，则应当裁定不予受理异议申请；在立案后发现不符合受理条件的，应当裁定驳回申请。

从学理角度而言，有观点提出，即使对执行标的物享有足以排除执行的民事权益的案外人，也不能不必要或不正当地利用案外人异议之诉。法院对案外人排除执行的请求作出本案判决的必要性及通过本案判决解

---

① 《执行异议复议规定》第2条规定："执行异议符合民事诉讼法第二百二十五条或者第二百二十七条规定条件的，人民法院应当在三日内立案，并在立案后三日内通知异议人和相关当事人。不符合受理条件的，裁定不予受理；立案后发现不符合受理条件的，裁定驳回申请。执行异议申请材料不齐备的，人民法院应当一次性告知异议人在三日内补足，逾期未补足的，不予受理。异议人对不予受理或者驳回申请裁定不服的，可以自裁定送达之日起十日内向上一级人民法院申请复议。上一级人民法院审查后认为符合受理条件的，应当裁定撤销原裁定，指令执行法院立案或者对执行异议进行审查。"

② 参见江必新、刘贵祥主编：《最高人民法院关于人民法院办理执行异议和复议案件若干问题规定理解与适用》，人民法院出版社2015年版，第36页。

决特定财产和执行性的实效性，就是“案外人排除执行利益”。[①] 进而，如果“没有办法”或者“没有必要”通过案外人异议之诉达到排除执行的效果的，就应当从程序上驳回案外人提出的排除执行请求。上述观点即体现了对案外人主体资格进行审查，要关注类似于民事诉讼原告主体资格中“诉的利益”标准，如案外人在程序中并无诉的利益，即其主张无法通过执行异议程序予以保护，应当不予受理或者驳回其异议申请。因此，从程序上审查异议人的主体资格具有必要性。

但是，对执行异议程序中案外人所主张的“诉的利益”应当审查到何种程度，在实践中有的不同认识，也为此类问题的深入探讨预留了充分空间。笔者认为，准确界定金融执行异议案件中案外人的主体资格，需要在充分理解上述《执异复议规定》第 2 条既有规定的基础上，根据执行裁判程序需要实现的制度价值，并结合金融执行实施案件的具体特点和情况予以认定。

（二）执行异议的制度价值：异议人和申请执行人的权利平衡

从制度形成的顺序而言，执行异议程序是在民事强制执行程序中派生出的裁决程序，与强制执行实施程序既有联系又有区别。区别之处在于，执行实施行为主要包括执行查控、执行处分、执行分配等具体措施；执行异议程序主要包括对上述执行实施行为所提出的争议，以及当事人变更、追加，不予执行仲裁裁决、公证债权文书等争议，执行实施及执行异议所涉及的种类并不相同，执行异议程序承担了对强制执行实施的救济职能。但鉴于执行异议程序系从执行程序中派生，因此“在兼顾权利保障原则和效率原则的前提下，一方面要保障当事人、利害关系人及案外人正当权利的行使，另一方面要尽可能避免因为异议程序的冗长拖沓而影响了原本执行案件的执行，从而影响了其他当事人合法正当权利

---

① 参见黄忠顺：《案外人排除执行利益研究》，载《法学杂志》2021 年第 9 期。

的实现"[①]。也有观点认为，执行异议程序分为程序性救济及实体性救济，"实体性救济的程序中毕竟涉及实体权利义务争议的纠纷解决程序，过度强调效率将不利于实体问题的解决，因此对实体性执行救济效率的强调又低于程序性执行救济程序对效率的强调"[②]。

笔者认为，从执行实施及执行异议两种程序发展的派生顺序来看，执行异议程序在一定程度上体现了对执行实施程序的监督和保障。而在执行异议程序中，毕竟存在行为异议和标的异议两种类型，针对执行实施行为提出的异议，因仅涉及程序性权利的保障，在异议审查阶段可以强调效率原则，对于异议人主体资格作相对简单的审查。而执行标的异议即案外人提出异议，一旦案外人所提出的异议被驳回后进入执行异议之诉，往往会产生阻却强制执行程序推进的后果，这既涉及异议人的实体权利，也涉及申请执行人是否能迅速实现其胜诉权利。为了防止异议人以案外人的身份不当阻却执行程序，应当对案外人主体资格进行一定程度的审查，方能体现出对于案外人和申请执行人所享有的权利均予以保护。而具体到金融执行异议案件中，如何界定案外人的主体资格，还应当"因地制宜"，结合金融执行实施案件的特点予以确定。

（三）依据金融执行案件特点进行案外人资格审查

上海金融法院正式挂牌成立以来，执结了大量大标的额和疑难复杂金融执行案件。从对金融执行实施案件分析可知，金融执行案件具有执行标的金额大、社会关注度高、财产可供执行比例高、财产变现难度大等特点。

上海金融法院建院以来至2021年底，执行标的额超过5亿元的案件为107件，申请执行标的金额最高达47亿元。申请执行标的金额约占全

① 江必新、刘贵祥主编：《最高人民法院关于人民法院办理执行异议和复议案件若干问题规定理解与适用》，人民法院出版社2015年版，第35页。

② 黄仙方、赵宏丹：《浅谈我国第三人异议制度的现状及其完善》，载《经济研究导刊》2014年第32期。

上海市执行案件的1/3。从社会关注度而言，金融案件执行申请人主要包括各种金融机构和中小投资者两类。金融机构债权能否执行到位不仅直接事关金融安全和金融风险的防范，也间接影响到金融机构背后众多储户、投保人、投资人等。中小投资者胜诉权益是否实现，对于维护证券市场、资管领域的金融秩序具有至为重要的意义。被执行人中则有相当数量上市公司、未上市的大型股份公司、融资平台公司等，这些公司与金融市场高度关联，对其予以执行社会影响面大。此外，金融执行案件中涉及的不动产数量众多，需花费大量时间成本和沟通成本进行处置，动产的鉴定、评估工作耗时较长，在处置过程中还要考虑供求关系等因素。上市公司股票、金融衍生品、信托受益权等金融资产变价也具有难度和挑战性。

因此，鉴于金融执行案件标的额大、涉案财产种类多、社会关注度高、变现周期长等特点，结合执行异议制度监督和保障执行实施案件的制度价值，笔者认为，在金融执行异议案件中，应当对案外人主体资格进行适度审查，避免过于宽泛认定案外人主体资格。否则，一旦驳回案外人异议申请，即很可能进入到复杂的执行异议之诉程序中，导致执行程序更加冗长复杂，影响到胜诉当事人权利的实现。

三、案外人主体资格的审查要件

笔者认为，审查异议人是否具有案外人主体资格，异议人应当提供其对执行标的物享有实体权利的初步证据。如异议人不能提供其对执行标的物享有实体权利的初步证据，则不宜认定异议人具有案外人主体资格，应在审查后适用《执异复议规定》第2条驳回其异议申请，异议人如对驳回申请不服可向上级法院申请复议。从审判实践角度而言，笔者认为，对是否符合案外人主体资格的初步证据审查，应包括以下主要方面。

第一，应提供权利登记证明或生效法律文书作为确定其权利的直接证据。异议人主张系执行标的所有权人，如该执行标的为机动车、船舶、航空器、银行存款和有价证券，非上市公司股权等动产，应当提供相应的权利证书。如不能提供相应的权利登记证明，也可以提供生效的判决书、仲裁裁决等作为其对执行标的物享有权利的直接依据。如欠缺有关权利登记证明和生效法律文书作为佐证，则难以认定异议人具有对执行标的享有所有权的初步直接证据。

第二，应提供就执行标的签署相关合同、协议等证据或相应依据。如案外人提出对执行标的享有所有权、共有权、用益物权（如针对不动产的典权）、担保物权（如抵押权、质权、留置权）、特定债权（如应当优先支付的职工工资、抚恤金、建设工程价款的优先权以及租赁权）等，在无权利登记证明，亦无生效裁判确定案外人对执行标的享有权利的情况下，异议人也可以举证证明其对执行标的物签订过相关合同（如买卖合同）、协议（如以物抵债协议），或者提出其可以享有法定权利的有关证据（如主张法定留置权等）①，据此主张其对执行标的享有权利。

第三，应提供"直接"证明其对执行标的享有权利的证据。异议人所提供的证据，从表面审查角度，应当能够直接证明其对执行标的所享有的权利，而不应是尚待通过复杂法律关系分析后"间接"证明其对执行标的的权利。对执行标的享有直接权利，只需要达到初步证明标准即可，并不要求达到完全无争议的证明标准。毕竟审查案外人主体资格类似于"立案审查"，而非终局确定执行标的的权利归属。如果异议人所提供的证据可以从表面审查角度直接证明其对执行标的享有权利，则可以视为符合案外人的主体资格。

四、本案异议人李某不具有案外人主体资格

根据上文提供的讨论框架，结合金融执行案件的有关特点，笔者认为，根据异议人李某提供的初步证据，应当认定其不具有案外人的主体资格，应当驳回其异议申请，具体分析如下。

---

① 如民法典第447条第1款规定，债务人不履行到期债务，债权人可以留置已经合法占有的债务人的动产，并有权就该动产优先受偿。

1. 异议人未提供其对执行标的享有权利的直接证据

根据 833 号之一执行裁定的内容，强制执行指向的标的包括冻结和划拨赵某平、万某公司、银某公司等被执行人的款项，以及变价万某公司、银某公司、赵某平分别向某信托公司质押的某上市公司股票等四项执行内容。《执异复议规定》第 25 条对判断执行标的权利归属提供了判断标准。[①] 因本案中李某对 833 号之一执行裁定所指向的全部执行标的均以案外人身份提出异议，故应首先结合《执异复议规定》第 25 条的规定进行分析。

对银行存款应当按照金融机构和登记结算机构登记的账户名称判断，股权归属应当按照工商行政管理机关的登记和企业信用信息公示系统的公示信息判断。本案中，异议人李某并未举证证明，其对 833 号之一执行裁定所指向的执行标的即存款、股权，以及某上市公司的股票具有相应的登记证明等权利外观，也无仲裁或判决等生效法律文书、相关合同、抵债协议等可以确定李某对上述执行标的享有权利，故从权利外观角度而言，异议人未能提供其对执行标的享有权利的初步的直接证据。

2. 某上市公司实际控制人“承诺”不构成异议人对执行标的享有权利的直接证据

异议人李某认为，根据被执行人赵某平所作的承诺，其应当对 833 号之一执行裁定所涉及的某上市公司股票享有权利，足以排除对标的股票的强制执行，并提供署名为“赵某平”签署于 2019 年 4 月 8 日的附件一承诺函和附件二资产证明复印件。但根据附件一承诺函复印件所载明，

① 《执行异议复议规定》第 25 条规定：“对案外人的异议，人民法院应当按照下列标准判断其是否系权利人：（一）已登记的不动产，按照不动产登记簿判断；未登记的建筑物、构筑物及其附属设施，按照土地使用权登记簿、建设工程规划许可、施工许可等相关证据判断。（二）已登记的机动车、船舶、航空器等特定动产，按照相关管理部门的登记判断；未登记的特定动产和其他动产，按照实际占有情况判断。（三）银行存款和存管在金融机构的有价证券，按照金融机构和登记结算机构登记的账户名称判断；有价证券由具备合法经营资质的托管机构名义持有的，按照该机构登记的实际出资人账户名称判断。（四）股权按照工商行政管理机关的登记和企业信用信息公示系统公示的信息判断。（五）其他财产和权利，有登记的，按照登记机构的登记判断；无登记的，按照合同等证明财产权属或者权利人的证据判断……”

“本承诺函属于银湖网出借人债权处理建议的组成部分，除此之外的场景，本承诺函无效”。根据上述表述内容，即使该承诺函系真实，也仅为赵某平所提出的债权处理建议的组成部分，并非正式的清偿债权承诺。

而附件二中资产证明中所载明的，赵某平自身以及万某公司、银某公司所持有的某上市公司股份，均已经在2016年为申请执行人某信托公司设定了质押，附件二中所描述的回收安徽某银行股权资金、北京市房山区仓库用地和地上建筑物，均未明确具体指向和坐落，在财产坐落并不明确的情况下，亦难以认定为异议人享有权利并足以排除833号之一执行裁定所指向财产的强制执行。

3. 某上市公司的相关意思表示也不构成异议人对执行标的享有权利的直接证据

异议人称某上市公司向上交所就处理P2P平台受害者损失问题作出过承诺，但某上市公司作出的仅是概括性承诺，在涉案股票已于2016年向申请执行人某信托公司进行质押，在某信托公司的处置标的股票已经设定质权的情况下，仅凭上市公司作出的概括性承诺也难以认定系异议人对执行标的享有权利的初步直接证据，有权依据对标的物的实体权利排除强制执行。

此外，某信托公司与各被告的质押式证券回购合同纠纷案件审理中，各方当事人一致同意采用调解方式结案，系当事人处分自身诉权的体现，且在调解程序中某信托公司对违约金计算利率进行了减让，也不违反当事人的意思自治和民事诉讼程序，该案的审理程序也并无不当。

基于上述理由，异议人李某虽提出本案异议申请，但其并未提出对执行标的股票享有权利，并足以排除833号之一执行裁定的直接证据，故难以认定其系民事诉讼法第234条所指的案外人。上海金融法院据此根据《执异复议规定》第2条第1款规定，一审裁定驳回异议人李某的异议申请。本案一审执行裁定作出后，异议人未在法定期限内向上级法院申请复议，一审裁定已生效。

五、本案的意义和价值

本案是上海金融法院首起以申请人不具有案外人主体资格为由，裁定驳回其异议申请的案件。金融强制执行案件具有标的额大、财产种类多、变现周期长、社会关注度高等特点，异议人如缺乏相应的证据即以案外人身份对执行标的提出异议，并在异议被驳回后进入执行异议之诉，在客观上往往产生延迟甚至阻碍执行的后果。本案的审理表明，为实现案外人和申请执行人的权利平衡，应对异议人所主张的案外人身份进行审查，如异议人未能提供直接证据证明其对执行标的享有合法权利，则不应认定异议人具有案外人身份，应适用《执行异议复议规定》第2条裁定驳回其异议申请，异议人如不服可向上级法院申请复议，而非通过执行异议之诉进行救济。通过这种方式，可实现执行异议制度既保护异议人的合法权利，也保护胜诉债权人及时兑现其权利的制度价值。

同时，在本案审理过程中，还有众多与异议人具有相似情况的投资者，据了解，亦准备以案外人身份提出执行异议。本案通过审理确定应对执行异议程序中案外人身份进行适当审查的审判规则后，一审裁定现已生效，至今无其他投资者向本院提出类似执行异议申请，胜诉债权人所涉的执行案件也已继续推进。本案的审理起到了"示范裁判"的作用，较好地实现了定分止争的效果，体现了案件审理法律效果和社会效果的统一。

【交叉执行案例选登】

院长包案推动刑民交叉疑难复杂执行案件矛盾纠纷实质性化解

——某建设集团有限公司与三亚两个地产有限公司执行案

【典型意义】

本案是人民法院充分运用交叉执行机制，以院、局长包案推动刑民交叉疑难复杂执行案件矛盾纠纷实质性化解的生动案例。海南省高级人民法院（以下简称海南高院）党组书记、院长戴军包案化解，强力推进多个法院，法院与公安、检察机关内外沟通、跨区协调协同，摆脱执行僵局困境。交叉执行打破区域和层级限制，不仅发挥上级法院在对外沟通协调方面的优势，又要推进法院内部的通力协作和联动配合，形成强有力的执行合力。实践证明，交叉执行机制在推动法律关系交织纠缠、执行过程错综复杂案件实质性化解方面具有显著优势。

【基本案情】

申请执行人某建设集团有限公司与被执行人三亚两个地产有限公司建设工程施工合同纠纷一案，由海南省三亚市城郊人民法院（以下简称城郊法院）执行，并强制划扣两地产公司名下账户资金到执行法院。

被告人杨某某、陆某某等人涉黑一案，海南省琼中黎族苗族自治县公安局（以下简称琼中公安局）于2021年10月立案侦查，因两个地产有限公司均属于陆某某所有，两公司财产与涉黑案件具有关联性，需通过刑事程序审理认定，琼中公安局发函要求城郊法院暂缓发放案款，城郊法院决定对三案暂缓执行。同时，两公司账户也被三亚市城投公司接管，执行法院无法冻结。因某建设集团公司工程款一年多无法执行到位，其拖欠的 300 余万元农民工工资亦无法支付，该公司多次信访反映法院拖延、消极执行。海南高院对此高度重视，了解未能拨付案款的主要原因，一方面要等待刑事判决结果；另一方面要在刑事涉财执行程序中才能启动对民事债权人的清偿，同时还需要与地方城投、党委部门沟通协调，单靠城郊法院难以短时间内推动相关案件的化解工作。

为此，海南高院党组书记、院长戴军决定包案化解本案，并制定化解方案。第一，通过将三宗案件提级到海南省三亚市中级人民法院（以下简称三亚中院）执行，以便于协调同级党委、政府部门。第二，指导海南省第一中级人民法院在刑事案件办理中加强对涉案财物的甄别定性，做到依法准确审理裁判。第三，终审判决生效后，海南高院向省委政法委报告相关情况，认为各被告人及其控制的公司、企业在与其他民事主体发生法律关系过程中形成的属于法律确认应由其承担的债务，债权人在案件执行终结前依生效法律文书向执行机关主张权利的，执行机关应依法审查并依照法定执行顺序予以支持。因春节将至，为了让民事债权人及时拿到执行款，在海南省委政法委的支持下，三亚中院于 2024 年 2 月 2 日依法向三案申请执行人及其他涉农民工工资的 14 宗劳务纠纷案件发放执行案款 5126509. 23 元。至此，17 宗执行案件一次性执行完毕。

异地审判的涉黑案件财产刑执行交叉到财产所在地，便于强化府院协调，极大降低办案成本、提升执行质效

——内蒙古某实业集团有限公司、孙某甲、孙某乙刑事财产刑执行案

【典型意义】

将异地审判的涉黑案件财产刑执行交叉回财产所在地后，执行法院发挥三级法院联动机制，强化府院协调，极大降低了办案成本、提升了执行质效。妥善执行本案，确保了乌海市涉该公司几十家企业的就业稳定，对经济发展、社会稳定、财政税收都起到了积极的作用，同时还有效将“案生案”“案生访”化解在前端。通过交叉执行专项行动，为内蒙古自治区法院执行工作拓宽了思路。交叉执行找准执行工作规律，剔除无效、重复劳动，紧扣节点完成任务，极大地提高了“打财断血”到位率，缩短了平均结案用时。

【基本案情】

内蒙古某实业集团有限公司（以下简称某公司）、孙某甲、孙某乙涉黑案，内蒙古自治区锡林郭勒盟东乌旗法院（以下简称东乌旗法院）于2023年6月21日立案执行，因案涉某公司和孙某甲、孙某乙主要财产均

在乌海市，交通不便，东乌旗法院调查和处置财产较困难。2023 年 10 月 16 日经内蒙古自治区高级人民法院（以下简称内蒙古高院）指令，将某公司罚金 2.04 亿元，追缴违法所得 19.2 亿元，没收孙某甲、孙某乙全部财产四件执行案件指定内蒙古自治区乌海市海勃湾区人民法院（以下简称海勃湾区法院）执行。

海勃湾区法院受理立案后，乌海市两级法院坚持多方协作，形成“党委领导、法院主导、政府支持”的大执行工作格局，通过市委书记办公会、市长办公会、府院联席会等形式专题研讨刑事财产刑执行过程中遇到的企业经营、资产处置、职工安置、案外相关权利人权益保护等问题。内蒙古高院按照最高人民法院交叉执行工作指导精神，抽调精干力量组成专班，通过现场会、视频会等方式指导乌海两级法院梳理财产线索、制定执行方案，安排交案法院与执行法院交流案情。海勃湾区法院通过成立的 8 个工作小组，妥善解决了信访维稳、涉刑民法律适用、保企保民生就业、财产调查、强制腾退等问题。采用综合执行“大中心+小团队”工作模式分段办理，缩短办理周期。同时，严格贯彻张军院长“公正与效率”的指示精神，建立案件质效监督机制，安排专人担任案件质效监督员，对案件材料进行审核，对案件流程节点进行全程监督，对案件 36 项数据指标进行适时监督，从立案到向被执行人发出法律文书用时仅 1 天，核实刑事判决财产清单中的涉案银行账户及汇票、不动产的占有使用、股权的登记等 95 项内容用时仅 7 天。

为保障案件执行效果，在对涉案财产进行分析研判、收集相关企业基础信息、与地方政府相关部门进行座谈后发现，本案存在着涉案财产分布地域广、涉案公司股东之间有复杂亲属关系、股权交织错杂、关联公司多、企业职工人数多、隐名股东身份难辨等特点，如按照常规刑事案件执行该案，将面临巨大阻碍，产生诸多不稳定因素，经与地方党委、政府、财政部门多次沟通，制定了“政府统一接收、统一处理、法院积极配合”的执行方案，由乌海市政府指定乌海市财政局为资产临时管理人。为依法保障合法债权人权利，发布了申报债权公告，排查民事债权

118 条，涉及金额 10 亿余元，并通报代管人，为合法处置涉刑财产和民事债权奠定基础。既确保了企业正常经营，企业职工就业不受影响，又避免重复支出巨额评估、鉴定费用，节约了执行成本，提高了执行效率。通过三级法院近三个月的努力，该案共处置涉案财产 153.6 亿余元。

【法答网执行问题精选答复刊登】

执行法院以物抵债裁定作出时间晚于破产受理裁定，但早于收到寄送的破产受理裁定时间，该抵债裁定是否有效

【咨询内容】

被执行公司的执行法院和破产法院非同一家法院，被执行公司申请破产，破产法院作出破产受理裁定后，向执行法院邮寄送达。有证据证明，在破产受理裁定作出后至执行法院收到该破产受理裁定期间，执行法院知道破产受理裁定已作出，仍然针对被执行公司财产作出以物抵债裁定，该以物抵债裁定是否有效？

【答疑内容】

根据企业破产法第 19 条的规定，破产申请被人民法院受理后，执行程序应当中止。《最高人民法院关于适用〈中华人民共和国民事诉讼法〉的解释》第 513 条第 1 款也明确规定，被执行人住所地人民法院裁定受理破产案件的，执行法院应当解除对被执行人财产的保全措施。前述规定均将时间节点明确为破产申请“受理”。

同时，在被执行人的财产不能清偿全部债务的情况下，上述规定旨在通过破产程序实现债权的公平受偿，债务人的财产应纳入破产程序统一处理，面向所有债权人依法进行分配。《最高人民法院关于执行案件移

送破产审查若干问题的指导意见》进一步对执行程序与破产程序衔接作出规定，该意见第8条规定，执行法院作出移送决定后，应当书面通知所有已知执行法院，执行法院均应中止对被执行人的执行程序。该条规定将移送破产的中止执行时点前移至执行法院作出移送决定时。根据上述规定精神，在被执行人的财产已经明显不能清偿全部债务的情况下，有必要对所有债权人进行公平保护，实现公平受偿，这与企业破产法关于中止执行的立法精神是完全一致的。因此，在具体案件中适用法律时，应当基于立法目的和精神进行考量，在破产受理裁定作出后，个别清偿均应停止，即便执行法院在实际收到破产受理裁定前已作出以物抵债裁定，该抵债财产仍应认定属于债务人财产，通过破产程序对债权人进行公平清偿。

（答疑专家：尹晓春，最高人民法院执行局三级高级法官、执行督导室副主任）

刑事涉财执行中财产性质区分及退赔问题

【咨询内容】

刑事裁判执行过程中如何区分被执行人的合法财产和违法所得？追缴违法所得能否执行被执行人个人名下合法财产？被告合法收入能否退赔被害人？

【答疑内容】

（1）关于刑事裁判执行过程中如何区分被执行人的合法财产和违法

所得的问题。

根据刑事诉讼法第 245 条第 3 款规定，人民法院作出的判决，应当对查封、扣押、冻结的财物及其孳息作出处理；第 279 条规定，法庭审理过程中，应当对查封、扣押、冻结财物及其孳息的权属、来源等情况，是否属于违法所得或者依法应当追缴的其他涉案财物进行调查。因此，对于查控的涉案财产，审判部门应当依法区分合法财产和违法所得，并作出处理。同时，根据审执分离的基本原则，被执行人的合法财产和违法所得的区分、认定也应当由审判程序完成。执行部门应当根据生效刑事裁判，对于违法所得依法予以追缴。

根据《最高人民法院关于适用〈中华人民共和国刑事诉讼法〉的解释》（以下简称《刑事诉讼法解释》）第 445 条第 2 款规定，对判决时尚未追缴到案或者尚未足额退赔的违法所得，应当判决继续追缴或者责令退赔。因此，刑事裁判对于尚未追缴到案的违法所得，也应当在依法查明事实的基础上，依法作出认定并判决予以追缴。可见，对于未追缴到案的违法所得，在执行部门追缴中，也应当根据生效判决判断拟追缴的对象是否为违法所得。

（2）关于追缴违法所得能否执行被执行人个人名下合法财产的问题。

追缴违法所得原则上只能以违法所得为执行对象。被执行人的合法财产与违法所得是应当严格区分的，对于被执行人的合法财产应当依法予以保护，原则上不能成为追缴的对象。但当被执行人的违法所得尚未追缴到案时，则需要继续追缴违法所得或者责令退赔违法所得。关于违法所得未追缴到案的原因，可能是暂时没有追缴到案，通过进一步的措施可以追缴到案；也可能是该违法所得已经灭失、下落无法查明、为他人善意取得等客观原因而无法追缴。对于审判部门查明属于前一种情形的，刑事裁判一般应判决继续予以追缴；查明属于后一种情形的，则一般应当判决责令退赔。判决责令退赔的，执行部门应当根据判决的内容确定责令退赔的金额，以被执行人个人名下的合法财产为执行对象，对此争议不大。存在争议的是，判决继续追缴违法所得，执行部门执行时，也可能查明存在违法所得已经灭失、下落不明、为他人善意取得等客观无法追缴的情形，此时执行部门能否直接执行被执行人的等值合法财产？对此，一种观点认为，应坚持追缴违法所得即是追缴违法所得原物及其孳息的观点，不包括以退赔的方式实现追缴，不能以合法财产为执行对象。另一种观点认为，在执行阶段查明违法所得确实因客观原因无法追缴时，可以决定追缴被执行人的等值合法财产。从当前立法、司法的趋势看，反有组织犯罪法、《最高人民法院、最高人民检察院、公安部、司法部关于办理黑恶势力刑事案件中财产处置若干问题的意见》均规定了应当追缴的违法所得因客观原因无法追缴时，可以追缴被执行人的等值合法财产。

我们认为，在上述情形下，严格依据刑事判决的内容，在执行程序中只能追缴违法所得原物及孳息，不能追缴等值合法财产，具有一定的充分理由。但实践中则意味着，执行部门对于继续追缴违法所得的判项只能以客观上无法执行为由终结执行，审判部门需要重新作出责令退赔等判决，然后再回到执行部门根据责令退赔的判决执行被执行人的合法财产。这种处理方式显然会大大降低追缴的效率，且审判部门与执行部门会产生更多的分歧和衔接配合上的困难。故，对于上述情形，应当在兼顾公正与效率原则的基础上，顺应立法与司法的趋势，紧密结合实践，区分不同情形作出妥当的处理。首先，应当对追缴违法所得作出适当的扩大理解。追缴违法所得可以包括原物追缴和价值追缴。判决继续追缴违法所得的，在执行程序中查明违法所得原物客观上已经无法追缴时，视情形可以进行价值追缴，即执行等价值的被执行人合法财产。此时价值追缴类似于执行判决中确定的责令退赔。其次，在进行价值追缴时需要确定具体追缴的价值，分两种情形：一是，价值容易确定或当事人争议不大的，则可以由执行程序直接确定追缴的具体金额并执行。如需要追缴的违法所得就是一定金额的货币，或者违法所得之物具有明确的市场价格，或者违法所得之物有价格鉴定且当事人对依据该鉴定确定追缴金额没有争议等，均可以直接以执行被执行人等值合法财产的方式追缴。

二是，价值难以确定或当事人争议较大的，由于此时确定追缴价值涉及的是实体争议问题，根据审执分离和实体公正的要求，不宜在执行程序中确定，此时就不能直接追缴被执行人等价值的合法财产。实践中，宜通过审执协调，由审判部门根据具体情形以补充审判的方式确定责令退赔的具体金额，再交由执行部门依法执行。通过区分上述两种情形并分别处理，可以使大多数容易确定违法所得价值的案件在执行阶段直接得到执行，并使少数难以确定违法所得价值的案件通过审判程序予以补救和妥当处理，很好地兼顾执行的公正与效率。

（3）关于被告人的合法收入能否退赔被害人的问题。

无论是刑事裁判明确判决被告人承担退赔义务的情形，还是前述在执行程序中确定可以直接进行价值追缴（实际上也是退赔）的情形，执行的对象都是被告人（被执行人）的合法财产，包括其合法收入。因此，以被告人的合法收入退赔被害人当无争议。

（答疑专家：熊劲松，最高人民法院执行局二级高级法官）

经营者无可供执行的财产，被执行人开设的个体工商户是否可以直接执行

【答疑内容】

第一，从立法体系上看，我国法律将民事主体划分为自然人、法人及非法人组织三类。个体工商户作为一种特殊的公民（自然人）主体体现在原《中华人民共和国民法总则》及民法典条文中。个体工商户虽具

有与普通自然人不同的特殊权利能力，即依法核准登记后，享有生产经营权，但其仍属于公民（自然人）的范畴，是公民（自然人）这种民事主体的一种特殊形式。

第二，民事诉讼法第59条规定："在诉讼中，个体工商户以营业执照上登记的经营者为当事人。有字号的，以营业执照上登记的字号为当事人，但应同时注明该字号经营者的基本信息。营业执照上登记的经营者与实际经营者不一致的，以登记的经营者和实际经营者为共同诉讼人。"《最高人民法院关于民事执行中变更、追加当事人若干问题的规定》第13条第2款规定："个体工商户的字号为被执行人的，人民法院可以直接执行该字号经营者的财产。"其原理为就个体工商户而言，其财产与作为经营者的自然人个人或家庭不可分离。个体工商户本身没有独立的财产，其财产与实际经营者个人或家庭的财产融为一体，二者难以区分。自然人与个体工商户在生产经营活动中也是合为一体的，依法从事经营活动的公民（自然人）就是个体工商户，个体工商户就是依法从事工商业经营的自然人。个体工商户虽有"户"之名，但其法律人格往往与投资人高度重合，个体工商户的生产经营由投资者亲自管理，投资者个人财产与其投资经营的财产并未分离，故两者在民事活动中所产生的权利义务，均由投资人（经营者）最终承受，个体工商户的财产也宜作为经营者的责任财产。

此外，个体工商户，既包括个人经营的，也包括家庭经营的。在执行中亦要注意区分个人财产和家庭共有财产。

（答疑专家：刘丽芳，最高人民法院执行局三级高级法官、协调指导室副主任）

——征稿启事——

《执行工作指导》是最高人民法院执行局编发的业务指导出版物，主要刊登最新执行政策与精神、执行裁判规则、执行典型案例、执行理论研究成果，旨在促进全国法院执行干警准确掌握法律精神、助推执行工作、繁荣执行理论。

本书所设主要栏目及其情况如下：

【执行局长论坛】刊登最高人民法院执行局局长和地方法院执行局局长关于执行工作的理论思考、热点研究、实证分析类的文章。

【最高人民法院执行局法官会议纪要】选择最高人民法院执行局法官会议讨论过的具有典型性和指导意义的案件进行刊登。

【最高人民法院执行裁判规则疏议】对最高人民法院裁判文书确定的规则进行梳理和解读。

【最高人民法院入库案例选登】刊登最高人民法院具有指导价值的案例。

【地方法院案例与解析】刊登地方法院具有典型性和推广价值的案例。

【执行热点前沿】刊登强制执行领域优秀学术论文、理论研究成果，介绍域外制度。

【调研与实证】刊登强制执行领域优秀调研报告、实证研究成果、经验总结和改革创新动态。

【执行管理和信息化专题】刊登执行指挥中心实体化运行、执行管理和执行信息化方面的动态、成果及前沿问题探讨。

【民事强制执行热点】刊登民事强制执行法起草过程中的理论研究

成果及前沿问题探讨。

【执行信箱】刊登各地法院执行工作中遇到的代表性问题及最高人民法院执行局答复意见。

本书诚邀全国各级法院同仁和专家学者撰稿。来稿要求如下：

1. 具有较强的典型性、创新性和指导价值。

2. 具有原创性，因稿件引起的任何版权纠纷由投稿人负责。

3. 撰写格式请参照本书相关部分的内容，注释援用《中国法学》体例。

4. 其他栏目来稿，请以电子邮件形式发送至 zhixingcankao@sina.com。邮件标题处请标明稿件所属的投稿栏目和作者单位、姓名。格式为："执行信息化专题-××省高级人民法院李××"。在稿件正文后，请详细提供如下信息：标题、作者姓名、单位全称、通信地址、邮政编码、联系电话、电子邮箱地址及身份证号码，以便于联系和邮寄稿费。

5. 本书所采稿件，按照规定支付相应稿酬。因缺少支付稿酬所需账号等原因尚未收到稿酬的，请与本书编务组联系。

《执行工作指导》编委会